新邦物流培训教程

邓汝春　石浩文　主编

中国物资出版社

图书在版编目（CIP）数据

新邦物流培训教程/邓汝春，石浩文主编．—北京：中国物资出版社，2011.5
（2013.8 重印）

ISBN 978－7－5047－3647－5

Ⅰ．①新… Ⅱ．①邓…②石… Ⅲ．①物流—职业教育—教材 Ⅳ．①F252

中国版本图书馆 CIP 数据核字（2011）第 060652 号

策划编辑 张 茜
责任编辑 张 茜
责任印制 方朋远
责任校对 孙会香 杨小静

中国物资出版社出版发行

网址：http://www.clph.cn

社址：北京市西城区月坛北街 25 号

电话：(010) 68589540 邮政编码：100834

全国新华书店经销

中国农业出版社印刷厂印刷

开本：787mm×1092mm 1/16 印张：20.25 字数：492 千字

2011 年 5 月第 1 版 2013 年 8 月第 2 次印刷

书号：ISBN 978－7－5047－3647－5/F·1519

印数：3001—5000 册

定价：**32.80 元**

（图书出现印装质量问题，本社负责调换）

序　言

"流通天下"，曾经是多少中国商贾的心愿！

时至今日，国内现代物流产业仍处于起步发展阶段。物流费用占 GDP 的比重过高，物流行业发展水平与发达国家差距甚远，同时发展潜力巨大，有望迎来类似于美国、日本 20 世纪 70 年代中后期的黄金十年。在我国目前物流行业的竞争格局中，新兴民营物流企业异军突起，市场份额快速上升。

新邦物流是一家集公路运输、航空货运代理、空港配送于一体的跨区域、网络化、信息化并具有供应链管理能力的国家 AAAA 级综合型物流企业，是国内最具竞争实力的五家零担运输企业之一。七年的发展历程，使新邦物流积累了一定的物流企业管理经验，并在系统化与标准化建设方面有了一些有益的探索。为进一步梳理、构建与完善企业经营运作各环节的标准与流程，夯实基础管理，提升培训实效，履行培养行业人才与推动行业发展进程的社会责任，新邦物流编写了这本《新邦物流培训教程》。

本书的编写从公司简介入手，涵盖目前的公路运输、航空货运代理、空港配送等主要业务板块的营运实操环节，涉及车队、销售、品质、保险理赔等物流专业管理以及财务、人事、行政等企业内部管理工作，编写方式灵活生动，内容全面翔实。

标准的构建与完善并不意味着企业管理水平的真实提升，任何标准的执行都是通过一支具备较高专业素养的工作团队来完成的。高素质团队的锻造离不开有效的培训工作，离不开一本专业化的物流教材。新邦物流拥有一支年轻化的团队，充满朝气与活力，但平均从业时间较短、比较缺乏从业经验也是不争的事实，所以一直以来，员工培训都是新邦物流人力资源管理工作中的重点。本书为新邦物流员工培训打造了有力武器，可以显著提升工作的系统性与规范性。

不论是建立标准，还是加强培训，本书对于新邦物流的益处都是显而易见的。但作为具有强烈社会责任感的物流企业，编写本书的意义还不止于此。

发展现代物流业，关键在于人才。现代物流专业人才，要具备前瞻性与开拓精神，对于现代综合物流经营理念和运作模式要有突破传统的认识；对于供应链各环节的业务具有同等的认知；掌握系统性思维方式与工作推进方法；熟悉物流专业技术，特别是信息技术在物流企业中的应用。在我国物流行业职工中，中专以上学历者仅占 7.5%，而在美国，物流管理者 92% 拥有学士学位，41% 拥有硕士学位，并且已经形成较为合理的物流人才教育培训体系。追赶物流产业先进国家，靠的不单是市场的增长与企业赢利水平的提升，更重要的是尽快打造一支理论与实践能力兼备的人才队伍。

作为"共青团中央青年就业创业见习基地"，新邦物流一向非常重视行业人才的培养工作，通过实践的磨炼与提升，为物流行业输送了相当数量的具备专业素养的物流管理人才。与当前院校教育普遍使用的教材不同，本书紧扣物流企业实际操作的各个环节，详解一线实际作业，对于全面提升物流专业人员实际操作水平能起到很好的指导作用。

国内物流行业发展时间较短，行业规范与标准尚存在较多的缺失。物流管理体现的是系统化的思想，追求的是物流系统的高效率和物流总成本的最小化。开展物流服务意味着借助于现代信息技术资源整合，向客户提供网络化、一体化的服务。从社会经济的宏观角度看，物流行业的发展需要通过物流市场统筹规划和建设、行业管理、相关行政法律法规建设、物流基础设施建设等方面工作的落实，而这一切都离不开物流标准化工作的推进。因此，物流标准化成为国家发展和改革委员会六大物流专项规划之一，标准化建设离不开行业内企业的积极参与，本书的编写也算对这项重点工作聊尽绵薄之力。

今天的新邦物流，中流击水，浪遏飞舟，在改革与行业发展大潮中不断实现自我超越，本书的完成必将成为新邦物流前进道路上的标志性事件，留下浓墨重彩的一笔！

借此机会，感谢全体参与本书编写工作的相关人员的辛勤工作。此外，为了本书的编写与出版，广东机电职业技术学院邓汝春副教授为此付出了很大努力，我公司各部门的同志，尤其是人力资源部培训中心的同志也做了卓有成效的工作，在此一并表示感谢。

新邦物流

2010 年 12 月 8 日

目　录

第一章　公司介绍与企业文化

本章内容

- ◆ 公司简介　　　◆ 新邦 CIS　　　◆ 新邦 EAP
- ◆ 文化活动　　　◆ 创新文化

第一节　公司简介

故事分享

　　广州市 A 公司是一家专业的高级五金类产品制造厂家。公司产品销售遍布国内各大中小城市，已得到国内外多家公司肯定。

　　新邦和 A 公司合作有五年多时间了，专门为 A 公司提供产品托运服务。在新邦物流的大力支持、配合下，A 公司的产品总能安全、准时地送到他们客户手中。新邦在助力客户成功的同时，优质的服务、出众的时效同样赢得了 A 公司及其广大客户的一致好评和青睐。那么，新邦是一家什么样的企业呢？

新邦概况

　　新邦物流有限公司是一家集汽车运输、国内航空货运代理、城际配送于一体，跨区域、网络化、信息化、具有供应链管理能力的国家 AAAA 级综合型物流企业。

　　新邦物流旗下目前拥有多家全资子公司，分布在华南、华东、华北、西南等地，数百家营业网点及几千名员工，拥有和整合千余台各种运输车辆，数百套物流设备，几十万平方米仓库、分拨场地，日吞吐数千吨物资。公司与国内外数万家企业建立了合作关系，网络覆盖全国各大、中城市，在全国各大、中城市开通专、快线长途零担与整车业务，并在珠江三角洲与长江三角洲区域内开展城际配送业务。

　　新邦物流拥有自主知识产权的物流信息系统，该系统具备运输管理、车辆管理、客户信息交互平台、在线跟踪等功能，实现了自动配载、电子分拨、公司到客户和客户到公司的数据双向实时更新与交换，满足了全天 24 小时不间断提供信息服务。运用 PDA

条码扫描技术对所有进出港货物进行电子数据管理，通过全球定位系统（GPS）对运输车辆进行 24 小时全程跟踪，货物在途信息尽在掌握，引领物流行业信息化进程。

今天，新邦物流将一如既往地以稳定、可靠、安全的运营系统，科学的资源整合，先进的管理技术，为各类企业提供值得信赖的物流服务；以强大的网络、优质的服务、高效的运作，为中国物流行业做出更大的努力和贡献。

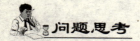

1. 新邦是一家什么样的企业？
2. 你对新邦了解多少？

第二节　新邦 CIS

2009 年 4 月 24 日，一个客户发 4 吨多的空运货到北京，受生产等因素影响，客户在 24 日凌晨 6 点多钟才将货物送到 A 营业部，且急需赶上当日中午 14：00 的航班，这也就意味着营业部门须在上午 11：00 前将这批货物送到总调。但当时车上 4 吨多的货物还没有打好包装，而晚班操作员上班时间是 17：30 至凌晨 3：30。时间迫在眉睫！

A 营业部主管小钟通过与客户沟通后，马上自发组织部门人员早上 7：00 赶到部门加班，在经过 2 个多小时的辛苦包装后，终于在 10：15 将 4 吨多货物安全装上汽车发往机场，不仅保证了货物运输的时效，还为公司节省了 1000 多元的费用！

"生活在新邦、工作在新邦、成就在新邦"，团队的精神是无穷的，我们为新邦有这样的团队而感到骄傲，同时为有这样爱岗敬业、具有高度责任心的员工感到自豪！这既是新邦核心文化"责任"，更是新邦企业识别系统的直观体现。那么，新邦企业识别系统主要包括哪几个方面呢？

新邦 VI（视觉识别）

创意阐述：新邦 Logo（如图 1-1 所示）中"xb"取自"新邦"汉语拼音的第一个字母，以艺术设计的手法从"xb"的字形中延伸出三色平行线条，衍化成为前行之"路"、向上之"路"，展现新邦"持续创新、超越自我、坚守信诺、和谐奋进"的企业精神，以一种永不满足的精神力量不断前行。

xb 新邦物流

图 1-1　新邦 Logo

向上有力伸展的设计形态，向大众展示出"社会信赖的物流行业领先者"、"持续创新，持久发展"的进取形象，更寓意了新邦持续向上发展的未来之路。

新邦 BI（行为识别）

1. 坚持客户导向，追求客户满意

（1）主动、热情招呼来访客人，认真倾听客户的需求和期望，运用换位思考与客户沟通。

（2）信守对客户的每一个承诺。

（3）根据自己的工作职责和首问责任制的要求，采取具体措施，方便客户。

（4）随时征询客户对我们服务的意见和建议，并立即作出改进。

2. 坚持求实进取，追求持续改进

（1）做事不找借口，并在自控范围内克服困难，尽我所能做到最好。

（2）敢于挑战现有的做法、积极创新，通过具体的措施改进自己的工作。

（3）当天要完成的工作，绝不拖到第二天。

（4）主动学习专业领域中的最新知识，紧跟公司发展的步伐。

（5）从自己和他人的错误中吸取教训，减少失误。

3. 坚持团队合作，追求和谐共赢

（1）能包容他人不同的文化背景和工作方式，以双赢的态度与同事及合作伙伴共谋发展。

（2）由衷地欣赏并赞美他人的优点和成绩。

（3）当面表达对同事的看法，而不背后说三道四。

（4）主动与同事分享对工作有用的信息，善于倾听同事的观点和看法。

（5）对自己的行为和结果负责，主动承担工作失误的责任，并及时改正。

（6）面对问题，首先考虑解决问题的方法，而不是指责他人，追究责任。

4. 坚持关注质量，追求精益求精

（1）对于工作质量，关注细节、追求卓越。

（2）面对质量问题，绝不心存侥幸，摒弃"一点点问题没关系"的观念。

（3）发现他人工作中的失误和质量缺陷，善意地提出自己的建议。

（4）视客户的投诉为机会，采取具体措施，提高服务质量，杜绝再次发生。

5. 坚持忠诚敬业，追求最大价值

（1）从自己的工作职责出发，寻求一切机会为公司增值。

（2）坚持以积极的口吻谈论自己的公司和团队。

（3）对于公司和团队作出的决定，严格执行。

（4）积极提出对公司发展有益的创新建议和意见。

（5）尊重并以实际行动传承公司的优良传统和价值观，当好公司的形象大使。

6. 遵纪守法，热爱集体

7. 团结友爱，和睦相处

8. 提倡"敬"文化

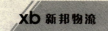

新邦 MI（理念识别）

公司核心价值观：创新 诚信 责任 共赢
企业使命：致力于推动现代物流的创新与社会发展
企业愿景：做社会信赖的物流行业领先者
发展方向：以公路快运为核心，并延伸到包裹快递服务
企业精神：持续创新，超越自我，坚守信诺，和谐奋进
服务理念：以客为本，智慧流通，超越期待，享受服务
员工信守：用心每一刻，成就每一天
经营哲学：管理人性化，团队专业化，服务精细化，创新科学化
品质方针：安全便捷，持续改进

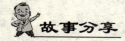 问题思考

1. 你了解多少新邦的行为规范？
2. 新邦的核心文化是什么？

第三节　新邦 EAP

故事分享

"你好！"

"您好！新邦小王为您服务。请问有什么可以帮到您？"

"请问是员工辅助计划处吗？我有个事情想咨询你们。我是××营业部××，××月入职公司，按照公司相关规定，请问我什么时候可以参加晋级考试？"

"您好，非常感谢您对员工辅助计划处的支持与信任。按照公司晋级管理规定，您可以在××月参加晋级考试。"

······

什么是员工辅助计划？员工辅助计划包含哪些内容？辅助计划的沟通渠道包括哪些？

EAP 的定义

员工辅助计划（Employee Assistance Program，EAP）是企业组织为员工提供的系统的、长期的援助与福利项目；通过专业人员对组织以及员工进行诊断和建议，提供专业指导、培训和咨询，帮助员工及其家庭成员解决心理和行为问题，提高绩效及改善组织气氛和管理。简而言之，EAP 是企业用于管理和解决员工个人问题，从而提高员工与企业绩效的有效机制。

员工关爱管理内容

员工辅助计划（EAP）管理作为人力资源管理的重要项目，在公司里发挥着极其重要的作用。员工辅助计划（EAP）内容包括：

（1）建立双向沟通体系。

（2）员工关怀计划。

（3）员工心理咨询辅导。

（4）离职关爱。

一、责任人

员工辅助计划（EAP）管理是每一位管理者的职责，其专职管理岗位为人力资源管理中心职业规划部员工关系专员，此外，部门管理者也有义务承担部门内员工辅助计划（EAP）管理主要工作。

二、员工辅助计划分工

员工辅助计划（EAP）管理中部门管理者与人力资源管理中心的分工如下表所示。

部门管理者与员工关系专员的分工

	部门管理者	员工关系专员
分工职责	● 保持员工与管理者之间沟通渠道畅通，使员工了解公司大事并能通过多种渠道发表建议和不满 ● 营造相互尊重、相互信任的氛围，维持健康的劳动关系 ● 确保公司员工申诉程序按有关规定执行 ● 坚持贯彻落实总部要求员工辅助计划（EAP）的各项条款 ● 与人力资源管理中心部门一起参与劳资谈判 ● 支持员工活动，给予合理的工作调整 ● 主动关心员工生活、工作及心理方面的问题 ● 在工作期间，给予员工日常的激励与关怀 ● 组织员工活动，缓解工作压力 ● 与新员工沟通 ● 召开部门座谈会	● 建立双向的沟通体系，倾听员工心声，解答员工疑惑，促使各方沟通顺畅 ● 向管理者介绍沟通技巧，促进上级与下级沟通 ● 建立投诉渠道，在如何处理员工投诉方面向管理者提出建议，帮助有关各方就投诉问题达成最终协议 ● 分析导致员工不满的深层原因，并形成分析结果 ● 进行离职管理，开展离职面谈，统计离职原因，反馈合理化信息 ● 对管理者进行培训，帮助他们了解和理解劳动合同条款及在法规方面易犯的错误 ● 公司福利解答 ● 实施员工关怀计划，从工作和生活上给予员工关怀 ● 贺信邮寄 ● 检查监督管理者对员工辅助计划（EAP）工作 ● 对各部门员工辅助计划（EAP）实施情况进行排名，通报

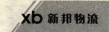

建立双向沟通体系

一、试用期间沟通

为帮助新员工更加快速地融入公司，度过"磨合试用期"，公司应尽量给新员工创造一个合适、愉快的工作环境。该阶段沟通内容主要包含：

（1）指引新员工到部门入职，核实部门对待新员工情况，包括：介绍新员工及指定传、帮、带师傅，新员工指引沟通等。

（2）介绍部门的培训情况。

（3）了解新员工入职以来存在问题及困难，需要提供的帮助等。

（4）了解新员工对工作时间方面存在的问题，如加班、班次问题等。如果在沟通中了解到新员工第一周每天工作超过 10.5 个小时，员工关系专员必须与该员工部门经理沟通。

（5）员工关系专员必须在新员工入职一周内以 OA 邮箱的方式，发送新员工入职欢迎信。

二、转正期间沟通

新员工在转正工作流通过后十个工作日内，员工关系专员与转正员工进行沟通，依据员工沟通调查表形成面谈或沟通（书面或电子）记录。

沟通内容大致包括：

（1）是否提交转正工作流。

（2）业务熟悉情况。

（3）部门工作氛围方面。

（4）员工存在的困难及需要解决的问题。

（5）了解部门管理者与试用期员工的沟通情况。

三、入职三个月的沟通

对入职三个月的员工，员工关系专员根据 EHR 系统统计入职三个月人员名单，进行面谈或电话沟通，并要求形成电子记录。

沟通内容包括：

（1）是否融入集体。

（2）与部门员工相处情况。

（3）对业务知识掌握情况。

（4）对工作的改进意见或建议。

（5）自身的职业规划情况，是否想过转岗。

（6）存在的问题及需要解决的问题。

四、倦怠期沟通

员工入职一年的时候，员工关系专员通过 EHR 系统收集入职一年的员工名单，员工关系专员进行倦怠期员工沟通，并形成面谈电子记录。并把面谈或沟通中的问题经分类汇总后反馈给用人部门经理，或区域经理，进行跟踪解决。

沟通内容包括：

（1）员工自身的职业发展规划。

（2）入职一年是否有晋级或晋升。

（3）对部门的建议或意见。

（4）是否想过转岗，什么岗位。

（5）入职一年是否加过薪。

员工关怀计划

一、电话问候

1. 定期慰问

员工关系专员每月随机选择 3～5 名员工进行电话沟通，主要从工作和生活方面了解员工状况，对存在困难的员工，提供帮助；电话沟通时间保持在 10～15 分钟，员工关系专员填写新邦物流员工沟通记录表，以书面形式存档。

2. 节假日慰问

逢重要节假日，如三八妇女节、中秋节、春节等，公司通过 OA 弹出窗口进行慰问；员工关系专员通过电话或邮件方式，给员工送慰问与祝福，让员工心有所系。

3. 生日慰问

根据系统提示，对于当天生日的员工，员工关系专员通过电子邮件或电话给员工送上生日祝福，并询问员工的工作情况等。

二、拜访家属

总部所在地或家庭所在地为广州的员工，如出现家庭遭遇重大困难时，员工关系专员与部门负责人共同抵达员工家属处，送达慰问与关怀。

家庭所在地为非广州地区的员工，如出现家庭遭遇重大困难时，员工直接上级或间接上级抵达员工家属处进行慰问。

三、看望工伤、生病住院员工

总部所在地或家庭所在地为广州的员工因工伤、生病住院，部门经理、员工关系专员必须至少慰问一次；病情严重者，部门经理、员工辅助计划处经理必须陪同人力资源管理中心总经理看望员工。

员工心理咨询

一、给员工进行个人辅导

主要是针对员工在日常工作中遇到的困难及心理困扰给予心理支持，提高员工工作

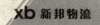

积极性。

二、给各中心/事业部进行团体辅导

团体辅导主要是围绕部门内部员工的团队建设而设立，提高部门员工工作热情，增强员工之间的凝聚力。

三、日常心理问题咨询站（员工关爱热线）

内容包括：

（1）员工薪酬方面的问题；

（2）员工晋级方面的问题；

（3）职业发展方面的问题；

（4）员工补贴方面的问题；

（5）员工工伤方面的问题；

（6）部门工作安排是否合理问题；

（7）发现领导不良行为问题；

（8）员工的心理辅导；

（9）员工个人问题。

如在沟通过程中涉及其他部门问题，员工关系专员及时转达或提供有效联系方式。

离职关爱

离职面谈的内容如下：

1. 善待离职者原则

对于主动离职员工，通过离职面谈了解员工离职的真实原因以便公司改进管理；对于被动离职员工，通过离职面谈提供职业发展建议，不让其带着怨恨离开，并诚恳地希望离职员工留下联系方式，以便跟踪管理。

2. 沟通时机

第一次：得到员工离职信息时或作出辞退员工决定时；

第二次：员工离职手续办理完毕准备离开公司的最后一个工作日。

3. 离职面谈责任人

（1）第一次离职面谈

对于主动提出辞职的员工，员工直接上级或其他人得到信息后应立即向其部门负责人和人力资源管理中心员工关系专员反映，拟辞职员工部门负责人应立即进行离职面谈，了解离职原因。对于欲挽留员工要进行挽留面谈，对于把握不准是否挽留的应先及时反馈至人力资源管理中心，以便共同研究或汇报，再采取相应措施。

对于企业辞退的员工，在辞退员工决定批准后，由员工所在部门负责人进行第一次离职面谈，并以书面形式反映辞退原因和经过，形成最终的情况说明。

（2）第二次离职面谈

对于最终决定同意离职的员工，由人力资源管理中心进行第二次离职面谈。

一般员工由员工关系专员进行离职面谈；部门经理以上员工（含二级部门负责人）由人力资源管理中心职业发展规划部进行离职面谈。

4. 离职原因分析

根据不同类型的离职人员调查表及离职人员面谈，每季度定期进行离职原因分析，由员工关系专员负责完成。

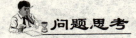 **问题思考**

1. 你对新邦 EAP 了解多少？
2. 对不同工龄的员工应该如何沟通？

第四节　文化活动

故事分享

2010 年 4 月 8 日，配送事业部中高层领导、嘉宾和优秀员工等 50 人来到番禺大夫山进行了一天的春游踏青活动。

此次大夫山春游通过将全体人员分成六个组的方式展开，大家骑上双人自行车向园内驶进。每个队伍在规定的必须完成的五项指令中，充分发挥团队精神，勇争第一。无论是在美丽的湖边吟诗作对，还是在观鱼台即兴演出情景剧，意外的挑战和丰富的奖品使员工兴致盎然、积极参与。

这次春游活动不仅加深了广深两地员工之间的交流与合作，同时很好地促进了团队凝聚力的建设。

文化活动概述

企业文化活动是构建和谐企业的重要载体，是企业文化的一部分，是社会主义精神文明建设的内容之一。企业中的文体活动从客观上推动了其他各项工作的开展。长期以来，新邦物流秉持"创新、诚信、责任、共赢"的核心价值观，坚持"人性化"的管理理念，以充分挖掘员工的潜能为己任，在企业内营造一个尊重人性、尊重员工主体地位的良好氛围；创造宽松和谐的环境，增强员工的归属感；搭建沟通交流的平台，增强员工的责任感；提供充分发展的空间，增强员工的成就感；由此实现企业与员工的双赢。

为丰富员工业余生活，新邦物流在全国各个区域组建了篮球、足球、羽毛球、乒乓球、文艺、棋牌等业余爱好团队，通过不定期开展各项文体活动，达到促进交流、增进友谊、提升技能的目的。公司周年庆典系列赛事、公司运动会、区域篮球赛、户外拓展、知识竞赛、辩论赛、五一劳动奖评选、服务之星评选等丰富多彩的文化活动让员工在繁忙的工作之余放松了身心，从活动中找寻到了无穷的乐趣，实现了个人技能的不断提升。

图 1-2 与图 1-3 展示的是新邦丰富多彩的文化活动的现场图片。

2009 年新邦"五一劳动奖"获得者进行外出旅游

新邦物流 2010 年"五一劳动奖"颁奖仪式

公司周年庆系列赛事之羽毛球赛

公司周年庆系列赛事之篮球赛

公司舞蹈队参演"南航 2010 年迎春文艺晚会"

新邦物流六一亲子活动

图 1-2　新邦丰富多彩的文化活动

丰富多彩的团队建设活动（一）

丰富多彩的团队建设活动（二）

图 1-3　新邦丰富多彩的文化活动

员工清远漂流　　　　　　　　　　　　野外拓展训练

图 1-3　新邦丰富多彩的文化活动（续）

问题思考

1. 新邦有哪些文化活动？
2. 新邦文化活动中哪些项目是你感兴趣的？

第五节　创新文化

故事分享

　　随着公司不断发展壮大，公司对托盘的需求与日俱增，采购托盘制作木料的成本也随之节节攀升。2010 年年初，A 部的彭经理经过深入调研，提出对制作托盘的木料进行精简，由原来 8 条木块和 3 条木方制作一套托盘，精简为由 7 条木块和 3 条木方制作一套托盘，即每制作一套托盘，可节约 1 条木块。彭经理的这一创意，经初步估算，一年能为公司节约制作托盘成本达上万余元。

　　故事中的彭经理，通过创新为公司节约了成本，充分体现了公司"创新"这个核心价值观。试想，如果公司中大部分员工都能以彭经理为榜样，积极发挥个人的创造力，那么公司不但将有数不清的创新成果出现，而且还为公司创造了巨大的经济效益，更提升了公司在行业中的市场竞争力。

　　什么是创新？创新平台指的是什么，有什么作用？创新评比大会是如何进行的？创新的激励方式有哪些？

创新的界定

　　创新就是以公司发展为导向，利用公司现有资源，优化资源配置，大胆突破思维定式，创造出符合公司发展的新事物、新方案、新技术以及新理论等，并能产生显著的经济效益。

"创新、诚信、责任、共赢"作为公司的核心价值观，体现了公司对创新工作的重视，并在创新工作中投入了大量的精力，创新工作也在公司战略规划中稳步发展，创新氛围也逐步形成，并慢慢形成了具有公司特色的创新文化。

创新平台

一、创新平台的定义

创新平台是管理公司创新工作的主要载体，具备提交创新建议并对创新建议进行审核、指派、查看、采纳及否决等功能。

创新平台的作用在于使创新工作实现网络化，优化创新工作流，能极大提高员工自主创新意识。

通过创新平台，每个员工都能知道自己的创新建议是否受到重视，能否为公司带来切实的经济效益，为公司创收，增强主人翁意识；从创新平台上能了解他人的创新建议，借鉴他人的创新成果，对公司的创新工作有一个基本了解。

随着公司的不断发展壮大，创新工作也会随之不断发展，结合公司实际情况，创新平台也会进行不断的优化和升级，以便跟上公司发展步伐，更好的管理创新工作。

二、创新平台主要功能

为了规范创新平台的日常管理，不同岗位及员工在创新平台中的使用权限也有所不同，主要分为以下几个方面：

1. 员工的使用权限

员工在创新平台中拥有的权限主要有创新建议申请和查看创新建议功能。其中创新建议申请功能是公司全体员工最主要的功能，也是使用最多的功能，该功能是员工表达创新思想的最直接通道，也是其参与创新工作的主要渠道之一。

2. 兼职创新专员的使用权限

兼职创新专员是为了更好地协助创新工作主管部门开展创新工作而设立的一个兼职岗位，原则上每个事业部（中心）只能设立一名兼职创新专员。

兼职创新专员的主要工作是对本事业部（中心）创新建议进行初审，一般情况下，兼职创新专员要于当天对创新建议进行处理。

3. 创新专员的权限

创新专员是创新平台的主要管理人员，其主要权限有：

（1）对创新平台进行日常的管理及维护；

（2）为了完善创新平台的相关功能而对其进行合理、必要的修改、优化，比如创新平台界面的优化、工作流的优化等；

（3）经过兼职创新专员的初步审核后，对创新建议进行再次审核及指派到相关部门审核，对于当天需要审核及指派的创新建议，创新专员一般要于当天处理完毕；

（4）根据审核部门的审核意见，对创新建议进行采纳、否决等；

（5）将创新建议指派给指定的部门实施，并进行监督；

（6）对各兼职创新专员的变动作相关权限的调整。

4. 审核部门的权限

审核部门在创新平台的权限主要是对创新专员指派的创新建议进行审核，并给出合理的审核意见，确实不能采纳的创新建议，可以说明理由后进行否决；如果可以采纳，给出采纳意见后，由创新专员采纳。

5. 实施部门的权限

实施部门一般为创新建议的审核部门，但是由于部分创新建议的内容会涉及多个部门，因此实施部门也不一定是某一特定的审核部门。而实施部门在创新平台中的权限是对创新专员指派的创新建议决定是否可以实施，不能实施的，说明原因后退回创新专员处，可以实施的，则进入实施流程，并在创新专员指定的实施时间内落实创新建议。

创新评比大会

创新工作主管部门定期组织创新评比大会，主要是针对一些实施效果良好、效益显著、被采纳的创新建议进行综合评估，并从中评出各类创新奖项。

一、参加评比大会的要求

创新建议必须是正在实施或已经实施结束，并能看得到效果的。另外，前期方案若因各种原因超过三个月没有实施的，新的相同方案可以视情况重新审核，若审核通过，得到实施和推广，并有明显效果的，可以参加创新评比大会，若获奖，奖励受益人为原始创新申请人。

二、评比时间

每个季度的最后一个月末（3月、6月、9月、12月末）将组织全国创新评比大会，参与评比的方案应至少于每个季度评比大会开始前一个月提出，比如，3月末进行全国创新评比，方案应在2月末之前提交，若方案是3月提交的，则顺延至下一个季度的评比大会，即6月末才能参与评比。

三、评委会成员

评比大会将成立评审委员会，委员会成员由创新工作主管部门及相关部门人员组成（可依当时具体情况而定）。

四、评比方式

先由创新专员对本季度中提交的创新方案重新评估后，择优提名，并经过财务相关部门对其效益进行综合评估，再提交给创新评比大会评委进行评审，确定获奖名单，最后由创新工作主管部门公布获奖名单。

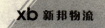

创新激励

良好的激励机制有助于创新工作的顺利开展。当激励机制越有吸引力时，员工参与创新的氛围也会越发浓厚，创新工作也越容易全面展开。目前，公司的创新激励机制处在不断完善的过程中，随着创新工作的不断深入开展，逐渐形成科学、合理的创新激励机制。结合公司目前的实际情况，特设立如下奖项：

一、创新采纳奖

为了更好地激励员工参与创新工作，对参与创新建议工作的人员设立相关奖项，具体如下：

1. 创新参与奖

月度评审一次，在创新平台中提交符合要求的创新建议即可获得创新小卡片一张。

2. 创新建议采纳奖

月度评审一次，每条采纳的创新建议最低奖励人民币 20 元，最高奖励人民币 50 元。

3. 创新申请提交之星

月度评审一次，当月提交创新建议数量最多的人，获得奖励 20 元。

4. 兼职创新之星

月度评审一次，所在事业部（中心）当月被采纳的创新建议数量排名第一，奖励兼职创新专员人民币 50 元；同时，当月提交创新建议的数量占该事业部（中心）当月最后一天在职人数的比例最高，奖励兼职创新专员人民币 30 元。

5. 创新实施之星

月度评审一次，当月部门实施的创新建议最多，并且在规定的时间内完成实施的部门负责人，奖励人民币 80 元。

6. 创新专题奖

月度评审一次，定期征集并被采纳的专题创新建议，奖励人民币 25 元，外加小礼品一个。

二、创新之星奖励

创新之星奖励分为创新奖和创意奖，是公司对那些产生比较重大、积极的影响，并为公司创造了不同程度效益的创新项目或方案进行的一种奖励。

1. 创新奖

就制度、流程或本职工作改善等提出的创新建议，此建议可提高工作效率、提升公司品牌影响力，并经评审小组审核通过的创新项目或方案。

（1）创新金奖：奖励人民币 1000 元；

（2）创新银奖：奖励人民币 600 元；

（3）创新铜奖：奖励人民币 400 元。

2. 创意奖

就产品、技术、成本费用控制等非本职工作范围内提出的、经评审委员会审核通过的创新建议，确实节约成本或创造经济效益，并能进行量化的创新项目或方案。

(1) 创意钻石奖：年节约或创造经济效益 10 万元（含）以上，奖励 8000 元；

(2) 创意白金奖：年节约或创造经济效益 5 万～10 万元（含 5 万元），奖励 5000 元；

(3) 创意金奖：年节约或创造经济效益 2 万～5 万元（含 2 万元），奖励 2000 元；

(4) 创意银奖：年节约或创造经济效益 1 万～2 万元（含 1 万元），奖励 1000 元；

(5) 创意铜奖：年节约或创造经济效益 0.2 万～1 万元（含 0.2 万元），奖励 400 元。

问题思考

1. 创新平台的作用有哪些？

2. 创新奖和创意奖有什么区别？

3. 在日常工作和生活中你都有哪些创新想法？

第二章　公路运输

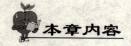 本章内容

◆ 运作中心简介　　　　　　　◆ 汽运产品知识

◆ 运作中心部门设置及分工　　◆ 配载

◆ 仓管装车　　　　　　　　　◆ 仓管卸车

◆ 装卸　　　　　　　　　　　◆ 请车

◆ 查询　　　　　　　　　　　◆ 后勤

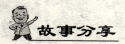 故事分享

　　汽运又称汽车运输。是19世纪末随着现代汽车的诞生而产生的。初期主要承担短途运输业务。第一次世界大战结束后，基于汽车工业的发展和公路里程的增加，汽车运输走向发展的阶段，不仅是短途运输的主力，而且进入长途运输的领域。第二次世界大战结束后，汽车运输发展迅速。欧洲许多国家和美国、日本等国已建成比较发达的公路网，为汽车工业又提供了雄厚的物质基础，促使汽车运输在运输业中跃至主导地位。

　　新邦物流有限公司作为一家AAAA级综合型物流企业，集公路运输、航空货运代理、城际配送于一体。公司与国内外40000多家企业建立合作关系，网络覆盖全国400多个城市，在全国50多个大中城市开通专、快线长途零担与整车业务，并在珠江三角洲与长江三角洲区域内开展城际配送业务。你是否也想了解中国的汽运行业，是否也想为中国的汽运事业贡献自己的一份力量呢？本章就带你踏上汽运之旅，去探索汽运之谜。

第一节　运作中心简介

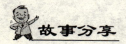 故事分享

　　截止到2010年5月18日，新邦物流有限公司共开设营业网点A个，每日在途运输货量高达上万吨，共有汽运专（快）线路B条，而这上万吨的在途运输货量，上百条的汽运线路，全都源自新邦物流有限公司一个核心机构——运作中心。

　　如果说物流企业是一名超级搬运工，那么运作中心就是他的心脏，带动着整个企业的生命延续。运作中心保证了客户的货物准时、安全地到达目的地，运作中心实现了数百条汽运线路紧张而有序的运行，那么运作中心是通过什么方式实现的呢？

运作中心的定义

　　运作中心是指在指定的作业区域内进行零担货物的集散分拨活动的业务组织，它是辐射区域的货流、车流和信息流的枢纽，是区域运作资源整合，实现零担规模运输和达成客户物流服务要求的核心单位。运作中心是物流公司的心脏、枢纽（如图2-1所示），肩负着所有汽运货物的分拨重任，是营业部门业务开展的重要保障与强劲后盾。

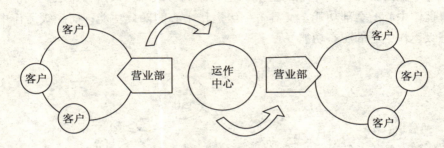

图 2-1　物流运作模式

　　新邦物流运作中心目前下辖广州运作部、深圳运作部、上海运作部、北京运作部、青岛运作处、杭州运作处、苏州运作处、宁波运作处，随着公司营业网点不断增多，经营范围不断扩大，营业货量的不断提升，运作中心将加快运作部的建设，加快汽运产品的开发，为新邦物流的快速发展打下坚实的基础。

运作中心的功能

一、增强各网点的综合实力

　　（1）公司的业务量在不断发展壮大，而省外的营业网点并没有相应地增加硬件与软件设施。随着到达货量的增多，资源的瓶颈暴露出来的问题会逐渐扩大。

　　（2）在各地设置的物流网点、人员、场地等固定成本的发生是稳定且持续的。在此基础上，若加强收运业务，则在固定成本的基础上，仅增加少量的变动成本，则可创造出更多的赢利。

　　（3）网点的增加与增强，有利于发挥区域整合及规模效应，并为大型的物流运作中心做铺垫。

二、促进物流企业快速扩张

　　（1）大型运作中心的设立，给辐射范围内的营业点带来了极大的运作竞争力，可使

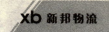

区域内的营业网点相互流转（城际配送），也可增强其省外货物的市场竞争力。

（2）各大型运作中心间可相互对流，节约成本，扩大规模，提升运作质量。

（3）打响企业物流品牌，提升客户信心。

三、提升货物流通速度

运作中心的设立，使货物装卸、分拨等各类操作更具专业性，可以在短短几个小时内将辐射范围内的所有货物分拨出去，大大提升了货物流通速度，满足广大客户的需求。

运作中心的分类

根据公司零担物流运营网络和发展规划，运作中心按生产规模的集约能力衍生出三类运作中心，如图2-2所示。二级运作中心可视为一级和三级运作中心之间的过渡，既具备三级运作中心的全部功能，又具备一级运作中心的部分功能；而一级运作中心囊括二级和三级运作中心的所有功能。

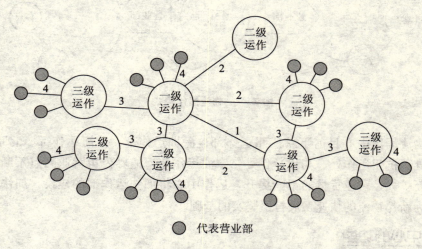

图2-2　运作中心分类

一、一级运作中心

一级运作中心是所在大区域物流节点的枢纽，承担区域间主要物流中转、交换、衔接，是拥有便捷运输联系的物流设施群综合体。

1. 一级运作中心的特点

（1）在地理位置上，一级运作中心处于所在区域（通常一个或几个省所在的区域）的中心位置，周围辐射许多城市。

（2）在运输网络上，一级运作中心是全国运输网络上多条运输干线通过或连接的交汇点，是运输网络的重要组成部分，连接不同方向上的货流，对运输网络的畅通起着重要作用。

（3）在运输流向上，一级运作中心进行着与其他区域一级、二级运作中心的对流。

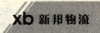

2. 一级运作中心的功能

（1）通过资源整合实现所在区域内货物与其他区域之间的对流，不但可以为所在区域提供全国汽运产品服务，而且能够满足其他区域汽运产品的到达服务。

（2）指导区域内物流网络节点的建立和优化，以及对区域内其他运作中心功能的系统运筹。

（3）以信息化、网络化为基础，改进运输组织方式，实现各种运输方式一体化管理，完成运输服务全过程，是提高运输效率，降低运输成本，节约资源，从而保证汽运产品的可持续发展。

二、二级运作中心

二级运作中心是所在区域内物流节点的重要支点，承担区域间部分城市的货物中转以及到达货物的配送，主要是为了资源优化和辅助一级运作中心。

1. 二级运作中心的特点

（1）在地理位置上，二级运作中心处在所在区域（通常一个或几个市的区域）的中心位置，周围辐射几个城市。

（2）在运输网络中，二级运作中心是运输网络上多条运输干线通过或连接的交汇点，是运输网络的重要组成部分，连接着部分方向上的货流，对运输网络的畅通起着一定作用。

（3）在运输流向上，二级运作中心进行着与其他区域一级运作中心的对流，实现部分城市的货物的发送。

2. 二级运作中心的功能

（1）通过资源整合实现所在区域内货物与其他区域之间的流通，可以为所在区域提供部分汽运产品服务，也可以满足其他区域汽运产品的到达服务。

（2）辅助一级运作中心，减轻运作的压力功能，并且指导三级运作中心的管理。

三、三级运作中心

三级运作中心简称集散中心，它是指在特定区域内为实现资源整合，对一级运作中心、二级运作中心提供服务的重要物流节点。

1. 三级运作中心的特点

（1）在地理位置上，三级运作中心处在所在区域（通常一个县区或几个县区）的中心位置，周围辐射部分物流节点。

（2）在运输网络中，三级运作中心处于部分物流节点的连接点货交汇点，对小区域内不同方向上货流的顺畅起着重要作用。

（3）在运输流向上，三级运作中心只和所在大区域内其他运作中心、所在小区域内物流节点的对流。

（4）三级运作中心只提供城际配送业务。

2. 三级运作中心的功能

（1）利用小区域优势，通过灵活的资源整合，实现小区域内物流节点间货物的到发。

（2）减少回路、提高时效，进行区域内其他运作中心的辅助功能。

问题思考

1. 运作中心的功能是什么？
2. 运作中心如何分类？

第二节　汽运产品知识

故事分享

2010 年 3 月 45 日 21：00 A 营业部接到一名客户的咨询电话。

营业员：您好，新邦小何为您服务！

客户：新邦物流吗？我想咨询几个问题，可以吗？

营业员：没问题，请说！

客户：我手里现有一票货，对方要得比较急，需要后天中午送达上海浦东，请问你们公司能做到吗？

营业员：可以的，只要您选择我们公司的上海快线产品就可以！

客户：另外我有一票货物不需要这么急，在 3~4 天内送到上海都行，是否可以打个折？

营业员：先生，您好，如果不急的话您完全可以选择我们公司的专线产品，价格比快线优惠。

客户：好的，就选专线，小姐，我还有个问题。

营业员：您说！

客户：我有票货要运到西藏某村，请问你们公司可以帮我运到吗？

营业员：先生，是这样，我们公司暂时还没有在西藏设点，不过您可以选择我们公司的偏线产品，通过我们合作公司可以帮您送到！

客户：你们公司真厉害，哪里都可以送到！

营业员：新邦物流，服务无处不在，请问还有什么可以帮到您的吗？

客户：有，要是我要运到深圳，需要走快线还是专线呢？

营业员：呵呵，先生，您好！到深圳您可以选择我们的城际配送产品，专线价格，快线时效，很优惠哦！

客户：哦，这么好呀，那我以后就在你们公司发货了！

营业员：好的，谢谢您的来电！

通过上述对话，相信大家应该对快线、专线、偏线及城际配送有所了解，那快线、专线、偏线和城际配送究竟是指什么呢？

　　根据公司的运输条件，将汽运产品分为两大类：自营运输产品和外发托运产品。自营运输产品是指本公司通过自有车辆或者外请车辆实现货物的运输，根据不同的客户群体，将其细分为省际快线、省际专线和城际配送三种（如图 2-3 所示），外发托运产品则是在本公司没有运输条件的情况下，将所收的零担货物转给其他货运公司承运，对外产品名为汽运偏线。

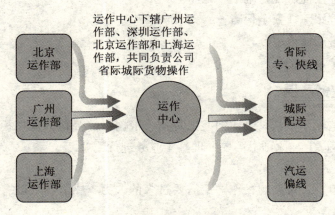

图 2-3　汽运产品分类

快线产品

　　豪华沃尔沃（VOLVO）厢式货车，全球定位系统（GPS），定点发车，全程高速，准时到达，准时配送。主要满足时间快速和优质服务的客户。

　　服务特色：

　　（1）快线产品是中小型企业的最佳托运选择。专注于几十千克重的货物、贵重物品、时效要求高、对服务有特殊需求等各种情况的综合解决方案。

　　（2）郑重向客户承诺："限时未到、运费全免"。

　　（3）按照规定的时间和地点发车、到达、配送。

　　（4）豪华沃尔沃厢式货车，安全、快速。

　　（5）全球定位系统，全程跟踪车辆、实时反馈在途信息。

专线产品

　　运输线路涵盖华南、华东、华北、东北、西南、西北各大区域，直达全国 400 多个大中城市。线路齐全、价格实惠，主要满足发货时线路多、时间要求不高的客户群体。

　　服务特色：

　　（1）对于大宗货物、大客户、线路众多的托运是最佳的选择；

　　（2）线路齐全，可以到达全国 400 多个大中城市；

　　（3）价格实惠，性价比高。

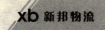

偏线产品

偏线是指零担货物在本公司没有运输条件的情况下，将所收的零担货物转给其他专线货运公司承运。

服务特色：

(1) 发货更加便捷、配送范围广；

(2) 货物全程跟踪，安全保障；

(3) 提供完善的增值服务；

(4) 线路齐全、价格实惠。

整车汽运业务产品

整车一般指整辆车中，只装载同一票货物。根据目前公司的操作模式，单票货达到12吨或40立方米以上，原则上需要办理整车业务进行配载。

服务特色：

(1) 操作简单，点对点的操作，不需要过多的人力、物力，可以有效减少公司操作成本；

(2) 能较好地保证货物的运输时效以及货物的安全；

(3) 有利于公司品牌对外推广。

问题思考

1. 你了解汽运产品有几类吗？

2. 你清楚什么是城际配送产品吗？

第三节　运作中心部门设置及分工

故事分享

2010年3月15日11：00 A营业部发现自己部门的一票货物未走，于是打电话到运作部询问原因：

营业员：张经理，您好！我是A营业部的小李，我们部门的货为什么今天没有装车，单号：12345678。

外场经理：小李，你好！我们外场装车是按配载处出的预配单来装货的，是不是出单时没有配此货呢？

营业员：好！我问下他们部门。

配载员：您好！新邦小何为您服务！

营业员：小何，你好！我是A营业部的小李，麻烦你看个单号：12345678。请问下这个货为什么今天没有装车。

配载员：小李，你好！贵部门的货物晚进港了，你可以看下点到时间，是在公司规定的时间之后，时效不予保证的。

营业员：哦，那我们下次注意了。那这个货什么时候可以帮我们配走呢？

配载员：今天白天有一辆发往上海的车，可以给你们走货。

营业员：好的，谢谢！

随着公司的规模不断的壮大，公司的各环节操作已不断的规范化，职能的划分更需明确，遇到问题时找对人变得尤为重要。那货物进入运作部是如何操作的呢？各部门职能是如何划分的呢？

整体作业流程

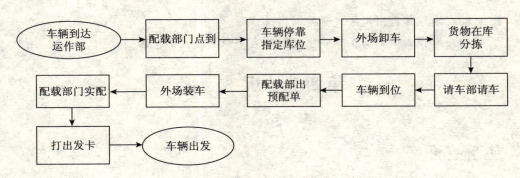

图2-4 整体作业流程

运作中心部门设置及分工

一、配载部门

配载部门主要负责货物进港的点到、单据的交接以及货物的出港配载。每日根据仓库的货量给予请车部门车辆需求信息，在司机前来报到时，对司机的证件进行核实、备份、录入公司系统，并指导司机正确停靠车位。

二、查询部门

查询部门主要负责车辆的在途跟踪，货物状态查询以及外发业务。当货物出现丢失时，查询部门需要到各问题发生环节进行丢失货物的查找。

三、外场

外场主要负责货物的装卸，货物的在库分拣，以及库区的6S工作。在装卸过程中有对异常货物进行举报的义务，并协助相关部门进行异常处理。

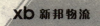
四、仓管处

仓管处负责外场装卸车时对货物进行扫描、盘点，详细记录货物进出港信息，完成货物在运作部的跟踪过程。在装卸过程中有对异常货物进行举报的义务，并协助相关部门进行异常处理。

五、请车部门

请车部门根据配载部门对车辆要求提供合适的车辆，负责与司机进行车辆运费协商，并对司机具有监督责任。当营业部需要办理整车业务时，请车部门有义务为其提供所需车辆。

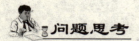

1. 货物在运作部进出港经过哪些部门操作？
2. 货物跟踪找哪个部门？货物出港时效有特殊要求找哪个部门？

第四节　配　　载

故事分享

某日，A营业部接到某客户的发货意向，经了解，得知客户有一批货物，大概有30立方米共计12吨左右的货物，随即咨询汽运配载部经理李四此货能否给予配载操作，如何操作？李四详细听询后了解到此货发往上海，并给出了以下几种操作建议：第一种方案：客户时效要求严格且安全性需求较高，建议走整车；第二种方案：客户时效要求相对不严格且在品质管理中心备案后，知会终端到达部门同意操作的，可以考虑走零担或者配货形式走车，采用此方案操作的可以根据客户的需求选择公司的专线产品或快线产品。

随着公司的规模不断壮大，公司的汽运产品将不断的完善，相应的服务将会不断增加，但在这个过程中，我们的营业部门人员缺少关注度，往往在配载操作这方面思路不清，导致走了很多弯路或产生很多的业务差错。那究竟什么是配载呢？

货物进港

一、概念

货物进港是指各分部把所收运货物运到运作部这一过程，运作部把进港货物进行分拣作业，根据不同的运输方式及货物自身属性对货物进行分类整理，以便于后续的配载装车作业的展开。

二、货物进港操作流程

1. 车辆打卡

车辆进港后，司机到达配载部门的柜台报到。配载员将司机的车牌、部门、进港时间、交接单号以及车型等信息记录，然后在司机打卡系统中输入车牌号码，给车辆打到达卡，表示车辆已经进港。司机打卡系统界面如图 2-5 所示。

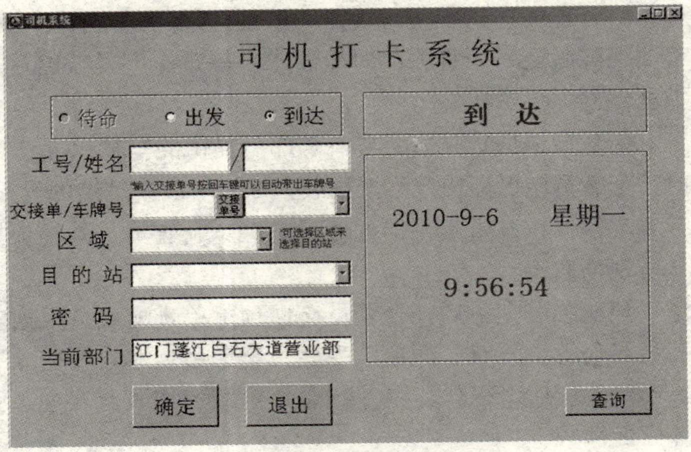

图 2-5　司机打卡系统界面

2. 单据核对

配载员对司机交过来的随货单据进行核对，包括空运交接单、城际配送交接单、专快线交接单和清单票数、原件签单、送货单和其他单据。

3. 单据点到

配载员在 NIS 系统点到模块中输入车牌号进行查询，确认司机随货单据与 NIS 系统查询的数据一致后，点击"确认点到"选项，表示货物已经进港。随后，配载员需在交接单上签名确认，由司机把交接单带到外场，停在车位后，外场安排卸车作业。

4. 单据整理

配载员在单据点到完毕后，需对原件签单、其他单据等进行整理，依据不同的运输线路把原件签单、其他单据进行分类。至此，整个货物进港作业已经完毕。

货物配载

一、货物配载的定义

货物配载是指运作部配载处利用 NIS 系统对分部的进港货物进行统计分析，根据货量合理地安排运输线路及运输车辆，优化配载作业，以达到降低运输成本与满足货物时效的目的。

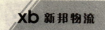

二、货物配载操作流程

1. 专快线配载

（1）待装货量统计：配载员利用 NIS 系统对各线路进行货量统计。受我公司操作模式的影响，货量的统计是一个前期的行为，只能查询到当前时间货量，无法统计出在几个小时后能进港的货量究竟有多少。一般根据当前运行情况及以往经验大致预测出当日货量。

（2）车型及线路选择：配载员统计好当日货量后，根据货源结构、货物时效及当前车价情况等进行分析，合理的选择车型与线路。车型与线路的选择应当既要保证相对较低的运输成本，又要保证满足不同货物的时效要求。确定车型及线路后，配载部门向请车部门发出请车需求。

（3）预配装车：配载员根据货源情况与请车部门提供的车辆尺寸在 NIS 系统做出预配单。出预配单时，配载员应保证快线当天配载，专线一般按进港的先后顺序进行配载。另外，还应保证待装车辆体积、重量方面的尽量满载。仓管员与外场根据预配单进行扫描装车作业，配载员现场监装。

（4）货物实配：预配装车完毕后，仓管员交回预配单，配载员根据实际装车情况进行实配作业。配载员与仓管员核对预配单上哪些货物已经装车，哪些未装，哪些未预配而实际已经装车。确认无误后，配载员在 NIS 系统配载模块进行实配，打印实配单。至此，整个配载作业已经完成。

2. 城际配载

（1）货量统计。在 NIS 的"配载系统"子菜单"城际配送配载"按部门对所有部门的货量进行统计。

（2）预配。在"城际配送配载"模块的"城际配送预配载"中选择到达交接部门，按部门对已经进港货物进行查询，根据车辆车型进行配载打印交接单。同时系统会自动生成一个预配交接单号，同时把预配单交接给仓管员下载进行扫描，外场装车。

（3）实配。在"城际配送配载"模块的"城际配送实配"中输入 PDA 上传的扫描批次号或预配载交接单号进行查找，录入实配相关信息（车牌号、司机、电话号码、锁号），打印实配单。

（4）实配单交接。将实配单以及相关单据（原件签单、其他单据）与司机进行交接。司机需在交接单上签字确认。

（5）出发打卡。与司机交接无误后，在司机打卡系统给司机打卡，表明司机已发往目的地。

（6）使用一次性锁（如图 2-6 所示）。锁上在车门的右门上，锁条要穿过车锁耳孔中，呈锁住状态。

（7）信息备注。整理检查实配单，对于手写的单号，在系统进行相应信息的备注。

一次性锁

图 2-6 一次性锁

3. 偏线配载

（1）外发货量统计：在 NIS 系统中统计出各偏线当天货量。

（2）信息发送：通知外发公司或外发员货量信息。

（3）预配装车：把当天须外发的货物预配装车。

（4）外发实配：根据车辆实际装载货物，在 NIS 系统偏线配载模块进行实配作业。

（5）单据整理：外发预配单需外发提货员签字后留底备查，外发实配单交于外发提货员。如外发货物中有随货原件签单、其他单据，则一并交于外发提货员，外发提货员签字确认收到单据。

4. 整车配载

（1）整车概念：整车一般指整辆车中，只装载同一票货物。根据目前公司的操作模式，单票货达到 12 吨或 40 立方米以上，原则上需要办理整车业务进行配载。

（2）整车操作流程：

①分部发出整车业务需求；

②请车部门根据分部要求请用相应车型；

③司机根据分部要求到指定地点装载货物；

④货物装载完毕后，司机到达配载部门办理运输协议；

⑤录入管车宝系统车辆信息，对车辆进行后续跟踪。

货物出港

一、货物出港的定义

货物出港是指分部进港的货物经过运作部分拣、整合，配载后再运输到各个终端部门的过程。

二、货物出港操作流程

1. 运输协议办理

车辆装载完毕后，配载员通知司机携带相应证件前来办理运输协议。配载员查验司机有效证件齐全后，双方就协议内容（运费、运行时效等）进行核对，确认一致后，签订运输协议。

2. 单据交接

运输协议签订完毕，配载员把货物实配清单、随货的原件签单、其他单据一并交于司机，司机签字确认。预配单则留底备查。

3. 车辆打卡

配载员确认运输协议填写正确，单据交接无误后，交代司机注意事项，然后在司机打卡系统给车辆打出发卡，表示车辆已经从运作部出发前往目的地。

4. 后续跟踪

配载员把司机的车辆信息、手机号码录入管车宝系统，对运行车辆进行后续定位跟踪。

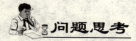 问题思考

1. 货物进港及专快线配载操作有哪些环节？
2. 整车的概念是什么？其与专快线配载有何异同？

第五节　仓管装车

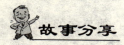 故事分享

2009 年 4 月 8 日从广州发往成都货柜车因装车时没有按单装车，从而造成重量超重，体积不达标，利润低，导致最后需要卸下一半货物，重新装货。

由此可以看出，我们对装车的知识还是很缺乏，仓管员对外场的监控就等于零，这就是我们仓管员对装车的规范性和技巧的缺乏，所以掌握装车知识和技巧是如此重要，那么装车流程是什么呢？

装车流程

一、车型的认识

公司使用的车辆一般分为封闭车厢、敞篷车厢和开板式车。

1. 封闭车厢

封闭车厢又分为半封闭厢和全封闭车厢。公司通用的是全封闭车厢，优点在于配载货物安全性高，公司自有的常见的车辆分为 2 吨、3 吨、5 吨、8 吨和沃尔沃汽车。

2. 敞篷车厢

公司通用装车的敞篷车分为单桥车和双桥车。两者的区别就在于载重量不同，单桥

车一般只能载重 12～15 吨，双桥车载重量能达到 15～18 吨。

3. 开板式车

开板式车也称为平板车，载重量一般能达到 35 吨，体积为 150 立方米。

二、装车流程

1. 审核预配单

做到三核对三查看：核对车牌，核对车辆载重量，核对体积；查看异形货物，查看快线货，查看压货。

2. 登录 PDA 下载数据

登录 PDA 下载预配交接单号，核对预配交接单号是否正确。

3. 按预配交接单号点单扫描装车

依照预配交接单的货物信息，搭配货物装车。

4. 多地卸货拿隔离网

对于两地卸货、三地卸货每一地要进行隔离网对货物隔离。

5. 上传数据，交单

装完车之后第一时间将 PDA 里面的数据进行对比然后上传数据，在预配交接单上注明装车组长名字、仓管员名字，登记装完车的时间，把预配交接单交到柜台。

6. 货量统计

交完预配交接单之后就把当天的货量录入 NIS 系统里面。

问题思考

1. 多地卸货需要什么进行隔离？
2. 装完车需要在预配交接单上填写什么内容？

第六节　仓管卸车

故事分享

单号：12345678　开单部门：A 营业部　件数：34 件　保险价值：20000 元，此货 34 件（布/纤），标签上运输方式为：南宁专线，目的站：南京江宁，广州运作部于 6 月 14 日 1：02 点到，当时卸车仓管员与外场操作员由于粗心大意都没有检查到此货标签上运输方式的错误，由于标签上运输方式的字体较大，外场操作员便把此货归位至南宁仓库。装车仓管员更是一错到底，装车时 PDA 扫描不了此货，也不检查一下到底是怎么回事，便手抄代单号到预配单上，然后让外场把此货装到发往南宁的车上。一直等到南宁车封车完毕，配载处实配此货时才发现此货目的站为：南京江宁，才知道此货已装错了车。后经仓管处经理与几个仓管员合力花了两个多小时才把此货卸下。

因营业部门的标签制作错误，仓管员又在装卸车没有发现错误，导致差错没有及时得到纠正。两个环节连环错误，确实不该，公司的利益需要大家共同努力创造，每一位员工都应提高责任心，注重细节，严格按照公司规定操作，才能降低业务差错，提高公司运作质量！

卸车仓管员的工作职责

（1）检查车锁是否完好，核对锁号是否一致（主要是空运组与城际配送）。

（2）卸货时，负责点清件数，核查标签粘贴是否规范、正确，检查包装与货物是否符合。

（3）检查装车顺序和装载的合理性。

（4）对于每件进港的货物要求使用 PDA 扫描。

（5）卸货之前，需看进港交接单，若有同一货物名称或包装的，一定要及时提醒操作员，以便于正确分拨；扫描时需特别注意 PDA 界面的提示。

（6）卸下的货物要码货成一个托盘，15 件以上的都在左上角用大头笔写下这个托盘的件数，不规则的货物要在每一层左上角注明件数。若件数不齐需在货物上贴一张 A4 纸标明此货异常。

（7）督导外场规范码放物货（八大标准）并及时将货物归位。

（8）包装如有破损或潮湿要及时修复，如有严重破损或潮湿，及时报于异常录入人员和营运中心督导部（要在车上进行拍照），先拍照取证，后修复，修复完毕后再拍照。

（9）如有发现违禁品，及时上报，作扣押处理。

（10）货量统计，要及时录入 NIS 系统并正确填写外场装卸考核表。

（11）统计当天扫描率、分析原因，然后发至主管。

（12）对自己所反馈的异常信息进行跟踪，直到货物正常为止。

（13）保护好 PDA 和电池。

使用 PDA 卸车的方法

一、PDA 简介

PDA（如图 2 - 7 所示）简称巴枪扫描仪，用于扫描公司进出港货物的标签并在电子系统上对货物进行记录。

二、卸车 PDA 的扫描使用以及注意事项

1. 卸车 PDA 的扫描使用

（1）拿到 PDA，按下左下角的电源键开机，登录 PDA 扫描系统，在操作界面选择卸车扫描，或是直接按快捷键 2。

图 2 - 7　PDA

（2）接到交接单后，在卸车扫描界面输入交接单号及小单号，选择添加，再选择确定，就开始下载数据。可以输入多个交接单号，同时下载。

（3）数据下载完则开始卸车扫描，按中间黄色按键或是两侧的按键都可以对货物进行扫描。

（4）卸车过程中，货物出现标签脱落，需要重新打印标签。扫描时，屏幕上会显示"是此货不是此交接单上的货是否强制卸车"，点击"确定"。

（5）扫描完，选择屏幕下方的比对，对比显示异常，点击未扫，若下方有单号出现说明下方单号为有单无货；再点击未完成，若下方出现已扫描件数小于应扫件数，则属于有单少货，需反馈有单少货，应扫多少件，实扫多少件；最后点击强卸，若出现单号则属于有货无单，需反馈有货无单，实收多少货。若对比显示正常，则直接选择保存（每卸完一台车之后必须及时保存数据）。

2. 注意事项

（1）如果在扫描的途中又有新的交接单，则选择屏幕右上角的添加，便回到输入交接单号的界面，再输入新的交接单号并下载就可以继续扫描。

（2）PDA如果在扫描过程中自动锁键盘，则同时按下"FUNC"与"5"，进行解锁，网络连接不上或是信号不好的时候同时按下"FUNC"与"9"进行刷新，重新连接网络。

（3）在PDA的数字键上方的功能键中"Aa"键可以切换数字和字母的输入，在屏幕的右下角可以看到输入法的状态。

（4）扫描时，红色的射线对着标签上的条码距离15～30厘米，太近或是太远都会导致PDA对条码的识别灵敏度降低。

（5）在标签左下方条码的下面有一个条码号，条码号的组成是单号和货物的件数，比如单号是"01166170"，共21件，则这票货第一件的条码号就是"011661700001"。若标签脱落，重新打印的标签的条码号的件数是累加的，如"011661700022"，扫描时就会显示为是需要强制卸车。

（6）卸车时，扫完一板货，查看一下小记的件数是多少件，与点数的数目是否相同，如果相同则按功能键中的"Esc"或直接点击小计屏幕处清零，并在单上记下每一板的件数方便核对，再扫描下一板货；如果件数不相符则重新核对，是否有标签重复、漏扫或标签朝内。对于大票货物需在每一板上方标明本板件数。

（7）在屏幕下方有个"比对"项，在扫描时，可以随时查看比对的结果，能及时发现是否有未扫描或是未完成扫描的货物，并能知道缺少的件数，同时也能发现需要强制卸车的货物。

（8）不同目的站的货物在扫描的时候PDA会进行提示，此时一定要提醒外场将不同目的站的货物分开，以免造成串货。按"Esc"键可以关掉提示页面，但要再重新扫描，以免因为目的站不同出现提示而没有扫进去。

（9）扫描时，留意PDA的屏幕显示，如果是扫描过的条码，屏幕上会出现红色的字样"条码已扫描"，如是第一次扫描的货物就出现红色字样，就有可能是重复标签。

（10）卸到交接单上没有的货，屏幕上会出现"是否强制卸车"，选择"是"，就可以扫描此货物；或是点击屏幕左上方的强卸前的方框，PDA就不会一直出现提示。同时在强卸旁有个"删除"项，扫描过的货物如果要删除可以对着条码再扫一遍，则会出现"该条码已扫描，是否删除"选择"是"就可以删除条码。

异常信息的反馈

一、异常单据的填写

（1）检查货物交接单号、车牌号、代单号、目的站、重量、体积、件数、包装与实际货物信息是否一致，需填写异常反馈表（如表2-1所示），对于潮湿破损、无标签、目的站错误需拍照作为证据，破损的货物要求外场组长及时修复并给修复好的货物拍照。

表2-1   异常反馈表

（广州）新邦物流服务有限公司

进港日期　月　日（广州汽运中心货物信息反馈表）　　　　　　进港异常

NO	代单号	收运部门/目的站	件　数	异常描述	车　牌	交接单号	反馈人
1							
2							

主管签名：

（2）卸货时，碰到无标签货物需拍照，然后仔细观察看能否可以从货物外包装寻找到货物的信息。对于可以马上确定的货物，仓管员需在NIS中补打标签贴到货物上；对于不能马上确定的无标签货物，需找异常处理员从系统中查找无标签货物信息，确认是哪一票货物之后再贴上标签；对于当时实在无法确认的无标签货物，一定要在无标签货物上贴上异常货物的标识并注明：此货是×××年××月××日于×××部门过来，车牌号码为××××××，卸货组×××点数人确认。此外，还要提醒组员一定要将此无标签货物放置异常区，对于少货与其他禁止走货的异常货物一定要贴上异常货物标识。

二、异常信息的系统录入

（1）点击NIS系统"查询系统"中的"异常信息"栏，如图2-8所示。

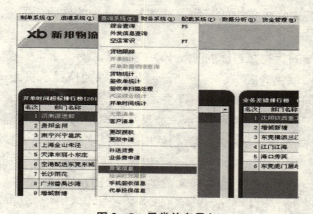

图2-8　异常信息录入

（2）进入界面后，会跳出异常信息的对话框（如图 2-9 所示），点击"添加"后，在对话框中输入异常货物的单号，选择"异常类型"（此时系统会提示如何选择该类型下的责任部门）和"责任部门"。责任部门选择上一环节。货物破损必须在"破损件数"栏内填写破损件数及破损等级，否则无法保存。最后在"异常描述"栏里对货物的异常情况进行描述，并在"反馈部门处理意见"栏里填写自己对该货物的建议处理方法。对于潮湿破损、无标签或目的站错误需对货物拍照，并将图片上传至"异常图片"，要求外场组长及时修复，将修复后的图片上传至"处理结果"处的图片，点击"保存"完成。

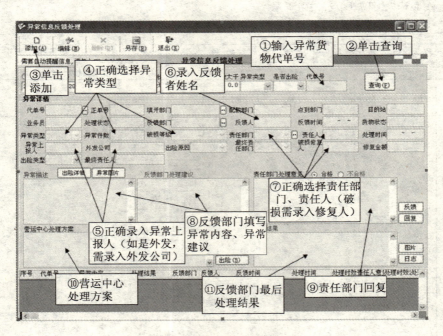

图 2-9　异常信息的对话框

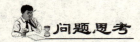

1. 卸车仓管员的工作职责是什么？
2. 异常信息如何录入？

第七节　装　　卸

故事分享

A 营业部到达运作部的货物，因先到配载处点到，然后停好车等待卸货，若长时间无人卸货，请联系晚班当班管理人员。

2009年8月8日，某营业部使用外请车到达运作部后，由于未在配载部点到，并且未将卸货清单放在车尾，导致两个小时还未卸货。那么卸车流程是怎么样的呢？

卸车作业流程

一、卸车作业流程

卸车作业流程图如图2-10所示。

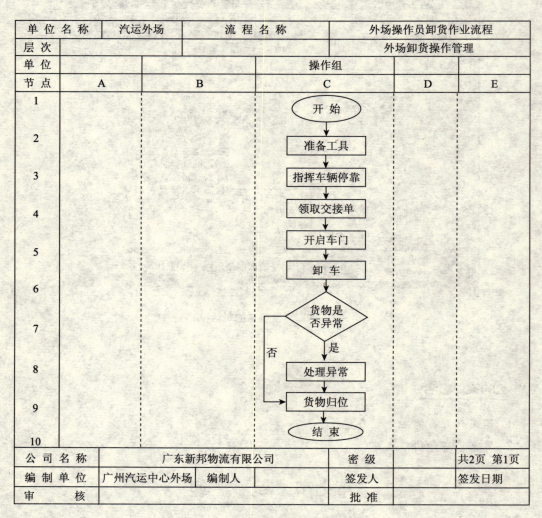

单 位 名 称	汽运外场		流 程 名 称		外场操作员卸货作业流程	
层 次					外场卸货操作管理	
单 位			操作组			
节 点	A	B	C		D	E
1			开 始			
2			准备工具			
3			指挥车辆停靠			
4			领取交接单 / 开启车门			
5			卸 车			
6			货物是否异常			
7		否	是			
8			处理异常			
9			货物归位 / 结 束			
10						
公 司 名 称	广东新邦物流有限公司			密 级		共2页 第1页
编 制 单 位	广州汽运中心外场	编制人		签发人		签发日期
审 核				批 准		

图2-10　卸车作业流程

二、卸车准备

卸车准备工作流程如表2-2所示。

表2-2　　　　　　　　　卸车准备作业流程

xb		运作部外场作业指导书		
岗位涉及	操作员	作业任务	开门卸车、准备铁板	作业环节	作业环节
操作流程				作业步骤

【紧推车门】	【旋转把手90度】	1. 通知随组仓管员做好扫描前准备工作 2. 打开车门： （1）开启施封锁后 （2）左手紧推右边门 （3）右手握住车门把手 （4）手把向身体方向旋转90度 （5）打开车门同时检查车尾货物是否向外倾斜，防止货物倒塌 （6）将打开的两个边门固定在车厢上 3. 铺设铁板：操作员从物料库领取铁板，领取铁板时至少两人协同作业 （1）两人站在铁板两侧 （2）同时将一端抬高10～20厘米 （3）另一只手分开将铁板另一端抬高10～20厘米 （4）缓慢地放置于手托车上（防止手托车压到手脚）
【检查货物】	【固定车门】	
【准备铁板】	【将铁板移出】	
【抬高铁板】	【放置铁板】	

使用工具	手托车、铁板	检查人	各部门经理

三、卸车操作八大原则

（1）货物标签朝外；

（2）货物箭头朝上；

（3）货物10件以下的、单件或小件的货物放一排；

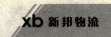

（4）货物码放高度不超过 1.5 米；

（5）异形货、大件货放置于便于装车的位置上；

（6）货物堆放横看成行；

（7）货物堆放纵看成列；

（8）货物及卡板不压线。

四、货物归位与库区管理

1. 货物归位

（1）托盘货物固定：反面使用封口胶对码放货物进行固定防止货物在转运过程中倒塌。

（2）手托车前叉叉入托盘（前叉处于落差状态、保持叉车平衡，叉位适当、叉入后前叉不超出托盘，禁止单叉作业，防止超托盘码放货物的叉入）。

（3）手柄下压，起升托盘（高度适当，防止手托车后滑，应垂直起升托盘），起升高度 1～2 厘米为宜，防止高度过高造成托盘倾斜。

（4）拉货入库区（注意周边人员及货物安全，单件前置，快线前置）。

（5）铝材：对于大批量的铝材（件数超出 200 件）卸车时货物码放便于装车的位置（北京线放置于 11 号库），不同长度的铝材分垛码放。

（6）对于小批量铝材（200 根以内）的码放：使用正反托盘码放的形式进行码放；码放好后，使用胶带对铝材的两端进行固定。

（7）布条的码放：布条为圆柱状货物，而且长度均在 1.5 米以上，为防止布条滚动，增加每个托盘的码放量。采用底层托盘正反重叠，布条按托盘方向多层方式进行码放。

（8）确定摆放位置（不压线，托盘间距 30 厘米，托盘放置两线中间位置，同时托盘与线平行）。

（9）手柄上拉，放置托盘（缓慢、均匀放下托盘）。

（10）手托车前叉退出托盘。

（11）查看货物标签与目的站是否相符，同时检查转运后的货物是否符合卸车的八大标准。

2. 库区管理

（1）货物整理：按件数层级对作业后的滞留货物进行整理，滞留时间长的放置于较里面的位置，时间超过一个月的放置于滞留区。

（2）对异常货物进行处理：修复包装破损货物。

（3）库区 6S 整理：对责任区地面卫生进行清扫，空置托盘进行归位，工具归位。

装车作业流程

一、装车流程

装车的具体流程如图 2-11 所示。

单位名称	广东新邦物流有限公司		流 程 名 称		外场操作员装车作业流程		
层次			任 务 概 要		外场装车操作管理		
单位		操作主管		操作组			
节点	A	B		C		D	E

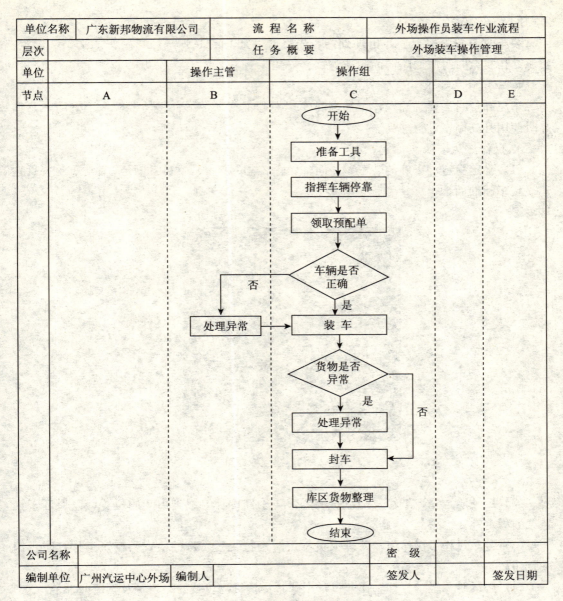

公司名称					密 级		
编制单位	广州汽运中心外场	编制人			签发人		签发日期

图 2-11 装车流程

二、装车准备

1. 请车

请车部请平板车资源时，与配载部门及外场当班负责人确定货源结构，确定是否可用平板车进行装载；三方确定后方可使用平板车。

2. 装车原则

按照装车基本原则装车：大不压小，重不压轻，木不压纸，泡上重下，箭头朝上，干湿分离，异味分箱，隔离得当，平衡配车。

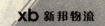

3. 装车顺序

装车时遵循由前至后，由外到内，先打底后加高的原则，打底面保证平整、稳定。货源结构复杂时打底面略向前倾斜为宜。

4. 车尾装车要求

车尾卸货时需要升高操作，加高时使用专制工具（带平台移动楼梯）用机动叉车加高时使用升高栅栏进行加高。

5. 操作注意事项

（1）确定稳定、正确的装车参照面（如图 2-12 所示），可用同种规格硬质包装货物建立装车标准面。

建立标准面

图 2-12　建立标准面

（2）用硬质木箱、纸箱及托盘货物码边，小件货物装载到中间的位置，以保证车辆装载的稳定性。

（3）装车过程中操作组及管理人员不定时进行装车质量的检查与校正工作，防止偏载及超高。

（4）搬运时要轻装轻卸，作业过程中严禁提拉货物包装的打包带及其他捆绑带。

（5）避免在太阳直射下作业，条件许可时，作业过程中使用伸缩雨篷进行遮阳。

（6）装货时，操作人员的站位必须留有充分的安全余地，不准站在边缘处 30 厘米内装货；装车加高时，操作人员应背向车内。

6. 特殊操作

（1）特殊货物（木门，木架）竖立码放时，对货物进行加固捆绑措施，避免货物倾倒造成货物及人员伤亡。

（2）装车时，两人同时作业必须保持动作的统一性（可以喊口号）；加高时，避免两人以上共同操作同一件货物。

（3）大件货物无托盘包装时，货物底部垫付不低于 2 块相同高度的木方，保证正常卸车。

三、装车操作

由操作组按照预定的装车线路到配载部领取相应线路的预配单并核实预配单内部信息：预配单是否记载车号及尺寸各方面数据，特殊货物的装载要求；当此车为异地卸货时，确认货物装载的先后顺序。

四、封车操作

车辆装载完毕后由操作组加盖铁丝网，铁丝网应覆盖高处货物；使用垫板避免司机踩踏货物，提醒司机在车辆中间位置作业，防止司机从车上掉下摔伤；监督司机盖篷布，车辆加盖前及揭开后车辆周边 2 米内不允许站人，避免货物掉落造成人员伤亡。

贵重物品交接

一、贵重物品类型

1. 贵重物品的普通定义

贵重物品普通定义为单件货物体积在 0.1 立方米以下、保险价值在人民币 8000 元以上的物品。常见的贵重物品有：干货、小型精密仪器、手机、相机、电脑（含手提电脑）、MP3 等产品。

2. 特殊货物

对于广州天河营业部、广州一德路营业部，贵重物品界定为：单件货物体积在 0.1 立方米以下，保险价值在人民币 10000 元以上。

3. 客户要求

对于客户或收运部门要求按贵重物品方式走货的物品亦可定义为贵重物品，前提是必须在 NIS 开单时勾选"贵重物品"选项。开单时一旦勾选"贵重物品"选项，必须严格按照贵重物品的操作规定进行操作。

二、贵重物品操作规定

1. 收运部门

（1）货物检查：凡收运贵重物品时，必须与客户当面核对货物，并对原包装（即客户托运时的包装）进行检查。

①对纸箱包装应全面检查封箱处，用双手往下压封条或封箱胶处，查看有无空洞；

②对纤袋包装的必须全面查看是否有破损漏洞；

③对于纸箱包装货物检查核实无误后，用新邦专用（印有公司 Logo）的封口胶将各封口密封，再用大头笔在每面封口处划上五六条斜线；

④对于客户不愿意开包检查的货物，与客户声明：我公司只负责货物外包装与封签完好。在托运书中备注：若外包装与封签完好而内物短少的，责任不在我公司。

（2）包装加工：对于运输方式为汽运的贵重物品，必须使用"贵重物品纤袋"包装，再用一次性锁对纤袋进行上锁；对于空运货物，必须加缠绕膜包装；木架包装完好的货物，不用再实行上述包装方案。（注：贵重物品纤袋申请流程为物品管理—物品申购申请—经营用品—经营用品类—贵重物品纤袋；缠绕膜申请流程为物品管理—物品申购申请—低值易耗品—包装辅料类—缠绕膜。对于贵重物品，建议向客户收取不低于10元的包装费用。）

（3）填开代单：对于贵重物品，各部门在制单时，必须如实填写货物品名；对于符合贵重物品条件的货物，必须确保NIS系统勾选"贵重物品"选项栏；若是汽运货物须将一次性锁号录入储运事项中。

（4）走货记录表：对于贵重物品，系统在打印代单后自动生成"贵重物品走货记录表"，打印代单后再用A4纸塞入打印机自动打印"贵重物品走货记录表"，汽运货物将一次性锁号填写在记录表上，然后将记录表贴于货上并和标签贴在同一面（若标签一面面积太小贴不下可贴另一面），各个环节经手人须在登记表上签字确认货物情况（一票货只附一份记录表）。

（5）库存：部门必须设立贵重物品放置区，若部门有监控摄像头的，放置区必须设在监控范围内；没有监控设备的部门，放置区必须设在柜台人员视线范围之内。贵重物品放置区由专人负责，并对出入库进行登记。

（6）装车与交接：部门装车时，所有贵重物品装在车厢后面，装货顺序为（如图2－13所示）：偏线普货—专线普货—快线普货——城际普货—贵重物品—空运普货。贵重物品区域亦要按照"偏线—专线—快线—城际—空运"的顺序装车，贵重物品与空运货物之间不需要再使用隔离网。贵重物品装车时司机必须在场认真清点件数，检查外包装是否完好并在"贵重物品走货记录表"上签字确认；部门做交接单时系统会自动将此车所有贵重物品再列出一个贵重物品清单。

图2－13　装货顺序

2. 运作中心

（1）运作中心必须在仓库里划出单独的"贵重物品存放区"（用铁丝网划分专属区域作为贵重物品仓库或放在监控器可监控范围之内）。

（2）当货物到达运作中心后，运作中心的仓管处主管必须第一时间检查货物包装及货物件数，确认无误后，与司机交接，在"贵重物品走货记录表"上签名确认，然后将贵重物品存放在"贵重物品存放区"，安排专人负责看守。

3. 到达部门

当贵重物品到达目的站后，到达部门必须检查货物包装及货物件数，并在"贵重物品走货记录表"上签名确认，然后将贵重物品存放在"贵重物品存放区"，并由部门主管保存备查。客户收货时，必须要求收货人当场拆包验货（外包装完好的，须在签收单上注明再验货）。如收货人不愿意当场拆包验货的，须要求客户在签收单上注明"外包装完好"并签名确认后方可提货。

三、贵重物品操作注意事项

（1）所有经手环节，凡发现贵重物品没有"贵重物品走货记录表"或"贵重物品走货记录表"破损不可再签名交接的，须立即报品质管理中心并反馈异常信息，经品质管理中心出具处理意见，重新制作"贵重物品走货记录表"后，方可继续走货。

（2）任何员工发现贵重物品有异常（破损、变形、货差）时，应立即与当班领导反映，若情况属实可由当班领导向品质管理中心反映，品质管理中心在第一时间通知装卸或库存部门负责人和司机验货、称重，并填写登记表。破损修复必须有主管及主管级以上两人在场。如能举报内部存在盗窃等不良现象，将按公司相关规定给予不低于100元/次奖励。

（3）在"贵重物品走货记录表"上所有经手人员都必须核实件数、外包装情况，并签名确认，凡不签名者罚款50元/票。对于"贵重物品走货记录表"丢失的情况，按100元/份处罚并承担相应货损货差连带责任。

（4）各环节交接以签名为准，每环节从签名确认开始至正常交接到下一环节签名确认为止。各经手部门必须对这期间的货物安全完好负全责。

（5）在车辆运输过程中，司机必须对货物件数负责，若贵重物品在车辆运输过程中出现货差按100元/件给予处罚并承担相关货差责任。

（6）贵重货物装车时一律不得重压，若因装车操作不规范而产生的破损、变形，下一环节在卸车时应及时反馈异常信息，并注明是贵重货物。所产生的损失，由上一环节责任人承担。

（7）"贵重物品走货记录表"从收运部门到终端部门，必须使用同一份表格且贴于货上，中途各环节在该表格上填写及签名，原则上不得另外制作表格。

破损修复

一、货损修复督导作业流程

破损修复的具体流程如图2-14所示。

二、破损的界定

发现承运的货物破损时，应及时通过各种有效方法将破损货物进行修补，加以包装，恢复其原来状态。潮湿货物也在修复之列。

三、反馈异常信息

1. 贵重货物的破损修复

对于开单品名为IT类（如手机、数码相机、电脑及电脑配件等）、服装类（鞋子、

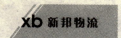

衣服、手袋等）、干货类（如海参、鲍鱼、鱼翅等）、化装品类的货物，发现破损时，修复操作必须遵照以下要求：

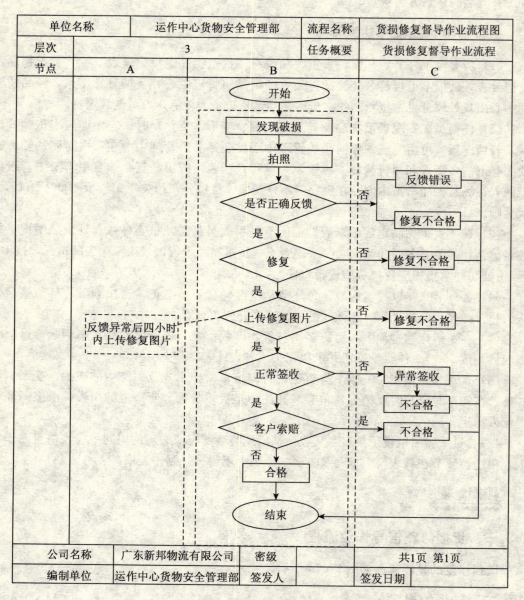

图 2-14　货损修复督导作业流程

（1）发现破损必须反馈异常信息，并在 NIS 异常信息系统录入破损具体情况；

（2）此类货物的破损修复至少要有两名员工在场，而且至少要有一名主管级以上（含主管）人员在场；

（3）修复后必须登记"贵重货物破损修复登记表"（修复登记表见附件），反馈人、修复人和确认人（确认人为主管或以上）在登记表上签字确认。

2. 普通货物的破损修复

普通货物的破损修复如表2-3所示。

表2-3　　　　　　　　　　　　　普通货物的破损修复

包装	破损界定	修复方法	修复效果	修复合格界定
纸箱	外包装变形：包装变形、扭歪、凹陷、褶皱	使用胶布矫正、抹平变形褶皱的一面	恢复原状	以下情况均界定为不合格： （1）发现破损未修复，并装车走货、通知客户提货、安排送货的情况 （2）反馈异常信息时未上传破损图片的和两小时内未上传修复图片的（特殊原因无法上传图片的必须在反馈后两小时内通知货物安全管理部备案） （3）破损程度在4级以下、有备注无法修复的，未经货物安全管理部门鉴定是否实为无法修复，擅自安排走货的 （4）未按文件在有效时间段内，在指定的位置上传三张以上破损图片及修复图片的 （5）客户签收后未在系统上传签收单扫描图的
纸箱	外包装轻微破损：边角裂缝、内物不外泄可恢复原状的，可简易修复的	使用胶布封死破损处，修复美观	恢复原状	
纸箱	外包装一般破损：纸箱破裂面积不大、封口裂开	使用胶布封死破损处，修复美观	恢复原状	
纸箱	外包装严重破损：破损面积超过当面面积的50%以上，破损还可修复	重新换包装或修整后多缠点胶布	有棱角无破洞	
纸箱	内物破损：内物破损或外泄货物不能恢复原状	内物破损务必修复外包装，外包装无法修复更换包装	更换包装	
纤袋	轻微破损：边角裂缝、内物外泄可恢复原状的，可简易修复	对于轻微破损的货物，可使用细绳索绑扎住破损处。对于严重破损的，则必须加打纤袋	恢复原状	
纤袋	严重破损：破损面积超过拳头大小；内物破损或外泄货物不能恢复原状		加打纤袋	
木箱、木架	轻微破损：单根木条断裂、边角裂缝、手推可活动或可简易修复；内物不外泄可恢复原状	对于轻微破损的货物，可使用绑夹板或更换木条的方法进行修复；对于严重破损的货物，则必须更换木架包装	恢复原状	
木箱、木架	严重破损：两根木条以上散落、内物破损或外泄货物不能恢复原状		重打木架	
塑胶桶	轻微破损：边角裂缝、内物不外泄，可简易修复	使用胶布缠绕修复，如无法修复则更换包装	恢复原状	
塑胶桶	严重破损：破损面积超过拳头大小；内物破损或外泄货物不能恢复原状		更换包装	

包装	破损界定	修复方法	修复效果	修复合格界定
胶膜	轻微破损：边角裂缝、内物不外泄可恢复原状，可简易修复	使用胶布分段缠绕修复	恢复原状	以下情况均界定为合格： （1）凡是在反馈货物破损异常信息后及时修复促使客户正常签收的 （2）外包装完好，内物破损，到达部门无法辨别破损情况的 （3）货物达5级破损，无法矫正的（有包装的必须修复外包装，否则为不合格） （4）外包装轻微变形，无法恢复原状的（主要针对药品类客户签收严格
胶膜	严重破损：破损面积超过拳头大小；内物破损或外泄货物不能恢复原状	使用胶布分段缠绕修复	加打胶膜	
木托	轻微破损：边角裂缝、内物不外泄可恢复原状，可简易修复	对于轻微破损的货物，使用胶布或薄膜缠绕修复；对于木托损坏的情况，则重新加木托并用薄膜缠绕	恢复原状	
木托	严重破损：木托散落；内物破损或外泄货物不能恢复原状		重新加打木托	
潮湿	轻微潮湿：货物外包装潮湿（即内物不受影响），受潮面积不超过总面积的六分之一，且可风干、可修复	货物潮湿，各到达部门必须风干，如无法风干货物尽量更换包装。对于包装潮湿严重反馈部门无法修复的，反馈部门不可以私自更换包装。必须以电话的方式联系开单部门是否可以重换包装，征求开单部门意见，并严格按照运作中心决策执行	风干恢复原状	
潮湿	严重潮湿：货物潮湿面积超过货物面积的六分之一以上，内物受到潮湿		更换包装	

注：包装轻微破损修复不收费，可风干的潮湿不收费。包装严重破损修复按实际产生的成本收费（按《木架、纤袋、纸箱的规格及收费标准》收费）。

四、常用修复方法

常用的修复方法为重新打木架、风干恢复原状、更换包装。

五、修复合格的界定

（1）对于破损可修复的，异常反馈部门必须在反馈异常信息后两个小时内修复货物，并上传修复图片和录入异常处理结果。破损图片上传至异常描述栏中，修复图片上传至处理结果栏中。图片必须保证效果和清晰度。否则视为修复不合格。

（2）以客户签收单为考核标准。签收单为正常签收，视为暂定修复合格；客户满意，视为修复合格。

（3）在满足条件（1）的情况下，如客户在三个月内未提出索赔，视为修复合格；如客户在三个月内有提出索赔或公司已赔付相关金额，则为修复不合格，责任部门应承担相关责任，并将纳入运作质量考核范畴。

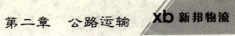

公司进行货物破损修复运作质量考核时，兼顾以上三个条件综合考核。

具体流程图如图 2-15 所示，明细表见表 2-4 所示：

单位名称	货物安全管理部		流程名称	货物破损修复考核界定流程
层　次			任务概要	货物破损修复考核界定流程
单　位	反馈部门		货物安全管理部	终端部门、理赔部

1	开　始
2	发现破损
3	异常描述、上传破损图片　拍　照
4	NIS反馈异常
5	是否可修复　否　是否可修复　否
6	修　复
7	上传修复图片　修复是否合格（依据图片）　修复不合格，要求部门再次修复
8	流入下一操作环节
9	签收与索赔
10	修复合格　签收正常未理赔　签收正常理赔　签收异常
11	修复不合格
12	结　束

公司名称	广东新邦物流有限公司	密　级		共1页　第1页

图 2-15　货物破损修复流程

表 2-4　　　　　　　　　　货物破损修复考核明细

部门性质	收运到达	收运到达配送	收运到达配送外发
当月考核细则 （反馈异常后两个小时内修复、拍照上传、图片清晰；客户正常签收，以签收单为准）	每出现 1 票破损修复不合格或未修复扣 2 分，最高扣 10 分	每出现 1 票破损修复不合格或未修复扣 1 分，最高扣 5 分	
事发后顺延三个月考核细则 （客户向公司提出索赔，并产生了理赔金额）	进行单独考核，每出现 1 票理赔的情况扣 2 分，最高不封顶		

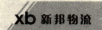

问题思考

1. 为什么要做贵重物品交接？
2. 装车作业流程是什么？
3. 卸车作业流程是什么？

第八节　请　　车

故事分享

2008 年 8 月 8 日从 A 营业部请整车时报了车长、吨位、品名与立方数却没有报告客户所需要的车型，造成二次请车。

由此可见，我们公司的分部对请车的知识还是很缺乏，营业员对请车知识并不了解，需要请车员询问得很清楚、很仔细才能不致出错，所以有必要对请车的日常规范进行多多学习，掌握好整车业务知识，更好地开展自己的业务。

合同车的管理

所谓合同车是指长期与公司签订运输合作协议的车辆。合同车是公司主干线运力的保证，需严格进行要求。无论时效、运费支付以及异常问题的处理都必须以公司利益为前提加强控制。管理细则如下：

（1）每日对各线路合同车进行 GPS 定位。了解其行驶动态信息，预计到达时间。

（2）加强跟踪合同车的到达时间，专线车必须在上午 10 点前到位，快线车必须在晚上 8 点前到位。

（3）每月对合同车的使用次数，运行时效以及到位及时性等情况进行评估。

（4）集权管理与单独控制相结合，保证公司用车需求。

（5）合同车在合同期间未出现违规现象且车辆使用年限在公司规定年限（5 年内）范围内可再续签一年。

（6）每年定期对合同车供应商进行评估。

车场考察

车场考察是指请车人员定期对市场车辆信息及车价进行实地考察的行为。请车员每周至少两次不定期对市场车价以及车辆情况进行考察，考察内容包括：

（1）对车场车辆信息进行统计；

（2）通过直接询问司机或从信息部了解车场各地运费价格；

（3）对有实力的信息部或运输公司进行拜访洽谈，了解其经营状况，综合衡量合作的可能性；

（4）对现有信息部就合作中所存在的问题进行协调解决，并提出车辆要求。

请车操作流程

所谓请车是指根据实际车辆需求而向车辆市场寻求所需车辆的一种活动。请车的基本操作流程如下：

1. 确定请车需求

专快线车辆：请车员收到配载部的请车信息以及相应线路货量后，根据对市场车辆信息的了解以及车辆的需求情况，与配载部进行协商调整车辆信息，确定请车计划。

分部整车需求：以 NIS 请车管理系统所录入的调车信息为准进行核实，请车员根据分部的货量需求做出具体的请车计划。

2. 货量核实

专快线车辆：在 NIS 配载系统中专快线自动配载中输入相应的专快线线路，点击"开始配载"，查询相应线路的货量，核实货量是否稳定；

分部整车：请车员需向业务员核实确切的货物体积、重量、付款方式、提货地点、送货地点以及货物的特殊尺寸要求。

3. 是否有特殊要求

车辆的特殊需求大体有：车辆龙门能否拆除；货箱干净，没有异味；车宽必须有2.4米，车长的确切尺寸；车型的具体情况；车辆时效的要求；两地配载的具体要求；分部整车的卸货时效；分部整车的装货情况等。

4. 发出请车信息

（1）根据核实后的车型以及合同车的线路优先安排使用合同车，联系各合同车队队长或调度告知具体用车需求。

（2）根据核实后的车型向1~3家信息部发送调车申请，从中选择信誉度高且价格合理的信息部调车。

（3）调车后要求司机按照公司要求到达装货地点装货，专快线车辆最晚到达运作部的时间不得超过13：30，分部整车以客户所要求装货时间为准。

5. 价格谈判

请车员掌握各自区域各自车型的价格，灵活巧妙地跟信息部进行谈判，要求既要保证公司的利益也要保证彼此合作的顺畅。

6. 请车确认

请车员收到信息部的车辆信息如车牌、目的站、车辆尺寸、装载重量、司机电话、运费、预付车费等之后，需在请车本上进行登记确认，并在 NIS 系统重新确认请车价格。

7. 证件检查

车辆到达运作部时，配载员必须严格检查司机的五证（身份证、行驶证、驾驶证、保险卡、运营证）是否齐全，核查证件的真实性，并对司机证件的齐全性进行登记。

8. 车辆到位核实

（1）核实车辆是否停放到位、挂车车头是否摘掉以及敞篷车篷布、杆栏和龙门是否按照要求拆掉。

（2）对车辆尺寸进行核实。

（3）对每辆到位的车在车地板上用粉笔写上车牌的目的地，以防止外场装错车。

9. 出单

配载处根据车辆的尺寸出预配单。

10. 外场装货

若安排外场进行装货，司机应保持手机随时畅通，对于外场的合理需求应予以配合。

11. 合同手续办理

装完货后，在配载处办理运输协议，配载员必须在合同上注明运行途中异常情况处理联系电话以及相关处理程序，在紧急联系人一栏注明相关请车员的联系方式。

12. 车辆跟踪及异常处理

车辆跟踪是指查询部门每日定时通过管车宝、GPS、电话询问司机行驶状况（包括目前行驶的地址、行驶是否正常、预计到达时间）并把行驶情况在 NIS 车辆长途跟踪模块中备注的行为。

异常处理提供对路途中车辆出现的任何异常情况处理的方法。异常情况是指省际运输车辆在行驶途中遇到交通意外、道路堵塞等交通异常，以及大雪、大雾、暴雨、地震、泥石流等自然异常，很可能导致货物延误时效的情况。

13. 车辆到达

（1）到达部门打车辆到达卡，安排卸货。

（2）如果车辆在规定时间准时到达，且无货损货差，正常给司机结账付款。

（3）如果有异常，则按异常的不同作出相应的处理。

①时效异常：则按时效管理部的罚款要求对司机作出相应的处罚。

②货差：按货物的价值暂押司机运费回广州结款。

a. 货物找到后，则正常给司机结款。

b. 货物确认丢失，则按照客户理赔数额对司机进行扣款。

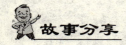 问题思考

1. 请车时需要提供哪些必要的信息？

2. 如何进行车辆跟踪？

第九节　查　　询

故事分享

您想查询您的货物在哪里，到哪里了吗？请致电咨询查询处，热诚为您服务！单号：12345678，发往福建福州 A 件胶棍，到达福州后反馈无货。当发现少货了应该怎么办

呢？请直接拨打查询处电话进行查找货物，我部门会全程查询货物的情况。

查询员：您好，新邦小王为您服务！

营业员：您好，我是 B 营业部的小张，麻烦帮我看个单号，单号是 12345678，请帮忙查找此货物在哪儿。

查询员：好的，请稍等，我部去仓库查找是否在仓库，稍后回复您，好吗？

营业员：好的，谢谢！

查询员：您好！我是查询处的小王，您刚才查找单号为 12345678 的货物在仓库，运作部漏装货物，我部会交接给配载处把货物配走。

营业员：好的，谢谢！

查询员：不客气，请问还有什么可以帮到您的？

营业员：没有了，谢谢！

查询员：不客气，再见！

营业员：再见！

那么要查询货物应怎么操作呢？

货物查询

一、货物查询的定义

查询就是查找、寻找并询问，指在某一个或几个地方找出自己所要的东西。货物查询，指的是对货物运行途中的异常情况进行跟进处理，对运行到达目的站出现丢货等异常情况进行查找，即对货物的异常情况进行处理。

二、查询的操作

1. 货物正常扫描出港，到达终端部门反馈少货的查找（如图 2-16 所示）

（1）核实清楚货物是否正常出港

（2）查找仓库是否有货，是否有漏装情况

（3）跟踪车辆所到达的目的站，并对各个目的站进行查找

……

图 2-16 反馈少货的查找

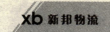

2. 出港时货物有少货异常的查找

（1）核实清楚仓库是否有货，是否有错位或遗漏的可能性；

（2）跟踪车辆到达目的站后确认货物到达件数；

（3）查实清楚货物进港是否有异常。

3. 有进港无出港货物的查找

（1）定期统计库存里有进港出港货物的进行跟踪查询，同时整理库存里的货物数据。

（2）了解货物进港的时间，查询最近发车的记录信息；跟踪当天车辆到达目的站后再进行查找。

（3）了解上一操作部门（或开单部门）进港的同类货物类型，并跟踪同一型货物不同目的站的到货是否有串货。

（4）跟踪最近每辆车到达目的站后追查货物的行踪。

三、查询的方法

1. 按反馈货物类型分类

（1）终端部门反馈少货；

（2）货物有进港无出港；

（3）货物进港有单无货。

2. 按反馈货物类型确认查找方向

（1）终端部门反馈少货：确认是否正常扫描进出港。

①确认是否正常扫描进港，正常进港则排除货在开单部门，不正常则需同时查找开单部门。

②确认是否正常扫描出港，正常出港则排除外场货物归位错误，不正常则按需查同类货物进港但出港不同的目的站是否串货。

③查找仓库是否有货，确认仓管部是否漏装，非漏装则查找到达部门。

（2）货物有进港无出港。确认是否正常扫描进港，正常则查找到达部门是否存在夹货，同时查找进港同类货物但出港不同目的站的货物是否串货。

（3）进港有单无货。主要通过查找目的站部门是否夹货，同时查找进港同类货物但出港不同目的站的货物是否串货。

更改申请的审批流程

（1）首先点击 NIS 页面的"更改证明"，再点击 NIS 系统"查询系统"中的"更改申请"栏（如图 2-17 所示）。

（2）点击"更改证明"后会弹出一个页面（如图 2-18 所示），首先，我们要将需要更改的内容粘贴在备注里面。然后，里面有一个更改前的数据和更改后的数据，我们需要在更改后的数据里面进行更改，其中包括更改收货人资料、提货方式、送货费、税金、部门其他费用、付款方式、客户佣金、代收货款及大票提货点，更改完数据后点击"保存"。

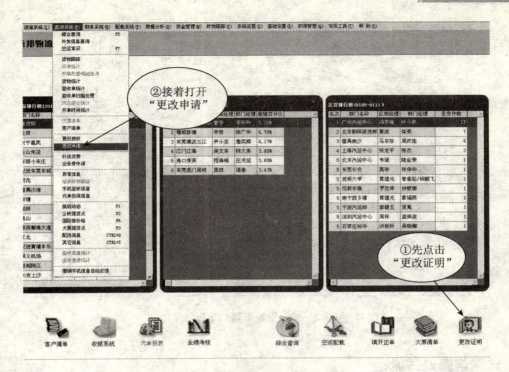

图 2-17 更改申请的审批 1

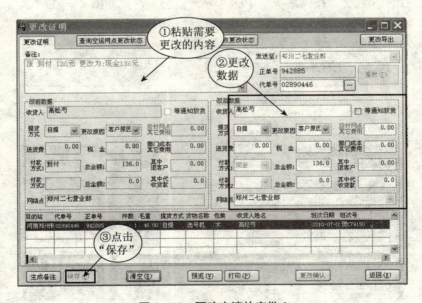

图 2-18 更改申请的审批 2

（3）我们成功更改完数据后需要将此条更改的信息发送至到达部门——更改审批完毕（如图 2-19 所示）。

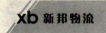

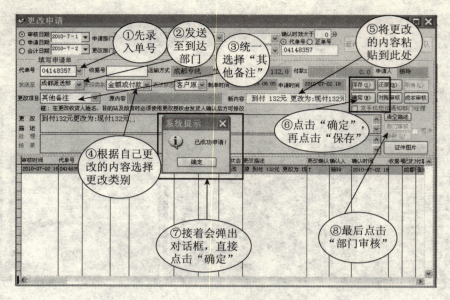

图 2－19　更改申请的审批 3

异常信息处理流程

（1）点击 NIS 系统"查询系统"中的"异常信息"栏，如图 2－20 所示。

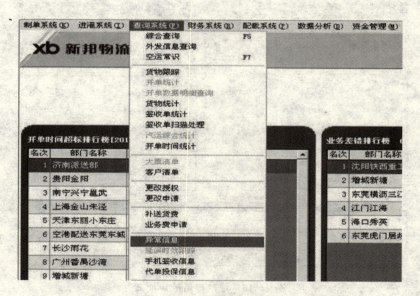

图 2－20　异常信息处理 1

　　（2）处理操作：进入界面后选择部门所需"处理状态"与"责任部门"，然后单击"查询"选择所需要处理的异常信息，单击"编辑"，在"责任部门处理意见"栏给出反馈部门处理意见，结束后点击"保存"（如图 2－21 所示）。

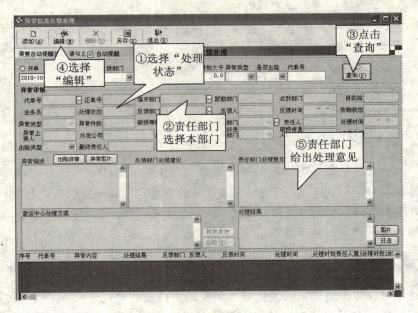

图 2 - 21　异常信息处理 2

签收回单的管理

一、签收回单定义

签收回单也称为回单，是客户提供的单据。

二、签收回单的类型

签收回单包括原件签单、原件传签、网点签单、网点传签。

三、签收回单操作流程

1. 进港点到

（1）点击 NIS 系统"制单系统"中的"签收单管理"栏；

（2）选择"点到签收单"在签收单管理的交接单号里输入交接单号或是在代单号里输入单号，再点击"查询"；

（3）如有异常情况，就在"备注"栏里标注清楚；

（4）点击"点到签收单"然后确定；

（5）点击"导出"，将数据导出并存在电脑里。

2. 发送签收

（1）点击 NIS 系统"制单系统"中的"签收单管理"栏。

（2）选择"发送签收单"在填开部门里选择要发送的开单部门，再点击"查询"。

（3）选择要发送的单号后在"选择"下面的小方框点上"勾"。

（4）选择"接收部门"为填开部门，如填开部门不做到达，再选择相对的到达部门。

（5）在"代单号"下面的方框入输单号，再点击"发送"。

（6）发送完以后在打印交接单及打印代单。

（7）两份以上必须要打印交接单。

货物的外发业务

一、货物出港

（1）广州运作部配载处查询当天外发货量，出预配单；

（2）外发员分单，大于3吨或者10立方米的货物，通知外发供应商提货；

（3）外发员调车，整合小于3吨或者10立方米的货物，送往供应商广州总部；

（4）外发员开成本，并于第二天拿回我公司。

二、成本录入

（1）外发员在货物出港第二天把成本单交回柜台查询员；

（2）查询员核对单据（核对单号、件数、目的站、金额、是否送货、代收货款、是否等通知货物等）；

（3）进行进港点到：NIS—进港点到—点到—完毕；

（4）打开EDI数据交换平台—输入用户名登录—提货确认—确认提货—单据录入—选择相应单号—保存—完毕；

（5）过账：NIS—财务系统—外发信息审核—选择相应的供应商—查询—核对无误—确认—完毕。

注意：前一外发的货物，所有成本单必须在第二天上午12点之前录入成本。

三、货物查询

开单部门、呼叫中心致电广州运作部，运作部根据单号联系相应的外发供应商查询，并于30分钟内在NIS—综合查询—备注信息栏备注相关信息。

四、更改申请

更改申请的流程是开单部门起草更改申请—查看是否符合公司规定—更改审批—传真给外发供应商—供应商确认回传—更改确认。

五、货物签收

（1）EDI录入：确认客户签收货物后，外发供应商在EDI（数据交换平台）录入签收。

（2）传真：外发供应商回传签收明细，我部在NIS—进港系统—签收信息录入—录入签收—完毕。

（3）电话查询：我部在NIS—综合查询—时效跟踪里面导出当天所需要查询的货物，通过电话查询，询问收货人是否收到货物。如收到，在NIS—进港系统—签收信息录入—录入签收—完毕。

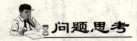 问题思考

1. 货物的查询方法有哪几种？
2. 货物外发有哪几个步骤？

第十节　后　　勤

故事分享

2008年8月8日，A运作部进港一票超重货，单件重量达2.5吨，三名操作员对此货束手无策，推——推不动，拉——拉不动，怎么办呢？不急，操作组长见此现象，立即找来后勤组机动叉车组协助，机动叉车可是运作部的"大力士"，举重负荷2～3吨不在话下，轻而易举地就将其从车尾卸了下来，并一口气运到了相应的仓库。

由此可以看出，后勤组是运作部不可缺少的一个机构，它默默地为运作部每一个人服务，那么运作部后勤组究竟有什么职能呢？

后勤概念及职能

一、概念

"后勤"这个概念源于希腊文，意思为计算科学。拿破仑时期就把后勤工作应用在军事上。现代一般把后勤看做各种组织活动组成部分，其发挥着很重要的作用。适当的后勤规划，能确保所有必要的资源，以保证整个活动过程的完成。我公司运作部后勤组主要协助各部门开展物流工作，使物流活动在各环节都能较顺利的进行。

二、后勤职能

后勤有多种表现形式，但其工作内容都是围绕主要活动展开的，起辅助作用。目前，我公司运作部后勤组主要有以下几个部门。

1. 叉车处

叉车处能够为物流装卸作业提供强有力的支持。叉车处一般拥有数量不等的手动叉车（如图2-22所示）、电瓶叉车（如图2-23所示）和机动叉车（如图2-24所示）等。其中，手动叉车具有操作简单、灵活的特点；电平叉车则是为提高工作效率，降低员工劳动强度而引入的一种短距离搬运工具，使用频率极高；机动叉车则主要操作大件货、异性货、重货等部分人力较难操作的货物，其还具有升降功能，能够很好地协助装卸作业。

图 2-22　手动叉车　　　　图 2-23　电瓶叉车　　　　图 2-24　机动叉车

2. 木工组

木工组主要为物流活动提供木托盘（如图 2-25 所示）、木箱等木料工具，以及为货物破损提供修复支持等工作。

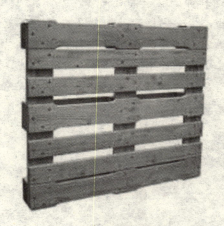

图 2-25　木托盘

3. 物料组

物料组主要负责审核各部门月度及零星物料需求计划中物料库存情况，制订月度采购计划；负责物料的入库、验收、发放和登记；负责对工具、设备进行日常的维修、养护，为物流的各项活动提供必要的资源，确保各项工作能够顺利完成。

 问题思考

1. 了解后勤部门的主要职能。
2. 后勤部门的操作工具有哪些？

第三章　航空货运代理操作

本章内容

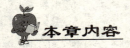

◆ 空运事业部简介　　◆ 航空运输概述　　◆ 航空货运基础
◆ 收运环节　　◆ 空运分拨　　◆ 末端操作

故事分享

空运（Air Transport；Airfreight；Airlift；Air Transportation）是指用飞机或其他航空器作为载体的一种运输方式，也叫空中运输。一般是比较急用的货物，公路运输不能符合客户要求的时效的情况下客户会选择空运。空运以其迅捷、安全、准时的超高效率赢得了相当大的市场，大大缩短了交货期，对物流供应链加快资金周转及循环起到了极大的促动作用。各大航空公司相继投入大量航班分取货运这块蛋糕。新邦物流有限公司是一家集公路运输、航空货运代理、城际配送于一体的跨区域、网络型、信息化，并具有供应链管理能力的国家 AAAA 级综合型物流企业。代理南航、东航、国航、深航、海航等多家航空公司的运输服务，拥有多年的航空运输代理经验，是华南地区极具实力的航空代理公司之一。你想了解空运吗？本章就带你踏上空运之旅，去探索空运之谜。

第一节　空运事业部简介

故事分享

随着公司规模不断扩大，业务量稳步上升，空运货量节节高升。目前，全国共有空运合作网点六十余家，公司每日空运货量高达七八十吨，连续三年荣获南航货运优秀代理金奖。在空运竞争日益激烈的局势下，空运中心勇于创新，先后实现并完善了无单配载、网点配送系统、与南航合作开发电子货单等信息化系统，为实现电子货运打下了坚实基础。你了解空运事业部吗？

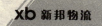

空运事业部简介

空运事业部总部坐落于广州空港专控区，花东镇境内，毗邻广州新机场，事业部目前拥有广州、深圳两大空运中心；划分为花都区域、药品项目区域、深圳区域三大区域。下设空运配载部、空运网络管理部、深圳总调、广州装卸部、广州机场交接部等操作部门。另外，有花都花东营业部，花都花东销售部，广州药品部，深圳机场营业部，深圳空运中心销售一部和销售二部，韶关浈江营业部七大销售经营部门。整个事业部兼有空运物流的运作督导、操作检验、经营创收等职能。

自成立以来，空运事业部一直为公司其他部门提供高质量、低价格、有保障的航空货运服务，事业部与南航、东航、国航、深航、海航等多家航空公司签署了常年合作协议，并且与各大航空公司结成了战略合作伙伴关系，在航空运作领域，能够做到常年包舱，舱位保障，为新邦物流能够成为广东地区最具实力的空运品牌，打下了坚实的基础。

展望未来，随着空运货量逐年增长，空运事业部将以成熟稳健的空运运作体系作为核心竞争力，与其他几大兄弟事业部一起，为新邦物流能够迈向更高台阶而不断努力！

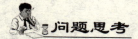 **问题思考**

1. 空运事业部拥有哪两大空运中心？
2. 事业部与哪些航空公司签署了常年合作协议？
3. 空运事业部划分为哪几大区域？

第二节　航空运输概述

故事分享

A 营业部开出一票单号 12345678 从广州始发至贵阳，此货尺寸为 130 厘米×120 厘米×58 厘米，单件 60 千克，A 营业部收到此货后，因对当日机型（全部为 733 型）不了解，造成此货转运至空运中心操作部门后，装不了 130 厘米×120 厘米×58 厘米这样尺寸的货物，导致此货当日没有正常发走，事后，客户以延误其时效为理由，要求索赔。后经过双方协商后，由我公司免费为客户进行承运至目的站。由此可见，掌握各航空公司收运要求是进行收运货物的前提，那么各航空公司机型有哪些呢？各航空公司收运要求有哪些呢？

航空运输简介

一、航空运输简介

航空运输的工具是飞机，又称航空器，是凭借大气的力量升空和飞行的航空器的总称。20 世纪前基本没有航空运输，飞机最初是用于邮件运送，后来发展为载运旅客和货物，但仅限于特定的短程航线上，而且每次载重量仅为一二百千克。1919 年法国最先创办商业航空运输。1945 年第二次世界大战结束后，有很多军用运输飞机转入民用运输，西方国家都大力发展航空工业，改进航空技术，增加航空设备，开辟国际航线，逐步形成了全球性的航空运输网。

当今，航空运输作为国际货物运输的一种方式越来越被广泛采用，在国际货物运输中所占的比例逐步增加。其中，在电子产品、计算机设备等高科技产品的进出运输方面，航空运输所占的比重最大。20 世纪 70 年代以来，航空运输仍然以相当快的速度发展。据不完全统计，近 20 年来，世界航空货运量以每年 10％左右的速度递增，共计增长近 13 倍。

二、航空货物运输的特点与作用

航空运输之所以能够迅速发展起来，主要由于它具有其他运输方式所没有的特点和作用。

1. 运送速度快

当今国际市场竞争激烈，市场行情瞬息万变。由于航空运输具有比其他运输方式更快的特点，可以使进出口货物抢先入市，卖出好价，获得较好的经济效益，增强商品的竞争力。同时，运送急救物资、精密仪器、贵重物品等，也可采用航空运输。目前，在我国进口商品中，采用航空运输的主要有电脑、精密部件、电子产品和其他精密度较高的高科技产品；出口商品主要有服装、海鲜产品、水果等。

2. 保鲜成活率高

航空运输最适合于鲜活易腐商品和季节性强的商品的运送，鲜活易腐商品对时间要求极强，如：运输时间过长，则有可能使商品变为废品，无法供应市场；季节性较强的商品必须抢先入市，否则变为滞销商品，积压资金，同时还要负担仓储费。如果采用航空运输，既可保鲜成活，又有利于开辟运距较远的市场，这是其他运输方式无法比拟的优势。

3. 准确方便

航空运输管理制度比较完善，飞机航行有一定的班期，一般能按时到达。如我国香港到北欧的急件传递，当天即可送到货主手中。

4. 节省各种费用

由于航空运输速度快，商品在途时间短、周转快，存货可相对较低，资金可迅速收回。这样可大大节省各种费用。

5. 航空运输有其他运输无法比拟的优越性

运送速度快，运输安全、准确，可简化包装，节省包装费用。

航空运费按 W/M 方式计算，但其重量体积比为 6000 立方厘米比 1 千克（相当于 6 立方米/吨），（即：长×宽×高/6000＝体积重量，体积重量－货物实际重量＝货物轻泡出重量），故实际运费计算以千克为单位。

尽管航空运费一般较高，但对体积大，重量轻的货物，采用空运反而有利。且空运计算运费的起点比海运低，运送快捷准点。所以小件货物、鲜活商品、季节性商品和贵重商品适宜采用航空运输。

国内航空公司简介

一、中国南方航空股份有限公司

中国南方航空股份有限公司（以下简称南航）是国内运输飞机最多、航线网络最密集、年客运量最大的航空公司。目前，南航经营包括波音 777、波音 747、波音 757、波音 737，空客 A330、空客 A321、空客 A320、空客 A319、空客 A300 在内的客货运输飞机 330 多架，形成了以广州、北京为中心枢纽，密集覆盖国内，到达全国各主要城市，我公司每天在南航出港量占全公司的 50％以上，南航是我公司空运出港的主要渠道。

南航货站拥有大小各种安检机 16 台，保障各航班货物正常出港。航班货物交接要求所有货物，必须在飞机起飞前 150 分钟将运单交进南航柜台，超时南航不收单。飞机起飞前 120 分钟必须将货物交接给南航安检，超时不予承运。南航货站除了负责自己航空公司每天上百架次航班货物安检外，还负责上海航空公司全部货物安检及东航的部分航班货物安检工作。

货物承运要求：我公司在南航不能自己开主单运输活体动物，如狗、猫、宠物小猪等动物，此类货物我公司需要交南航柜台承运，并需要使用专用的笼子，使用 N 类运价的 150％再加 0.2 元/千克的燃油附加费，并提供一式两联的"动物检疫证"及"消毒证"原件。

二、中国国际货运航空有限公司

中国国际货运航空有限公司（以下简称国航）拥有 4 架 747－200 货机和 8 架波音 747－400 大型客货混型飞机，60 架 B747、B767、A340 等全客机的腹舱容积，提供充裕的航空货运能力。

我公司每天在国航的出港量占全天出港量的 15％左右，国航除在直航货物保障方面有一定的优势外，另外在北京线通单中转东北线优势明显，国航目前有部分航班是在包机运营，例如：上海、天津、温州晚班这三条航线我公司不能自己开主单运输，需要交给外包机公司操作。

白云机场货站拥有大小安检机 10 台，主要负责国航、海航、深航、川航、东星、山航和东航部分航班的货物安检。货物交接要求必须在飞机起飞前 150 分钟将运单交进南航柜台，超时不收单。飞机起飞前 120 分钟必须将货物交接给机场安检，超时不予承运。

三、海南航空公司

海南航空公司的广州始发到达城市有北京、海口、银川、西安、合肥等航线，其还有海南金鹿航空（JD 开头的航班号）在广州始发的航班，如：成都，青岛，沈阳等航班，该航空公司在广州的所有货运代理都统一开包舱单运输，正单不填写运价，即收货方看不到运输成本。

四、中国东方航空公司

中国东方航空公司基地在上海，广州设有办事处，该航空公司于 2010 年 5 月与上海航空公司合并。广州始发所有原 FM 航班全由东航广州营业部操作，客运暂未合并。合并后始发航班增加较多，广州始发主要到达城市有上海、杭州、宁波、青岛、济南、昆明、西安、兰州、银川、南京、厦门等城市。该航空公司在货物保障方面较好，拉货较少。

五、山东航空股份有限公司

山东航空股份有限公司基地在济南，广州始发四条航线即：青岛、济南、烟台和临沂。该航空公司广州始发四条航线在货物保障方面较好，拉货少，操作方便。

该航空公司济南、烟台、临沂三条航线，全部是联程航班，载量较少，即：广州始发经停一个城市再到目的站，就是说一个飞机要装两个目的站城市的货物。该航空公司承运的货物要求单件不能超过 80 千克，超过 80 千克的要加收每千克 2.0 元的超重费，最重不能超过 120 千克。

六、深圳航空公司

深圳航空公司基地在深圳，广州设有办事处，广州始发目前到达有近 30 个城市，该航空公司是目前公司晚上走货的一个主要航空公司，该航空公司在货物保障方面较好，我公司在此航空公司广州始发有 9 条包仓航线即：沈阳、哈尔滨、长春、成都、郑州、西安、兰州、昆明、无锡，包舱航线价格全年不变，且价格相对较低，目前 9 条航线货源稳定。该航空公司不承运木包装的货物，所有木包装的货物必须要加纸箱包装。且所有机型不能承运单件超过 100 千克以上的货物。

问题思考

1. 南航货站拥有大小各种 X 安检机多少台？
2. 我公司每天在国航的出港量占全天出港量的百分之几？
3. 深航有哪几条包航航线？

第三节　航空货运基础

故事分享

各航空公司机型主要分为空客和波音两种，而它们之间又有大飞机、小飞机，即宽体机和窄体机，既有客机，又有货机，还有客货两用机，各航空公司的代码都有不同，那么国内航空公司代码是怎样的呢？民用航空运输飞机分为哪几类呢？

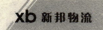

民用航空运输飞机简介

民用航空运输飞机按机身的宽窄分为窄体飞机和宽体飞机。窄体飞机的机身宽约 3 米，旅客座位之间有一个走廊，只在下货舱装运散货。A320 飞机有一种特殊的集装器，高 117 厘米，宽体飞机集装器一般高 163 厘米。宽体飞机机身宽一般在 4.72 米以上，客舱内有两条走廊，可以装运集装货物和散货。一般飞机主要分为两种舱位：主舱和下舱，但是波音 747 分为三种舱位：上舱、主舱和下舱。

民用航空运输飞机按使用用途可以分为全货机、全客机和客货混用机。全货机：主舱及下舱全部载货。全客机：只在下舱载货。客货混用机：在主舱全部设有旅客座椅，后部可装载货物，下舱内也可以载货物。

重量限制：飞机制造商规定了每一货舱可装载货物的最大重量限制。容积限制：将轻泡货物和高密度货物混运装载是比较经济的解决方法。舱门限制：飞机制造商提供了散货舱门尺寸表。地板承受力：飞机货舱内每 1 平方米的地板可承受一定的重量，超过会破坏飞机结构。地板承受力的计算公式为：

$$地板承受力 = 货物的重力 \div 底面接触面积$$

如果超过限额，应使用 2～5 厘米厚的垫板，加大底面面积。

航空集装器

航空集装器是一种容器或载体，航空货运时专用，它不像海运和陆运的集装箱那么庞大，它是专为飞机设计的，特点轻便、小巧。规格包括集装板和集装箱，型号多种多样，常见的有 P6P 板 2.44×3.18（平方米）、P1P 板 2.24×3.18（平方米）、DPE 箱 1.43×1.06（平方米）限重 600 千克、AKE/AVE 箱 1.55×1.47（平方米），他们都是按照飞机机身的样子制作的，所以大小都适合飞机。

航空运输常用术语及各航空公司代码

一、常用术语

1. 航空货物运输

航空货物运输指一地的货物通过航空器（飞机）运往另一地的运输，这种运输包括市区与机场的地面运输。

2. 航线

航线是指使用一种航空器，在两个以上的地点之间从事运输的交通路线。

（1）主要要素：起点、经停点、航路、机型、班次、班期、时刻。

（2）分类：国内航线、国际航线、主干航线、分支航线。

（3）航班：按班期时刻表在规定的航线上，使用规定的机型按照规定的日期、时刻进行的生产飞行。航班分为去程航班和回程航班。

（4）吨控：是指对所属航线的舱位进行合理分配的控制机构。

（5）安检：机场对所有交运货物进安全（如易燃易爆等物品）检查的部门。

（6）承运人：是指负责把货物从始发站运往目的站的代理人或公司。

（7）包板包厢：厢和板是宽体飞机货舱的基本组成部分，可由代理人承包，进行舱位控制。窄体机型实行包仓方式。

（8）声明价值：在运单上填写的向承运人声明的价值，如无声明价值时，则必须填写"NVD"。

（9）急件：是指托运人要求以最早航班或指定航班运往目的地，并经承运人同意受理的一种运输形式，在普货运价的基础上加收 N 运价的 150%，称为急件货。

（10）中转：是指货物在由始发站运到目的站的航程中，经过两次或两次以上换航班、换机型的过程。空对空中转不换航班号并为同一家航空公司承运的称："通单"。

（11）拉货：是指货物已过安检。

①在装机的过程中由于某种特殊原因被临时拉下而滞留机场的现象。

②因总调原因货物在没交到航空公司的情况下拉货。

③航空公司临时调整机型大改小，调整已审批确定的仓位。

（12）交接单：又称舱单，是指货物在发出时由开单员打印填写与外场核对并交给航空公司的单据。一般一式五联，其中有一联是存根联，交接部保存，其他四联与机场交接。

（13）运单：俗称正单，指承运人进行货物运输过程的一种凭证。一式八联，第一联和第八联代理人留底，第二联财务用来与航空公司结算的凭证，第三联至第七联跟同货物一起交机场。

（14）轻泡：是指货物的实际重量比体积重量 [（长×宽×高）/6000] 计算出的数字。

（15）订仓：是我们向各航空公司或包机公司预先订的某条航线的仓位。

（16）电报：又称拍电报，指因代理自身原因或客户原因，已交运到航空公司的货物需要更改收货人或货物件数的一种更改凭证。

（17）更改申请：因发货人或收货人要求需要更改金额或更改收货人等信息的一种申请。需要客户向营业部写证明，营业部向总调提写更改申请。

（18）签收单：是发货人需要确认收货人收到货的一种凭证。一般分为原件签收单、复印件和传真件三种。

（19）事故签证：机场承运我公司货物后确认丢失或破损的一种凭证，此凭证是保险公司理赔所需凭证。

（20）合作网络：网络公司主要是帮助我公司在异地收款和派送服务等特色服务。

二、各航空公司代码

各航空公司代码如图 3-1 所示。

航空公司	航空代码	航空标志	航空公司	航空代码	航空标志
南航	CZ	中国南方航空 CHINA SOUTHERN SKYTEAM	鹰联	EU	UEAIR 鹰联航空
国航	CA	AIR CHINA 中国国际航空公司	春秋	9C	SIAIR 春秋航空
东航	MU	中国东方航空 CHINA EASTERN	东星	8C	東星航空
上航	FM	上海航空公司 SHANGHAI AIRLINES	川航	3U	四川航空
深航	ZH	深圳航空 Shenzhen Airlines	奥凯	BK	OKAIR 奥凯航空
海航	HU	海南航空	厦航	MF	厦门航空 XIAMEN AIRLINES
山航	SC	山东航空公司	金鹿航	JD	金鹿航空 DEER JET

图 3-1　航空公司代码与标志示意

问题思考

1. 订仓的定义是什么？
2. 事故签证的定义是什么？
3. 南航的代码是什么？

第四节　收运环节

故事分享

　　2010 年 7 月 6 日，A 营业部收到一件从广州发往太原的货，当时客户托运书填写货物品名为"配件"，接货人员过磅时也没有仔细检查核对。此货的外包装较为陈旧，但无破损，故接货人员也没有对其重新包装，后来此货配东航的航班，此货到了停机坪时，由于原包装较陈旧，已经出现了破裂，内装的全是用来做花的小纸片，停机坪风很大，一吹，一大片天空全是小纸片，差点被吸进飞机的发动机内，发生事故。但被机场、航空公司重罚，差点被取消代理资格。由此可见，收运货物时对货物外包装检查有多么的重要，那么空运货物收运有哪些标准呢？

收运标准

一、活体动物收货要求

所有活体动物只能在各航空公司柜台交单，单独开单，机场自提，不能到付，只能收取现金，并按照南航急件货物运价收取，即 N 运价的 1.5 倍，要根据机场走货运输要求：活体动植物（或动植物制品），需提供动植物检疫站颁发的动植物检疫证书。广州机场走货必须提供广州市动物检疫证书一式两份，（原件）包装要求：所有活体动物必须使用宠物包装箱，包装箱要求够大，动物在箱子内能自由站立和转体活动，箱子底部要求使用实板盆，外用麻袋套好，以防止动物粪便流出。

二、鱼苗及海鲜操作要求

鱼苗及海鲜水产品、冻品货物必须根据各航空公司要求打专用包装箱，南航包装要求（顺序从里到外）：①两层薄膜袋；②泡沫箱；③纸箱鱼苗要专用鱼苗包装纸箱（纸箱上写有"活鱼苗"字样）。

三、酒类运输要求

白酒不能承运，红酒（12 度以下）可以承运，只限于南航。酒类的包装要求是：外打全封闭木箱，内为纸箱，瓶与瓶之间必须有泡沫或纸板隔开，并用薄膜袋装好，必须保证酒瓶破损后酒不会渗漏。

开单标准

一、代单填开必须注意的要素

①始发站；②目的站；③提货方式；④托运人；⑤收货人；⑥货物品名及包装；⑦货物件数；⑧货物毛重；⑨货物计费重量；⑩预配航班号及预配日期；⑪大票提货人（目的站合作网点）；⑫费率（收货价）；⑬付款方式；⑭精品服务方式；⑮签收单。

二、代单填开具体操作要求

（1）始发站：必须是部门所在地，如：广州、东莞、中山、深圳、佛山等。

（2）目的站：必须填写目的站机场当地一级城市名，需要中转的货物必须在"储运注意事项及其他"栏内备注清楚；中转二级城市的货物必须在"储运注意事项及其他"栏注明中转方式例如："空运中转或汽运中转"。

（3）提货方式：必须填写自提、送货、免费自提、免费送货、机场自提、市内自提，不能为空，机场自提的货物一定要加盖红章。

（4）托运人：必须填写托运公司或托运人，不能填写开单部门为托运人。

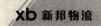

（5）收货人：必须填写收货人姓名或收货公司全称及联系电话，不能填写如"张先生"或"张小姐"之类的泛称。

（6）货物品名及包装：一定要填写货物真实品名及包装，不能填写如：电子配件、药品、食品、冻品、海鲜、汽配等泛指品名。

（7）货物件数：一定要填写货物实际件数，不能填写拼合包的件数。

（8）货物毛重：只能填写货物实际重量，不能包含轻泡重量在里面。

（9）货物计费重量：必须含货物实际重量，并在备注栏注明货物尺寸。

（10）预配航班号及预配日期：如实填写已订仓航班及航班日期。长沙中转、通单货物等必须在备注及"航班/日期"栏里注明，一定不能为空。

（11）大票提货点：必须填写我公司的合作公司网点，不能填开汽运网点。两家合作公司网点的要按公司规定的时间界定填开。"机场自提，单独开单"的货物不能填写大票提货点。

（12）费率：即收货价格，此价格不能包含其他任何费用，如：燃油费、送货费、提货费、接货费、税金等其他任何费用，也不能填开为"0"。送货费或提货费需体现在"送货费"一栏，送货费或提货费栏未填金额，一律视为收货方付费。

（13）付款方式：可填如下字样：到付、现金、欠款、支票、银联、无款收。

（14）精品服务：如需精品服务一定要加盖印章，不需要精品服务的可不填写。

（15）签收单：开单时要求返回原件签收单的，务必在储运事项备注："货上贴有原件签收单，并原件返回"（并根据客户要求注明收货人的签收条件，如：需盖公章，需身份证号码等）。另在签收单状态里选择要返签收类别：如原件签单、原件传签、网点签单、网点传签等。

空运货物时效操作要求

空运货物时效操作要求如表 3-1 所示。

表 3-1 　　　　　　　　　　　　空运货物时效操作要求

部门	到达总调时间	区域	到达总调时间
广州药品部	2：40	东莞区域	2：00
广州机场北营业部	2：40	广州区域	2：30
中山小榄营业部	3：00	佛山区域	2：40
广州夏茅营业部	3：20	中山区域	3：20
广州总部营业部	3：30	深圳区域	4：00
广州配送部	3：40	—	—

预配早班（10：00 前的航班）的空运货物，各营业部门必须 02：15 前到达广州运作部；于 02：15 前到达广州运作部的货物，广州运作部必须 03：00 前发往空运中心；于 02：15 至 03：00 之间到达广州运作部的货物，广州运作部必须 03：20 前发往空运中

心；对于 03：00 后到达广州运作部的货物不保障早班时效，广州运作部须 07：00 前将所有空运货物发往空运中心。广州运作部分拨进出港空运货物时效标准如表 3－2 所示。

表 3－2　　　　　　　　　　　　广州空运货物时效标准

广州运作部进出港	进　港	出　港
时效要求	02：00 前	03：00 前
	02：00—02：40	03：20 前
	02：40 后	07：00 前

广汽出港时效浮动标准如表 3－3 所示。

表 3－3　　　　　　　　　　　　广汽出港时效浮动标准

操作标准	货物航班时间	操作时效标准
出港时效浮动标准	12：00 前	按表 3－2 执行
	12：00 后	07：00 前出港

各营业部门未按规定的时间进港广州运作部或空运中心，导致时效延误产生的损失由营业部自行承担。广州运作部未在规定的时间前将各时间段进港的货物卸下并装车发往空运中心，产生的损失由广州运作部承担。

空运贵重物品操作要求

一、贵重物品的定义

单件货物体积在 0.1 立方米以下、保险价值在人民币 8000 元以上的物品；常见的贵重物品有：干货、小型精密仪器、手机、相机、电脑（含手提电脑）、MP3 等 IT 类产品。

二、操作要求

1. 货物检查

凡收运贵重物品时，必须当着客户的面对货物进行核对，并对原包装（即客户托运时的包装）进行检查，检查内容包括：

（1）对纸箱包装应全面检查封箱处，用双手往下压封条或封箱胶处，查看有无空洞；

（2）对纤袋包装的必须全面查看是否有破损漏洞，袋口是否有开启痕迹；

（3）对于纸箱包装货物检查核实无误后，用新邦专用（印有公司 Logo）的封口胶将各封口密封，再用大头笔在每面封口处划上五六条斜线；

（4）木架包装完好的货物，不用再实行上述包装方案；

（5）对于客户不愿意开包检查的货物，与客户声明我公司只负责货物外包装与封签

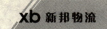

完好，在托运书备注若外包装与封签完好而内物短少的，责任不在我公司。

2. 包装加工

凡公司所承运的贵重物品，必须要求客户按公司要求使用纤袋包装，再用一次性锁对纤袋进行上锁。

3. 填开代单

对于贵重物品，各部门在制单时，必须填写真实的货物品名，并要求客户按货物实际价值进行投保；同时还必须在 NIS 系统内勾选"贵重物品"选项栏；客户如不同意投保，则该货物视同普通货物操作。

4. 交接

所有贵重物品在制作货物交接单时，交接单里会显示"贵"字样提醒，同时各部门还必须用 A4 纸打印"贵重物品走货记录表"与货物一起与下环节交接，开单部门主管与车队司机交接时，必须认真清点件数，检查外包装是否完好，确认无异常后，对车辆加一次性锁，再由开单部门主管填写"贵重物品走货记录表"，与司机签字交接。

5. 外发

所有贵重物品给外发公司走货时必须当场与外发公司人员核对货物包装，如有异常必须拍照留底并备注清楚具体信息，确认无误后方能外发走货。

6. 操作部门

贵重物品存放区域：公司所有操作部门（广州运作部、广州总部交接部、广州总调、深圳总调）都必须在仓库里划出单独的"贵重物品存放区"（用铁丝网划分专属区域作为贵重物品仓库或放在监控器可监控范围之内）。

7. 运作部

货物到达运作部后，运作部的外场主管必须第一时间检查货物包装（纸箱包装、封箱条是否完好；纤袋包装、一次性锁是否完好及货物件数），确认无误后，在"贵重物品走货记录表"上签名确认，然后将贵重物品存放在"贵重物品存放区"，安排专人负责看守；所有贵重物品的"贵重物品走货记录表"，由空运运作管理部的外场主管负责保管备查；如有异常当班主管必须第一时间拍照留底并在 NIS 系统里反馈异常，将货物过磅检查是否有少货，并填写登记表，同时电话通知上一环节负责人。对于锁号有异常的车次，当班负责人必须第一时间反馈异常到品质管理中心值班人员，破损修复必须有主管在场，并当场监督装车，同时必须用印有公司 Logo 标志的胶纸进行修复。总调交接部赶往机场的车辆必须上一次性锁，由总调打印清单注明锁号交由司机带往机场，到达机场后外场人员必须第一时间检查锁号是否完好一致，并检查贵重物品包装（纸箱包装、封箱条是否完好；纤袋包装、一次性锁是否完好及货物件数），如有异常必须第一时间通知总调当班主管。机场操作现场必须有一位主管级人员现场督导，保障所有货物正常安全操作。

8: 到达网点

凡贵重物品到达网点后，由网点人员检查货物包装（纸箱包装、封箱条是否完好；纤袋包装、一次性锁是否完好及货物件数），如有异常必须核对货物重量并要求机场开具事故签证，同时将异常情况反馈到我公司总调。客户收货时，必须要求收货人当场拆包验货（外包装完好的，须在签收单上注明再验货）。如收货人不愿意当场拆包验货的，须要求客户在签收单上注明"外包装完好"并签名确认后方可提货。

9. 其他注意事项

（1）所有公司内部经手环节，凡发现贵重物品没有"贵重物品走货记录表"须立即报运作中心，且不得继续走货，否则产生损失由责任人承担全部责任。

（2）任何员工发现贵重物品有异常（破损、变形、货差）时，应立即与当班领导反映，若情况属实可由当班领导向品质管理中心反映，品质管理中心将根据实际情况给予5元/次的奖励。如能举报内部存在盗窃等不良现象，将按公司相关规定给予不低于100元/次的奖励。

（3）在"贵重物品走货记录表"上所有经手人员都必须核实（除常规检查件数、外包装是否破损外，还需查看封口一次性锁是否有开启、破裂等痕迹）签名确认，凡不签名者罚款50元/票。各部门必须对自己操作环节内的货物安全完好负全责。

（4）在车辆运输过程中，司机必须对货物件数负责，若贵重物品在车辆运输过程中出现货差按100元/件给予处罚并承担相关货差责任。

（5）贵重货物装车时一律不得重压，若因装车操作不规范而产生的破损、变形，下一环节在卸车时应及时反馈异常信息，并注明是贵重货物。所产生的损失，由上一环节装车人员全部承担。

（6）"贵重物品走货记录表"从收运部门出发直到到达终端部门，必须使用同一份表格，中途各环节在该表格上填写及签名，不得另外制作表格。

问题思考

1. 填开代单时有哪些付款的方式？
2. 贵重物品的定义是什么？
3. 贵重物品空运时有哪些注意事项？

第五节　空运分拨

故事分享

营业部门收运一票货物后，因没有正确进行点到处理，使得没有赶上航班，从而使货物延误时效的例子常有发生。如单号：12345678，广州至上海，共10件500千克，收货部门12：00收到货后，正常赶运下午16：00的航班，此货于12：50拉到机场货站后，因没有按操作流程进行点到处理，此货交接给我公司货站外场人员后部门没有做任何的交接点到工作，等到晚上18：00外场人员下班后，才发现此货没有进行点到处理还遗留在货站，最终延误了此票货物的运输时效。在我们收运到货物以后，切记需要按照公司空运货物的操作流程去操作，那么空运货物操作流程是怎么样的呢？

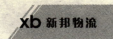
空运货物分拨流程

空运货物分拨流程如图3-2所示。

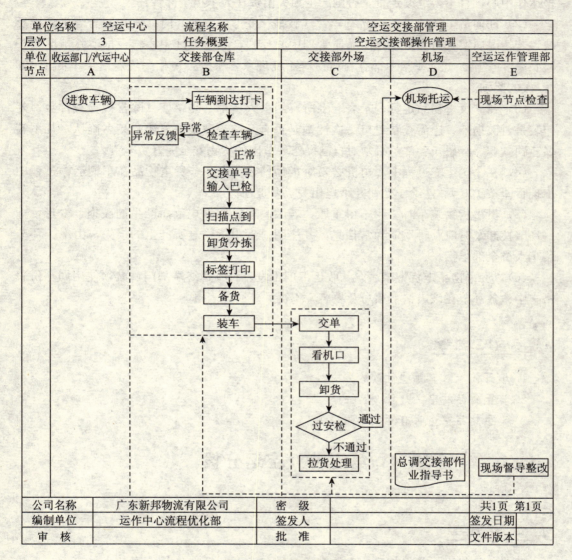

单位名称	空运中心	流程名称	空运交接部管理		
层次	3	任务概要	空运交接部操作管理		
单位	收运部门/汽运中心	交接部仓库	交接部外场	机场	空运运作管理部
节点	A	B	C	D	E

公司名称	广东新邦物流有限公司	密　级		共1页　第1页	
编制单位	运作中心流程优化部	签发人		签发日期	
审　核		批　准		文件版本	

图 3-2　空运分拨流程

货物的装卸与分拣

（1）卸货要求由外到里依次将货物整齐码放到托盘上；

（2）搬货时要轻拿轻放，严禁抛货、丢货、踩货、砸货等不规范行为；

（3）货物摆放必须遵循重不压轻、大不压小、硬不压软的原则；

（4）大票货物要单独码放，标签必须全部朝外；

（5）根据目的站分类将货物按要求码放到仓库指定货位，标签必须朝向一致；

（6）货物外包装如有破损应及时进行修复。若破损较为严重时则立即报告给当班主管及时处理；

（7）仓库货物码放要做到"横成排、竖成列"并符合6S规范要求。货物码放高度不超过1.5米。

出港装车

（1）在装车时，必须了解航班起飞时间，按照起飞时间"早后晚前"、大货应装在车尾的原则组织装车，方便外场操作；

（2）对于轻重不一的货物，在装车时必须将重货码放在底层，在上面码放其他轻泡货，减低货物破损的可能性（重不压轻）；

（3）对于大小不一的货物，根据货物实际重量，将大货置放在最下面，小体积货物码放在大货上面（大不压小）；

（4）对于不同包装的货物，在装车时，先参照前面所述的装车原则，再根据货物包装的属性，先装货物外包装较硬的货物，如木箱包装或铁箱包装，后装货物包装较软货物，如纤袋包装或纸箱包装货物（硬不压软）；

（5）装车时，要严格按照货物的特殊标志指示装车（如向上、防潮、防晒、防压等标识），避免因倒置或其他不合理装车等原因造成货物损坏；

（6）所有出港货物必须在飞机起飞三小时前发车完毕，货量较多，应适当提前。

出港备货

一、备货

备货是对已贴有航空公司正单标签的货物搬到相应出货口等待装车的工作。

（1）领取出发货物交接单，如图3-3所示。

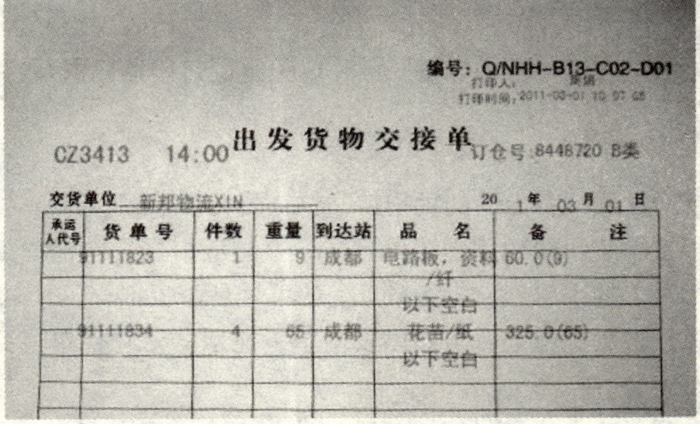

图3-3　出发货物交接单

（2）根据交接单上所提供目的站核对货物大标签的正单号与交接单上的大单号是否相符。经核实无误后将货物拉到指定地点准备装车。

（3）备货时必须清点货物件数与交接单上件数是否相符，并逐一查看标签，如出现异常应第一时间通知贴标签同事，核实货物。

（4）货物全部清点出来后必须在点货单上签名，如果有在外场货物必须与负责出货同事详细说明货物所在位置及件数。

二、标签打印

打开 NIS 系统，点击下方"填开正单"，打开填开正单界面（如图 3-4 所示）。然后点击页面右侧"定位"键（如图 3-5 所示），在"查询单号"栏输入正单单号后按"确认"键，再点击定位上面"打印标签"键。打印完毕后在航空公司底单托运人栏填上自己的姓名。

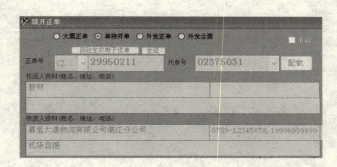

图 3-4　标签打印 1　　　　　　　　　图 3-5　标签打印 2

注意事项：不能重复按"打印标签"键，以免重复打印造成浪费。

三、贴标签

贴标签是对已经配载准备出港的货物粘贴航空公司正单标签。

总调配载提供正单第八联和货物清单，贴标签时应根据货物清单上所提供的货物信息仔细核对货物标签上的小单号与货物清单上的单号是否相符。

（1）领取清单，根据正单上目的站以及清单上显示的货物代单号到仓库找到相应的货物，并核对是否一致。

（2）把标签贴到货物朝外显眼处，一般要求贴在小标签下方与小标签并列处。注意不能覆盖小标签以及货物包装上收货人的信息。

（3）贴标签过程中如在货位找不到货物的情况，必须核对清楚货物的存放位置（仓库的其他位置或者货物已送外场），并在标签上详细注明货物存放位置及货物小单号，方便备货人找货。

（4）货物标签全部贴完后将货物清单与制作标签联的正单放回指定地点，并在提供的货物正单第八联上签名，显示核实责任人。

扫描出库

按住巴枪左侧扫描按钮，按屏幕显示信息提示，将红线对准货物标签上的条码，对货物逐一扫描。

巴枪操作具体步骤：

（1）按住巴枪左下方的红色启动键3～5秒，启动巴枪。

（2）在显示界面"编号"栏输入操作员的工号及密码，然后点击右下角"登录"键。

（3）在新出现的界面点击"总调装车"扫描，在交接单号栏输入交接单单号，然后点击"添加"，再点击右下角的"确定"键。进入扫描界面，开始扫描出港。

（4）扫描完毕后点击巴枪右下角的"比对"键。比对后若交接单上的货物与扫描的货物数量相符，说明扫描正常。若比对结果不相符，则根据已扫描的代单号提供的信息核实货物实际数量，查看是否有漏扫现象。核实清楚后点击巴枪下面的"保存"键，巴枪将扫描数据自动上传。

外场交接

一、交单

司机先将货车停到南航D厅，然后将货单和交接单交给外场指定人员。由指定人员交到南航前台，审核仓位。

二、看机口

司机到前台的看板，查询该车货物的航班所对应的安检机口；然后将货物拉到相应机口进行卸货。

三、卸货

到达机口后司机将出港货物清单交给外场操作人员，操作人员根据单上的货物种类、件数进行规范卸货，所卸货物放到指定的卸货位置。待该机口的货物卸完后，操作员在出港清单上签名。

四、过安检机

当通知到我们公司货物过安检时，操作员将货物按要求放到安检传送带上，进行安全检查。如发现货物夹带违禁品要立即通知当班主管处理。

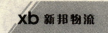
五、拉货处理

将拉下货物进行登记，包括货物的航班号、单号、以及货物重量、件数。及时反馈给广州总调，由总调对货物进行处理。

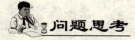 问题思考

1. 在装车时，对于轻重不一的货物，应该怎么装车？
2. 贴标签的定义是什么？
3. 备货的定义是什么？

第六节　末端操作

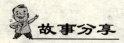 故事分享

了解各网点操作流程及需要注意的事项，注意监控各网络点的提送货时效。异常货物如何处理，如何监控各网络公司的回扣情况。本节将一一为你介绍。

清单确认

新邦网络管理部查询组完成《货物清单》制作后，网点必须在一个小时内进行系统"清单确认"，清单确认后请仔细核实清单内容及特殊要求，如贵重物品、药品、德讯等操作特殊要求。

机场提货

一、提货时间

根据航班落地时间，航班落地两个小时内可到机场提货。

二、提取货物

在提取货物时须按新邦提供的《货物清单》仔细核对与检查货物，如发现货物包装破损或封箱口有二次封箱现象、包装严重变形、货物短少及一次性锁破损等异常情况时，须在30分钟内通知新邦网络管理部查询组，并且要采取补救措施，如烘干、打包、修整等复原措施，必须向当地机场要求开取《事故签证》，当面清点货物并过秤核实重量，要求在事故签证上注明货物的实际状况后方可提取货物；如收货人在签收时发现货物破损或二次封箱或少货等货物异常，又不能出示事故签证的情况下，一切责任由网点承担。

三、提货注意事项

（1）货物破损、二次封箱、包装严重变形、货物短少等情况，网点必须拍照发至新邦查询组，每票破损至少要有三张图片；如果一票货有多件破损，可码放一起拍一张整体破损货物图片、一张标签清晰，但破损部位必须分别拍照。

（2）机场提货时请按照《货物清单》内容仔细检查货物是否附有签收单原件，如发现黏附在货物上的签收单已丢失，请在30分钟内与新邦网络管理部查询组联系；如因签收单丢失或未按要求签收的签收单造成货款无法收回的一切责任由网点承担。

（3）《货物清单》所标示的绿色通道、限时服务、急件货物、贵重物品等特殊要求，其操作期限必须严格按照提供的《货物清单》内所备注的期限来落实。

送　货

送货前必须在系统中作送货确认，而且联系好收货人是否可以收货，到付款与其他事宜与收货人说明清楚，避免货送到后再出现异常，在派送货物到达收货人地址提前30分钟通知收货人，以便收货人做好交接货物的准备，由于延误时效，导致客户投诉，而造成任何损失由各网点承担。

送货请按照《新邦空运网点时效标准表》中各目的站所对应的承诺的送货时间点前送完；如果由于客户原因导致无法按时送货，网点必须与顾客确定送货时间，并及时将信息反馈到新邦网络管理部查询组。

一、点到

按照《新邦空运网点时效标准表》中各目的站所对应的点到时间前对所提到货物进行"系统点到"操作，点到前如有货物异常（少货、货损等异常）必须先反馈新邦网络管理部查询组（反馈方式：系统反馈或电话反馈），并在点到模块双击单票出现"未点到原因录入"模块录入未点到的原因，录入原因算及时点到，否则正常点到后出现异常事项责任由网点承担。

二、客户自提

按照《新邦空运网点时效标准表》中各目的站所对应的承诺客户提货时间通知客户提货，确保收货人在规定时间内能在网点提到货，对于航班正常落地，规定不能实现提货的，遭到客户投诉时，产生的费用由网点承担。如网点在机场提货时未发现货物异常，客户签收时才发现货物破损、二次封箱或内物短少等货物异常，一律视为网点责任，产生一切责任由网点承担，且网点有责任协助新邦联系机场开取事故签证。

三、中转

按照《新邦空运网点时效标准表》中各目的站所对应的点到时间，早班及中班的货物必须当天中转；晚班的货物次日中转完毕（根据网点情况，如果晚上转货的可当天中转）。

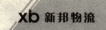

签收录入

一、送货/自提货物签收录入

根据《新邦空运网点时效标准表》早班、中班、晚班区分签收录入时间，早班的货物当天20：00前录入签收结果；中班的货物次日12：00前录入签收结果，晚班的货物次日20：00前录入签收结果。客户原因导致无法按照规定时间送货，网点必须当天统一将信息及时反馈到新邦网络管理部查询组，在系统中录入未签收原因并按照客户要求送达时间送货。

二、中转货物签收录入

当天中转的货物在第三天12：00前必须录入签收，次日中转的货物在第四天12：00前必须录入签收，中转三级城市等比较偏远的货物，签收时效顺延1天，特殊情况请在"未签收原因录入"中注明。

三、其他

由于其他原因客户未签收的，网点不能录入签收结果，如"客户未提""丢失"；因其他原因客户未签收，不能作签收信息录入，必须在系统"未签收原因录入"中注明，否则将对其网点进行处罚；客户异常签收的，不能录入正常签收结果，必须录入异常签收，注明异常原因，如：包装破损、客户拒收多少小件等。

签收及回款

一、签收单管理

（1）网点必须在7个工作日内将已签收的原件签收单返回我公司，如1～7的签收单，8日发明细清单，必须在14日前快递抵达我公司。

（2）中转货物，签收后（以签收时间为准）15个工作日内将原件签收单返回我公司。

（3）费用月结，不允许到付，所有签收单全部要经过我公司签单管理员同意或者做"更改证明"才能单独返回来。

二、签单返回操作规定

1. 检查签收单

货物到港后，机场提货必须检查货上是否有签收单，发现货上没有原件的情况，30分钟内通知我公司。如因客户通知不及时、不通知、遗失原件，造成的损失（如客户不愿意付运费、投诉、赔款）由网点承担。遗失签收单，按相关规定处罚（货上无原件及时通知除外，如不通知我公司也属客户遗失）。

2. 事故签证

（1）我公司所有到港货物如有破损或者整票丢失的，必须开具事故签证，传真一份给我公司备案，如货物外包装破损，里面有丢失时，事故签证不能开"重量相符，内物无丢失"。

（2）如有异常开不出事故签证的必须第一时间通知我公司。

（3）事故签证要求：公章清晰，内容与实际情况相符，所填资料准确（特别是主单号，件数，重量，航班号）错或漏一个字都不行，字体不能用一种以上笔水填写。

三、货款管理

1. 周结的对账时效规定

1～7号，8号出账单，11号之前对完账，14号之前汇款；

8～14号，15号出账单，18号之前对完账，21号之前汇款；

15～21号，22号出账单，25号之前对完账，28号之前汇款；

21～30号，次月3号出账单，6号之前对完账，9号之前汇款。

2. 半月结的对账时效规定

1～15号，17号出账单，20号之前对完账，23号之前汇款；

16～30号，次月3号出账单，6号之前对完账，9号之前汇款。

3. 月结的对账时效规定

1～30号，次月3号出账单，10号之前对完账，15号之前汇款。

问题思考

1. 如需到机场提货时，航班落地几个小时内可在机场提货？

2. 所有签收单，网点必须在几个工作日内将已签收的原件签收单返回？

3. 所有周结的对账时效？

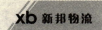
第四章　品质管理

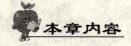

本章内容

◆ 时效管理　　　　　　　◆ 货物安全管理
◆ 异常业务管理　　　　　◆ 现场督导

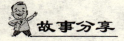

故事分享

2010 年 6 月 8 日从广州发往武汉的平板车因为外场装车时没有考虑到车辆的平衡，车上的货物一边重一边轻，车辆第一次出发后驾驶员发现无法正常行驶，只能返回运作部卸货重新装车，最后导致定时发往武汉的车辆延误 6 小时发车。严重影响到整车货物的时效。

车辆晚点到位，装车不及时，卸货不及时都会导致发车晚点。因为晚点发车会直接导致车辆无法在指定时间到达，所以前面环节各部门都应该重视货物时效，确保车辆能够准点发车。那么如何进行时效管理呢？如何进行品质管理呢？

第一节　时效管理

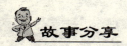

故事分享

2010 年 6 月 6 日 A 营业部小王于当天 15 点 30 分向广州车队调车，调 20：00 的车，车队于 22：23 才给予部门派车，导致部门的货物未能及时装载，未能按照标准时间发车，导致部门货物到达广州运作部时间延误 1 小时 30 分钟，给广州运作部操作带来了压力！

车辆晚点到位，导致部门晚点发车。因为部门晚点发车会直接导致车辆无法在指定时间到达运作部，影响货物中转时效与货物配送时效，影响客户满意度。那么公司各类产品，时效如何把握和控制呢？

城际干线

城际配送是利用特定区域内密集的配送网点，实现网点之间的快速配送，主要满足客户周边城市短途运输的需要。

一、服务优势

（1）配送网点密集、配送范围广；

（2）货物运输今发明至；

（3）全封闭式现代化车厢；

（4）提供完善的增值服务。

二、服务范围

1. 珠三角区域

珠三角区域包括广州、深圳、东莞、佛山、中山、江门、开平、珠海、惠州、清远等各大城市。

2. 长三角区域

长三角区域包括上海（浦东、徐汇、长宁、普陀、闸北、虹口、杨浦、黄浦、卢湾、静安、宝山、闵行、嘉定、金山、松江、青浦、南汇、奉贤等）、江苏（相城、昆山、吴江、常州、无锡、吴中等）、浙江（杭州、萧山等）等。

3. 华北区域

华北区域包括北京（大兴、朝阳等）、天津、石家庄。

4. 山东区域

山东区域只包括青岛（城阳、正阳、李沧、四方、黄岛、即墨等）。

三、发车时效

1. 城际干线发车时效的定义

城际干线发车时效是指各部门对城际干线车辆是否按照城际配送车辆时效标准表在指定的时间之前从指定地点出发。

2. 发车流程

（1）货物收运。部门对当天收运的货物进行量重测方，引导客户填写托运书，打印标签并在规定的地方贴上标签。

（2）部门装车。当城际干线车辆到达部门，引导司机倒车，根据货物不同的时效要求按照公司规定的装车顺序装车。先装偏线货物，其次是专线货物，而后是快线货物，再到城际配送货物，最后到空运货物。

（3）柜台制作交接单。部门根据实际装车情况进行制作交接单。核对货物装车情况，在 NIS 系统部门交接单模块制作交接单，打印交接单，对车上锁，核对交接单锁号与实际锁号是否一致。

（4）打卡发车。整个装车过程已经结束，柜台人员将单据交给驾驶员签字，并负责

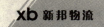
给车辆打出发卡，然后车辆才能出发。

四、运行时效

1. 城际干线运行时效的定义

城际干线运行时效是指公司城际干线车辆从始发站到达目的站运行时间是否在公司规定的运行时间之内。

2. 运行监控

在车辆运行过程中，对车辆运行过程中对所反映到的天气、坏车、堵车或其他原因须经过 GPS 跟踪查询或向车队查询核实后予以备注，对由此不可抗拒因素产生的车辆运行延误可减免处罚。但对于部门发车晚、司机无故运行超时等不合格项目要根据文件规定予以严格把关和考核。

五、到达时效

1. 城际干线到达时效的定义

城际干线到达时效是指公司城际干线车辆从始发站到达目的站到达时间是否在公司规定的到达时间之内。

2. 城际干线数据统计分析

所有城际干线车辆的发车、运行以及到达时效数据都可从 NIS 系统中导出，数据制作方法参照城际干线车辆时效专员作业指导书。时效管理部城际配送车辆时效专员需对延误的车辆进行原因分析，及时采取改善措施，提升公司运作质量。

省际干线

省际干线发车时效是指省际干线车辆是否在公司指定的时间之前从指定地点出发。

一、车辆发车流程

1. 专快线配载

运作部利用 NIS 系统对分部的进港货物进行统计分析，根据货量合理地安排运输线路及运输车辆，优化配载作业，以达到降低运输成本与满足货物时效的目的。

2. 仓管处装车

仓管处按照配载处提供的预配单指导外场操作人员进行装车。装完车之后第一时间将 PDA 里面的数据进行对比然后上传数据，在预配交接单上注明装车组长名字、仓管员名字、登记装完车的时间，把预配交接单交到柜台。

3. 柜台制作单据

仓管员交回预配单，配载员根据实际装车情况进行实配作业。配载员与仓管员核对预配单上哪些货物已经装车，哪些货物未装车，哪些未预配而实际已经装车。确认无误后，配载员在 NIS 系统配载模块进行实配，打印实配单。至此，整个配载作业已经完成。

4. 打卡发车

装车过程已经结束，车辆打出发卡，柜台人员将单据交给驾驶员并通知其出发。

二、运行时效

1. 省际干线运行时效的定义

省际干线运行时效是指公司车辆从出发站到达目的站花费的时间是否在公司规定的时间之内。

2. 运行过程跟踪

所有干线车辆，配载部门必须进行定时定点跟踪，并在 NIS 系统中对跟踪情况进行备注，同时须制作车辆跟踪记录表。车辆运行时间在 18 小时以内必须有一次跟踪记录，车辆运行时间在 18～25 小时以内必须有两次跟踪记录，车辆运行时间在 25 小时以上必须有三次跟踪记录。凡少跟踪一次的，对配载部门经理处罚 20 元。配载部在与司机协议合同中必须注明告知，车辆在行驶中发生特殊情况时必须第一时间电话通知配载部，如遇到堵车，必须反馈通车时间记录，否则视为正常运行。对跟车不到位，没有通车时间，按 10 元/车的业务差错对跟车员进行处罚。

3. 车辆打卡规定

所有干线车辆运行各环节必须进行车辆打卡操作，打卡工作由各环节柜台人员协助司机执行。出现一次未打卡的，处罚该环节部门经理 50 元，一周内出现两次未打卡的，该环节部门经理必须在规定时间内（华南、华东区域 24 小时，其他区域 3 天）到相应品质管理部门报到，华东区域由华东品质管理部对其进行培训，华北区域的由华北品质管理部对其进行培训，其他区域统一由品质管理中心时效管理部对其进行培训。凡培训所产生的费用，均由被培训人员自行承担。如一个月内出现 3 次未打卡的，对该环节部门经理作停岗处理。所有打卡记录数据由品质管理中心时效管理部提供并执行处罚。

4. 车辆运行时效奖罚

时效管理部对所有省际干线车辆按公司规定专快线时效进行考核。

三、到达时效

1. 到达时效的定义

到达时效是指省际干线车辆是否在公司规定的时间之前到达指定部门。

2. 省际干线数据统计分析

所有省际干线车辆的到达时效数据都可从 NIS 系统中导出，数据制作方法照省干线车辆时效专员作业指导书。时效管理部需对到达延误的车辆进行原因分析，及时采取改善措施，提升公司运作质量。

3. 到达车辆卸货督导

对到达部门的省际干线车辆严格按照《关于加强省际干线车辆时效的管理办法》进行卸货督导，确保货物能够及时卸下。

车辆时效

一、车辆时效的定义

车辆运行时效指的是车辆打到达卡与出发卡之间的时间差，减去车辆在途中发生异常情况（堵车、坏车等）的时间。

二、操作流程

（1）接到需要做支付确认的车牌之后，确认合同签订的时间、奖罚标准、打到达卡时间是否真实；

（2）在 NIS 制单系统中点击"实际成本资料"，再点击"汽运支付确认"，选择配载日期，除去付款部门，输入车牌号码或合同编号；

（3）在 NIS 时效跟踪"查询司机打卡记录"选择配载日期，输入车牌号，点击"查询"，在下栏"处理内容"和"跟踪内容"中看是否有车辆实际发车时间或到达时间记录，计算车辆的运行时间；

（4）在 NIS 时效跟踪"长途车辆跟踪"选择配载日期，输入车牌号，点击"查询"查看车辆异常状况的发生时间和结束时间，算出最终延误时间；

（5）根据合同签订内容以及《省干线车辆时效标准》考核办法对车辆进行审核，在"汽运支付确认"点击"时效考核"，备注处理内容。例如，此车标准运行×小时，实际运行×小时，堵车×小时，请正常支付或罚款×元或奖励×元。如有奖罚，需在奖罚金那一栏输入奖罚金额（罚款金额为负数），然后确认支付，保存。

增派车辆管理

一、增派车辆的定义

因货量上升、交通事故、车辆晚到或其他异常原因导致货物时效延误，为满足客户需求，采取时效补救措施，临时增派至终端部门的车辆（含专车派送）。

二、增派车辆的标准

1. 增派车辆的条件

运作中心必须将当次封单前进港的所有城际配送货物在当日中午 12：00 前分拨完毕，12：00 前未分拨完的货物，一律不允许再往终端部门转货；如部门因客户特殊要求，需要进行转货的，一律要求各派送部进行专车派送直送到客户处；如遇货量暴增需要向终端转移时，需经品质管理中心备案同意后方可转货。

2. 增派车封单时间

（1）广州运作部：

①华南城际配送：广州区域封单时间为 03：00，其他区域封单时间为 04：00。

②省外部门：封单时间为 04：00。

（2）上海运作部、杭州、苏州操作部：封单时间为 08：00。

（3）北京运作部：封单时间为 08：00。

（4）青岛操作部：封单时间为 08：00。

三、如何保障增派车辆时效

1. 增派车辆资源的保障

增派车辆第一个条件是车辆资源得到保障。车队管理中心在接到运作中心调车申请后 1 小时内给予安排指定吨位的车辆，如超过此时间仍未安排到位，调度必须批复外租车辆，运作中心有权利外租车辆，且此类外租车费用不列入运作中心的考核范围。

2. 运作中心装卸作业时效保障

(1) 运作中心外场必须保证进港车辆在公司规定的时间内卸货完毕（53 尺货柜卸货时间为 4 小时）。

(2) 车队管理中心车辆及时到位后，运作中心外场应保证装货时效（8 吨，150 分钟；5 吨，135 分钟；3 吨，75 分钟；2 吨，45 分钟）。

3. 终端部门装卸、配送作业保障

(1) 终端部门在收到腾讯通自动弹出增派车通知信息后，自行提前安排相关人员准备卸货，随到随卸，如果卸货超时，签单费用由终端部门承担。

(2) 当出现车辆同时到达时，终端部门必须启动紧急预案，区域内部协调解决，转移货物至临近部门或是外租仓库和外请劳务人员。

(3) 如出现天气等不可抗因素，必须提前致电相应的品质管理部门，品质管理中心所属区域对应的品质管理部将会根据实际情况给部门明确指示，终端部门无条件执行。

(4) 终端部门不可以在未经过品质管理中心、运作中心同意的情况下，以仓库爆仓、无法卸货等理由私自将货物拉回，造成资源（包括车源、场地、人员等）浪费。

(5) 营业部门不可私自将运作中心电话及司机电话告知客户，让客户直接致电品质管理中心、运作中心及司机，避免因解释不当造成客户满意度下降及对开车司机造成相关困扰。

【实例】

单号：12345678；开单部门：A 营业部；目的站：B 营业部。2010 年 5 月 20 日，A 营业部开单 1 票 12 件纸箱快线货物到 B 营业部，当日部门干线车发车时间为 23：30，因干线车在途中坏车，导致延误到达时效，到达广州运作部时间为次日 03：50，因厦门快线 00：00 已封单，导致此票厦门快线无法及时配载出港，导致延误时效。

为保证运作中心货物出港时间，结合运作中心外场操作时效，运作中心配载部门将根据实际情况对各线路或区域设置最晚预配载时间，即在某一时间后进港运作中心的货物，运作中心不保证此类货物出港时效。配载部门一般情况下将不对货物进行预配载，所设置的最晚预配载时间称为封单时间。以下内容为相关区域、线路各种货物的配载时效即封单时间。

(1) 滞留货物：在货物点到后未在规定时间内配走的货物视为滞留货物，配载部应以最高时效级别标准优先配载滞留货物，只要有发车，配载部必须将货物配载。

(2) VIP 客户货物：VIP 客户货物时效标准与快线货物时效一致，若 VIP 客户对货

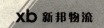

物时效有不高于快线货物时效的个性化要求，配载部需严格按照要求操作。

（3）专线货物：专线货物到达广州运作部点到后，配载部必须在货物点到后 36 小时内进行配载。

（4）快线货物：广州、花都、番禺地区在广州运作部封单时间为 03：00，其余地方为 04：00。

（5）厦门快线在广州运作部封单时间为凌晨 0：00，长沙快线封单时间为 01：00，南宁快线封单时间为凌晨 2：00。

（6）广州运作部城际配送到达部城际配送到达货物封单时间为 03：00，省际到达货物封单时间为 01：00。

（7）封单时间前进港的快线货必须当日 100％配载出港。封单时间后进港的快线货物，配载处需尽量将货物配载出港，最迟在进港后 24 小时内配载。

卸货时效

一、卸货时效的定义

卸货时效是指车辆到达后，终端部门卸货所花费的时间。终端环节是货物运行流通过程中最为关键的节点之一，直接影响到终端客户的满意程度。时效是客户选择物流公司的标准之一，而卸货环节所花费的时间，占整个走货时间的 30％～40％。因此卸货成为缩短走货时效的重要部分，成为实现双赢的重要环节。

二、卸货操作流程

1. 到达卡

（1）所有车辆必须在到达目的站后 5 分钟内，以交接单号为准进行车辆到达打卡确认，因卸货时间确认系统后台数据与交接单号连接，部门必须以交接单号进行打卡确认。

（2）对于 24 小时工作制或者两地卸中途站的各营业部门、分拨中心，由到达部门负责 5 分钟内打车辆到达卡。

（3）对于非 24 小时工作制或者非两地卸中途站的营业部门、分拨中心，若车辆在 06：00—22：00 期间到达目的站的，由到达部门负责 5 分钟内打车辆到达卡；若车辆在 22：00—06：00 期间到达目的站的，司机必须在车辆到达后 5 分钟内通知运作管理部门，由运作管理部门核实车辆到达信息后代打到达卡。

（4）如遇停电、软件系统问题、网络故障等异常情况，到达部门需及时通知相应区域的运作管理部门打卡并登记备案，否则按打卡异常处理。

2. 卸货操作

（1）卸货时效标准：卸货时间根据货量而定，运作中心 11 分钟/吨，营业部门 14 分钟/吨，体积与吨位的换算按 4 立方米折合 1 吨计算，取换算后数值较大项计算。部门无卸货平台，卸货时效可顺延 30 分钟，每辆车的卸货总时间最高限额为 5 小时。

（2）对于核对锁号、放下尾板、打开车门、关车门等卸货配套动作，统一规定为 5 分钟。

（3）对于 24 小时工作制或者两地卸中途站的各营业部门、分拨中心，到达部门必须在车辆到达后 30 分钟内货单点到并组织卸货，标准开始卸货时间（标准点到时间）＝车辆到达时间＋30 分钟，卸货时效标准按第 1 点执行。

（4）对于非 24 小时工作制或者非两地卸中途站的营业部门、分拨中心，若车辆在 22：00—06：00 期间到达目的站的，从 06：00 开始计算 30 分钟内货单点到并组织卸货，标准开始卸货时间（标准点到时间）＝06：00＋30 分钟，卸货时效标准按第 1 点执行；若车辆在 06：00—22：00 期间到达目的站的，到达部门必须在车辆到达后 30 分钟内货单点到并组织卸货，标准开始卸货时间（标准点到时间）＝车辆到达时间＋30 分钟，卸货时效标准按第 1 点执行。

3. 操作要求

（1）各营业部门、分拨中心必须按以上时效规定货单点到，及时组织卸货。

（2）每辆车在每个站点的标准卸货时间由系统根据货量自动计算，并显示在交接单上，外场根据交接单上的标准卸货时间卸货。

（3）各营业部门、分拨中心开始卸货、卸货结束都必须在 NIS 系统的"时效跟踪"模块的"卸货时间确认"模块点击"确认"，营业部门卸货确认工作由柜台人员负责，分拨中心卸货确认工作由当班仓管人员负责。

（4）各营业部门、分拨中心在标准卸货结束时间 45 分钟内进行异常信息反馈及处理。

（5）到达部门必须严格按照规定及时卸货，不得因部门同时到达多辆车而延误卸货。

（6）如遇停电、软件系统问题、网络故障等异常情况，到达部门必须联系运作管理部门代为点击"卸货确认"。

配送时效

一、配送的定义

货物到达终端部门，按照客户发货的要求，将货物按时送达终端客户的操作。按照地域不同可分为省际配送和城际配送。

二、配送操作流程

1. 预约送货

（1）柜台客服根据配送时效要求联系客户预约送货时间，确认送货地址的准确性。

（2）通知客户应付款项，并询问客户是否需要发票或收据。

（3）应付款项超过人民币 8000 元原则上不做送货服务；如确实需要送货的，必须通知客户上门验货付款后，方可安排送货。

2. 办理出仓单

（1）打印送货出仓单。

（2）检查付款方式，检查是否有代收货款、原件签收单。

（3）准备好发票（收据）。

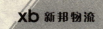

3. 安排送货车辆

（1）根据货量安排车辆及安排送货人员。

（2）如果需要外请车，柜台人员必须核查司机驾驶证、车辆行驶证、身份证三证，并复印存档，还需检查车况是否良好。

4. 交接出仓

（1）打印配载清单，与司机进行交接，培训外请司机手机短信签收操作。

（2）司机根据具体情况（送货地址、公司产品属性，如快线、城际配送、专线等）按排好货物装车次序，然后交给仓管点货装车；出现异常做好记录并反馈柜台。

（3）司机清点货物件数，与仓管员（外场）签字交接。司机要在黄联、白联以及仓管的出仓交接本上签字。

（4）司机和柜台人员检查送货单据与配送清单是否相符。

（5）柜台人员检查送货清单、发票（收据）、原件签收单、进仓单等相关单据。

5. 个人收货人

（1）对于收货人本人收货的：送货人员必须要求收货人出示本人身份证原件，并核对身份证上"姓名"是否与送货单上收货人姓名一致，核对无误后，还必须打电话至NIS系统管理人员核实收货人的手机号码或电话号码，然后由收货人在送货单上签名，并填写身份证号码及收货日期，签名字迹必须清楚可辨认。

（2）对于收货人委托代理人收货的：送货人员必须要求收货人同时出示收货人及代理收货人身份证原件，并核对身份证上"姓名"是否与送货单上收货人姓名一致，核对无误后，还必须打电话至NIS系统管理人员核实收货人的手机号码或电话号码，然后由代理收货人在送货单上签名，并同时填写收货人及代理人身份证号码及收货日期，签名字迹必须清楚可辨认。

6. 公司（单位）为收货人

（1）送货人员必须要求收货人公司（单位）的签收人员出示身份证，并填写身份证号码及收货日期，签名字迹必须清楚可辨认；同时还必须要求其在本公司送货单上加盖收货公司（单位）的公章，并打电话至NIS系统管理人员核实收货人的手机号码或电话号码；如没有公章不得将货物给予该收货公司（单位），送货人员须通知营业部柜台，由柜台人员通知收运部门，让其征得发货人同意后更改收货人为个人，方可安排送货、签收。

（2）司机在送货时，如发现特殊异常情况马上反馈到柜台处理；由柜台给出具体操作方案，方能送货。

（3）核实收货人，登记收货人身份证信息并签字。

（4）收款后开具发票（收据）。

（5）对单点货。

（6）引导客户在签收单、出仓单上签字盖章。

（7）使用手机短信录入签收信。如有异常，在签收单、出仓单上记录异常，同时用手机短信录入异常签收，并将异常情况反馈柜台。

（8）如果货物未送，需重新进仓登记并对货物说明；同时仓管必须在司机的交接本上签字，重新给司机开具进仓单。

(9) 货物签收异常时，司机或仓管在签收单、出仓单上记录异常并提交给柜台。

三、配送时效标准

1. 进港点到

终端部门必须在车辆到达后 30 分钟内进行点到，不在此时间范围内点到的，均视为点到异常。非 24 小时制部门在 22：00—8：00 时段到达的车辆，可在 8：30 前点到，否则视为点到异常。如不是 8：00 上班的部门必须在正常上班后 30 分钟内进行货物点到。

如果货物先在 A 部门点到，后来因特殊原因转到 B 部门，B 部门必须在 30 分钟内通知 A 部门撤销点到。并在 A 部门撤销点到后 20 分钟内点到，否则视为点到异常。A 部门接到 B 部门通知后必须在 10 分钟内撤销点到，不得延误 B 部门正常操作。

如有特殊情况（如停电、网络故障等），必须在 30 分钟内向时效管理部说明情况。否则视为点到异常。

2. 联系送货

08：30—16：00 点到的货物，点到后必须在 2 小时内联系客户送货或通知自提。

16：00—次日 08：30 点到的货物，点到后必须在次日 10：30 前联系客户送货或通知自提（如有特殊时效要求的货物，必须以保证货物时效为原则，及时通知客户）。

客户要求的送货时间超出公司正常到达配送时效的，联系客户的时候必须将客户要求备注在"NIS 系统综合查询"模块下的"未录签收原因"中的"配送时效原因日志"里面，如未及时备注配送情况或备注错误地方将按异常处理。客户当时不方便联系的，必须约好再次联系时间并作出备注说明。

3. 送货时效要求

（1）城际配送（广东省内各城际配送部门、华东城际配送部门、华北城际配送部门）。

①00：00—12：00 点到的货物，必须在当天 20：30 前送完并录入签收。

②12：00—24：00 点到的货物，当日应尽量安排送货，当日无法送完的，必须次日 15：00 前送到并录入签收。

（2）专线货物（广东省外无城际配送的部门）。

①00：00—12：00 点到的货物，必须在次日 12：00 前送到并录入签收。

②12：00—24：00 点到的货物，必须在次日 17：30 前送到并录入签收。

（3）快线货物（广东省外无城际配送的部门）。

①00：00—12：00 点到的货物，必须在当日 17：30 前送到并录入签收。

②12：00—15：00 点到的货物，必须在当日 20：30 前送到并录入签收。

③15：00—24：00 点到的货物，必须在次日 15：00 前送到并录入签收。

（4）项目客户货物一律按快线时效配送。

4. 其他特殊情况

（1）对于客户要求某天送的，必须在该日 17：30 前送到并录入签收。

（2）客户若指定送货时段（如要求上午送货、中午送货、下午送货、晚上送货等），在我公司能力范围内的，必须按照客户要求送货。

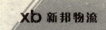

（3）等待通知放货的货物，配送时效从更改为允许放货的时候开始考核。

（4）客户电话错误或无人接听时，必须及时反馈异常信息及联系开单部门处理，开单部门必须将解决方案备注在系统里。送货时效从开单部备注有效方案之时开始计算。

（5）有大额到付款、代收货款的，送货时效从到付款、代收货款的事情处理结束时开始计算。

（6）配送部门对送货费、上楼费、卸货费等费用有异议的，不得延误送货时效，必须按照规定时效送货。如与开单部门无法协调，统一先送货，所产生的额外费用按实际产生成本原则提交补送货费流程，由异常业务管理部进行费用划分。

（7）各到达部门不得以准备发票、无发票、发票不足等理由延误送货时效。

（8）全公司统一使用手机录入签收。手机录入故障，必须及时联系时效督导部，运作督导部必须及时给出处理方案并做备案。配送部门不通知或超出规定送货时效才通知时效督导部的，一律按照配送时效异常处理。

（9）如果送货途中，因车辆出现故障等其他不可抗因素导致货物无法在规定时效内送到，必须第一时间报时效督导部备案，并将情况备注在系统中，为开单部门跟踪货物提供方便。不通知或超过以上条款规定的送货时效通知时效督导部，受影响的货物按配送异常处理。

（10）点到异常的货物，配送时效按货物实际到达时间进行考核。

专车派送管理

一、专车派送的定义

所谓专车派送，是指客户对时效有特殊要求需加急派送或因发货部门原因造成时效晚点需专车派送所产生的送货事实。

二、符合专车派送的条件

根据公司规定货物在限时未到运费全免范围内，对于因延误时效客户要求专车派送的货物，必需符合以下条件：

（1）如客户要求在某天指定时段收货，正常配送时效无法满足的情况，可以安排专车送货，在与客户约定的时间送到，专车费用由客户承担。由于操作失误导致时效延误，安排专车送货。如因配载员漏配或外场漏装导致货物延误，由品质管理中心裁决是否专车派送，专车费用由责任部门承担。

（2）对于因运作中心责任导致货物未能及时出港的情况，货物到达终端部门时，如客户需要紧急派送，由品质管理中心裁决是否专车派送，专车费用由责任部门承担。

（3）如客户时效紧急时，终端到达部门又未按照公司标准时间派送或联系客户，到达部门必须无条件安排专车送货。

（4）如货物到达终端部门前已有时效延误，则由到达部门与收货人进行沟通，如客户时效要求紧急，由时效管理部进行裁决，如需安排专车送货，到达部门必须无条件先安排送货，专车费用按"实报实销"由到达部门起草送货费补收流程进行责任划分（责任划分由异常管理部执行）。

（5）运作中心发车延误。

①如因运作中心发车延误或车辆运行过程中事故、无故延误到达导致货物无法正常分拨，相应的配载部必须在 4 小时内统计好时效紧急的货物明细，并发给目的站的运作中心到达部，到达部必须按时点到货物，外场必须严格按照卸货标准时效安排卸车。

②到达部必须按照大票提货点做好分类统计，当该部门或该区域货量达到 8 个立方米时，到达部必须安排增派车辆，将货物转至分部，车队必须配合执行，如车队在半小时内无法安排车辆，到达部应立即联系外请车辆，增派费用由到达部负责签单，划入公司费用。

③如同部门或同区域货量不能达到以上标准，但客户急收货的，则由时效管理部按照标准进行裁决，如需专车派送，到达部必须无条件执行，专车费用按"实报实销"由到达部门起草送货费补收流程，异常管理部进行责任划分。

④特殊货物如超重、超长货物：单件 250 千克（含）以上，2500 千克以内（不含）；货物最长边在 4.0 米（含）以上的货物，配送需要安排专车配送。

⑤禁行路段如需送货，需要安排专车配送，产生的费用向客户收取。

三、专车派送的标准

根据公司规定货物在限时未到运费全免范围内，对于因延误时效客户要求专车派送的货物，必需符合以下条件中的任意一项：

（1）客户同意支付本票运费，专车派送费未超出本票运费，允许免收专车派送费。

（2）客户拒付本票运费，愿意承担专车派送费，允许专车派送。

（3）货物延误时效，客户要求改发空运，转发空运的运费未超出汽运的运费范围内，允许对运输方式进行更改。

（4）客户为开单部门或到达部门欠款客户。

（5）货物需要转关出口等紧急情况。

（6）专车派送能够赶回时效的情况下可以安排专车，其他情况则由相关部门进行协调。

【实例】

2006 年 8 月 30 日，单号 12345678 上海 A 营业部发往河南漯河的一票品名为添加剂的物品及单号为 87654321 发往江苏南京品名为香兰素的货物，两票货偏线外发，由华东运作部偏线组负责外发，外发员的不慎将货物错发，导致 1800 元的专车费产生。

当天负责将此货物外发的人员，偏线刘主管、外发员小李负责外发，在装卸时由于外发员小李的疏忽，将所发货物发错，导致到江苏南京的货物发至河南漯河、到河南漯河货物发至南京。因到南京的那票货是客户自提货，当天客户提货时发现货物不对，标准是到河南漯河的，收货客户第一时间通知发货客户货发有误，发货客户立即与公司 A 营业部联系并说明货物错发，让其将错发货物从外发公司提回并帮其重新发货，由于客户时效要求很高，催得很急，南京秦经理和 A 营业部李经理协商后只能是专车派送，将发往河南漯河的货提回。此次专车来回产生 1800 元的专车派送运费。

从以上案例中，我们可以看出：每一位员工都应提高责任心，注重细节，严格按照公司规定操作，才能降低业务差错，提高公司运作质量，减少不必要的损失。

签收回单管理

一、签收回单的定义

签收回单是发货客户在物流公司托运货物后，物流公司将货物送达客户处，收货客户正常签收后，为客户提供原件签收单返还的服务。例如，客户甲通过物流公司托运衣服给客户乙，为证明物流公司已按要求将衣服完好交给乙，物流公司必须向甲出示乙已经收到的凭证，这凭证就是客户乙签收的签收单。通常情况下签收回单是作为结款的依据。

二、分类

根据签收回单的来源和返回方式，签收回单可分为四类，如图 4-1 所示。

原件签收　　网点签单

原件传签　　网点传签

图 4-1　签收回单分类

三、始发部门签收单操作

1. 签收单标准制作

（1）在制作签收单时必须要写上：代单号、目的站、收货人、收货人电话、签收单种类。如签收单种类为原件签收时，必须盖部门原件签收回单专用章，便于到达部门分类管理，便于辨认。

（2）在填开签收单时，系统将提示是否需要打印签收单信封，直接打印即可；对于有个性化要求的客户，必须在打印前填写好具体的个性化要求，确保到达部门清楚相关信息。

2. 签收单制作辅助措施

将签收单信息包括代单号、目的站、收货人、收货人电话、签收单种类、原件签收回单专用章（签收单种类是原件签单的）以及发货方的个性化要求（第 1 条标准）打印在一张白纸上，与签收单一并装入信封内。如出现签收单信封丢失时，仍然能够正确引导客户填写签收单，降低签收单不合格率。

3. 签收单交接

始发部门货物出港时，部门人员必须将签收单交接给司机，并让司机在单据交接单上签名确认，保证货单同行。

4. 签收单跟进与检查

每日对本部门发出货物的签收单进行跟踪（运单号、目的站、走货方式、客户资料、规定返回日期、实际返回日期等，及时与运作中心"签收回单"管理员核对返回情况），并做好相关记录，对逾时未返签收单进行督促返回。主要核实两项内容：一是核实签收回单原件及信封制作标准是否规范与合格；二是核实终端部门返回签收单的数量（应返与实返数量是否一致）及签收是否正常，并对签收单分类整理、妥善管理，做好相关记录工作。

四、运作中心签收单操作

1. 签收单交接

车辆进港运作中心后，司机将签收单交接给相关柜台人员并进行交接确认。

2. 签收单检查

（1）检查签收单制作是否合格，包括签收单信封上是否打印有代单号、目的站、收货人、收货人电话、签收单种类、个性化需求。

（2）开单有原件签单的，检查始发部门是否盖有部门原件签收回单专用章。

（3）如发现签收单制作不合格，将签收回单缺失信息进行补充，到合格为止，并及时将异常情况通过"异常信息"模块进行反馈。

3. 签收单分拨交接

根据货物目的站，对签收单进行分拨，保证货物出港时，货单同行。核对"签收回单"原件是否按规定操作（即原件"签收回单"随单同行），并与司机交接确认。

4. 签收单跟进催返

每日对已签收逾时未返和项目客户特殊返回时效要求的签收单进行催返并跟进返单情况。

5. 签收单的返回交接

签收单管理员对终端部门返回签收单进行交接确认。

6. 返回签收单的检查

（1）检查签收单返回数量是否正常，有遗漏在异常反馈时间内反馈给上一环节；

（2）签收单签收是否合格，不合格则返回重签；

（3）检查终端部门是否将已签收的签收单扫描图上传至 NIS 系统，且核实是否合格。

7. 返回营业部

对检查合格的签收单进行分拨返回，并做好交接。

8. 统计分析

统计当日签收单返回情况，将应返回票数、未及时返回票数、返回及时率、未返回明细表上报至时效管理部签收单管理员；对签收单扫描不合格的及时反馈异常，并做成表格上报至时效管理部签收单管理员备案。

五、终端部门签收单操作

1. 签收单交接

车辆到达终端部门后，司机必须将签收单交接给柜台人员进行交接确认。如该货需中转外发，外发时，终端部门需将货物签收单交接至外发公司，保证货单同行，并要求外发公司按照签收单信封上的要求引导收货方签收，并在规定时间内返回终端部门。

2. 签收单检查

终端部门柜台工作人员必须检查签收单信封制作是否合格，如不合格，应及时反馈异常信息至上一环节。

3. 签收单标准签收

送货或自提货的情况，在客户签收时，终端部门人员应引导客户按要求填写签收单。如是外请车送货，营业部务必对外请司机培训到位，按标准要求签收。

4. 签收单催返（中转外发）

签收单管理员每日对已签收逾时未返和项目客户特殊返回时效要求的签收单进行催返并跟进返单情况。

5. 签收单扫描

对已签收的签收单进行扫描上传 NIS 系统，如不合格必须配合始发部门进行重签或补签。

6. 整理返回

整理部门每天已签收的签收单，并在公司规定时间内返回至运作中心。

六、整车业务签收单操作

（1）对于公司所有整车业务，又有签收单返回要求的情况，如该整车经过公司自有网点时，签收回单返回责任由公司自有网点承担，返回时效与专线货物返回时效一致。

（2）对于公司所有整车业务，又有签收单返回要求的情况，如该整车不经过公司自有网点时，签收回单的返回责任由该整车业务司机承担；若该车辆为外请车辆，则由请车部承担，请车人员在请车时，必须将支付司机整车运费15％先行扣压，要求在签收后15天内，凭签收回单进行结算。

七、签收单操作的注意事项

（1）在制作原件签收单时必须要写上：代单号、目的站、收货人、收货人电话、原件签收回单专用章。方便到达部门对签收单进行分类，并便于辨认。

（2）对于有个性化要求的客户，必须在打印前填写好个性化要求，确保到达部门能清楚明了地看到相关的信息。

（3）到达部门必须按照系统内或者签收单信封上的注意事项正确引导客户在签收单上签名。

（4）原件签收单和网点签收单一律不得返回复印件，除非是开单部门备注要求返回复印件。

（5）一旦货物出现异常则客户会拒签签收单，送货员要尽量说服客户至少要签新邦出仓单，并写明异常签收、实际收货件数、异常情况；并将异常情况告知始发部门，由始发部门通知发货人进行处理。

（6）对于始发部门不能补单的，则征得始发部门同意返回出仓单或返回客户的收货凭条。

(7) 签收单返回有相应时效,列入营业部绩效考核。

(8) 各节点标准交接和检查是有效保证签收回单安全与合格的措施,上环节对签收回单的跟进是对下一节点的监督。

托运书管理

一、托运书的定义

托运书(Shippers Letter of Instruction)是托运人用于委托承运人或其代理人填开货运单的一种表单,表单上列有填制货运单所需各项内容,并应印有授权于承运人或其代理人代其在货运单上签字的文字说明。

二、制作规范要求

为了保证公司、部门利益,营业部门填写托运书一定要规范,营业部门可以参照表4-1填写,加以规范。

表4-1 制作规范要求

项 目	填写要求
托运人签字	托运书上方托运人一栏填写:①个人发货就填发货人名,如张三;②公司发货就填公司名,如广州国药集团;③个人代表公司发货就填公司名/个人名,如广州国药集团/张三。托运书下方托运人一栏填写:①个人发货就签个人全名及证件号码,如张三430726197401162011;②代理他人发货签发货人+代理人及代理人证件号码,如李四/张三430726197401162011;③公司发货要盖公司公章;④个人代表公司发货就签公司名称+个人全名及证件号码,如广州国药集团/张三430726197401162011
保险填写	①客户投保填写实际金额,如¥:2000.00或¥:2000;②客户不投保必须注明,如不保或NVD;③保险不得有涂改
始发站与目的站	始发站:填写发货部门所在城市名,如深圳 目的站:①发往直辖市填写直辖市名,如上海;②发往市或者县填写为××省××市(或者县),如河北省石家庄市
品名包装	①必须填写包装;②无包装填写裸
发货人与收货人资料填写(姓名、电话、详细地址)	包括:①发货人地址或电话号码;②收货人地址或电话,送货必须有详细送货地址
过磅人签字(规范)	接货人或过磅人用正楷字签自己名字的全称,并填写日期
单 号	开单员制单完毕后填写,如代单号12345678

续　表

项　目	填写要求
运输方式、提货方式、支付方式	包括：①储运事项必须明确；②打钩必须要正确，且不许涂改
空运身份证号码	空运必须核实发货人证件，并将号码填写在托运书上
过磅体积或重量填写	必须按照货物实际体积或重量填写

三、统一储存保管

各收运部门应把部门当月的托运书，按公司规定要求填写且整理保存好，于次月月底（每月 25 日前）将上月的托运书返回到品质管理中心时效管理部，并附每日托运书明细表。时效管理部每月须对各营业部门返回的托运书进行检查、整理（按部门或是月份为单位装箱）、登记、保管。保存期限一般为三年。

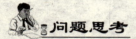 问题思考

1. 城际干线的定义？目前新邦物流有几个城际配送区域，具体内容分别是什么？
2. 你对省际干线车辆的时效管理有何建议？
3. 如何减少增派车辆的次数？

第二节　货物安全管理

故事分享

A 营业部收运一票开单品名为"汽车美容产品"的货物，此货正常走货到达终端，终端部门卸车反馈，货物为液体，内物泄漏，污染同车 6 票共 26 件货。收货部门在收到终端的异常反馈后，回复：此货不是液体，是汽车美容品。

收货部门收运知识匮乏，且未认真检查货物实际性质及状态，最终造成污染事件，导致部分被污染货物异常签收，客户索赔，给公司造成损失。如何避免货损货差呢？如何处理破损货物呢？

货损管理

一、货损的定义

货损指的是货物在承运过程中发生的损坏，包含货物破损、货物潮湿和货物污染三

大类型。

二、操作流程

货损操作流程如图4-2所示。

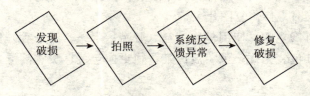

发现破损 → 拍照 → 系统反馈异常 → 修复破损

图4-2　货损管理流程

三、操作要求

1. 反馈异常

（1）公司NIS系统货损异常类型包括：货物破损、货物潮湿、外发破损、空运内部破损、航空公司破损、空运网点破损、客户拒收。

①货物破损：指的是内部汽运破损。

②货物潮湿：指的是内部汽运潮湿。

③外发破损：指的是在我公司与外发公司正常交接后产生的货损。

④空运内部破损：收运部门收货到货物与航空公司或空运外发公司单货交接完毕整个过程中出现的货损。

⑤航空公司破损：从航空公司与我公司单货交接完成到空运网点公司与航空公司单货交接完毕整个过程中出现的货损。

⑥空运网点破损：从空运网点与航空公司单货交接完成开始至客户签收整个过程中出现的货损。

⑦客户拒收：药品类货物到达终端部门后发现只是轻微变形而未反馈异常信息（严重破损的按货物破损反馈操作），但送至客户或客户开箱验货时发现内物药品破损、变形无法使用，导致客户退货的，反馈"客户拒收"。

（2）发现货损时，发现部门须对破损货物拍照〔所反馈的任何破损异常必须上传三张（单号、破损处、整体）或以上图片，多件破损必须码放在一起进行拍照上传，并保证图片清晰，破损图片上传至异常描述栏中〕，并在NIS系统及时正确反馈异常信息。

（3）对同一票货物，同一反馈部门不得进行重复反馈。

（4）在一个环节上发生的货损情况，不允许多个部门进行重复反馈；如实有客观原因（如系统问题）或破损件数达到10件以上的必须及时在NIS系统中备注，并知会相关品质管理部门进行备案处理。

（5）卸车发现货损的，反馈异常时必须选择上一环节为责任部门；卸车无异常，客户异常签收，已出险为目的需反馈异常的，终端部门反馈选择始发部门为责任部门，始发部门反馈选择终端部门为责任部门。

（6）外发破损异常，反馈原则为：谁发现谁反馈（终端部门反馈选择始发部门为责任部门，始发部门反馈选择终端部门为责任部门）。

2. 修复货损

（1）对于破损可修复的，必须在反馈异常信息后两小时内进行修复，并在 NIS 系统中录入处理结果，同时上传修复图片。

（2）货物破损可修复的，使用包装辅料（胶带、木条、钉子等）修复；内物破损不可修复的，需保证外包装完好；包装被污染，须更换包装；货物潮湿，风干或更换包装后走货。

四、控制货损需注意事项

1. 收运环节

（1）收运部门在收货时，必须严格检查包装是否适合安全运输，从源头控制货损产生。

（2）原则上不得承运包装不合格（包装变形、边角裂缝、潮湿、不合格的二手包装等）的货物；各部门可推荐客户更换包装，若客户坚持不更换包装的，则必须在开单时，注明货损情况，并填写为"包装不符合运输要求，保丢不保损"。

2. 操作环节

装卸货：严格按操作标准装卸堆码货物，严禁野蛮装卸，不得踢货、扔货、抛货。对于多地卸货车辆，到达部门卸完本部门的货后，必须对下一站货物进行整理（须将货物整平，坡度不得大于 30°）。

破损货物必须修复后再走货，未修复或修复不合格均不允许配载走货。

3. 终端环节

应在送货或客户上门提货之前，对破损货物修复完好。送货时，必须做好货物安全监督管控工作，保证货物安全送至客户处。

4. 各环节应注意

（1）运输工具保障。

①装车前，严格检查车厢内部 6S 情况，确保车厢清洁，无潮湿脏乱等情况。避免因车体问题而污染货物。

②检查车厢是否漏雨（敞篷车：检查篷布是否有破损、篷布遮挡是否严实；厢式车：检查顶部是否有裂缝、漏洞），做好防潮措施。

（2）破损货物必须修复后再走货，未修复或修复不合格均不允许配载走货。

破损修复

一、破损修复的定义

公司承运的货物，发现破损时，及时通过各种有效方法将破损货物进行修补、加以包装，恢复其原来状态。潮湿货物也在修复之列。

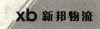

二、修复合格与不合格的判定标准

1. 不合格

（1）发现破损未修复，并装车走货、通知客户提货、安排送货的情况；

（2）反馈异常信息时未上传破损图片的和两小时内未上传修复图片（特殊原因无法上传图片的必须在反馈两小时内通知货物安全管理部备案）；

（3）包装破损内物完好、有备注无法修复的，未经货物安全管部鉴定是否实为无法修复，擅自安排走货的；

（4）未按文件在有效时间段内，在指定的位置上传三张以上破损图片及修复图片的；

（5）客户签收后未在系统上传签收单扫描图的。

2. 合格

（1）凡是在反馈货物破损异常信息后及时修复促使客户正常签收的；

（2）外包装完好，内物破损，到达部门无法辨别破损情况的；

（3）内物破损，无法矫正的（有包装的必须修复外包装，否则为不合格）；

（4）外包装轻微变形，无法恢复原状的（主要针对药品类客户签收严格）。

【实例】

A 营业部收运一票木箱包装机件，始发部门正常走货，B 运作部正常点到货物，间隔 14 小时后反馈："此货装车时发现两件外包装全部破损。"货物到达终端部门后，部门反馈运作部工作不到位，未修复破损木架，直接转到部门，造成木箱散架，货物内物破损严重。货物送到收货人处，客户拒收，且扣留送货车辆。到达部门晚上只好派人到现场守护货物直到第二天下午 5 点多，经过到达部门不懈努力与客户达成一致，客户才同意卸货、放车。

操作和运输过程中，难免因货物磕磕碰碰导致外包装破损，如果一个已经破损的包装没经过修复，直接转到下一环节，将会造成更多货物内物破损，此案例就是一个典型的例子。在运作部反馈仅有 2 件货物破损，但是，到达客户处已经破损 7 件。如果操作环节及时发现，并将破损的木架修复好，就避免了更多的内物破损，损失得也不会那么大。及时反馈破损异常，及时修复破损货物是一件小事情，但由于我们的疏忽、掉以轻心，才导致一件小事变成损失严重的大事。我们每一个人都有责任将货物安全送到客户手中，这需要每一环节的工作人员认真落实好本职工作，以高度的责任心执行规定，从公司整体利益出发。这样才能提高运作质量，提升公司品牌效应，从而避免公司损失，实现公司整体运作质量和市场品牌的提升。

货差管理

一、货差管理的定义

货差管理指货物在承运过程中所出现的货差情况，主要针对货差业务方面的管理与

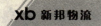

控制。

二、货差业务差错

常见的货差业务差错包括：交接不清、点数不清、标签差错、反馈错误、夹货串货、少装漏装、配载差错、归位错误、装车混乱、重复开单、作废单走货、开单差错。

三、发现货差

各运作部和营业部门发现开单件数、标签件数与实际走货（到达）件数不一致。

四、反馈异常

运作中心和营业部门发现货差之后第一时间在系统中反馈少货（多货）异常。货差异常信息反馈要求，异常描述中要有车牌号、交接单号、点数确认人员、卸车时间、卸车组长或卸货人名字。对于少货的异常，需注明"应到多少件，实到多少件及所少货物的尺寸"；夹货串货时，终端部门单票点到，并反馈异常信息。

五、货物查找

（1）清仓核实仓库是否有此货；

（2）对于当天开单的货核实，是否有可能出现标签差错的情况；

（3）检查制单，是否为重复开单、客户退货等情况；

（4）与发货人核实货物的外包装；

（5）与客户核实此货的实际走货件数；

（6）联系其他线路终端核实，有无串货的可能。

六、仓库管理

1. 营业部门

仓库必须有明确的标志牌，出港货物与到达货物必须分开整齐码放，如由于仓库面积太小，临时需要将货物放置仓库之外的，必须使用安全网等措施把货物捆绑套牢，安排人员看守，预防货物被盗；各部门需设置"异常货物操作区"，对所有异常货物应放置在该区域内。

2. 运作中心

运作中心仓库必须有明确的标志牌，货物必须按目的站整齐码放在相应的库区之内，如对应的库区码放的货物已满，需要临时码放在其他库区或异形货物不能归位到对应的库区，在货物的临时码放处必须设立临时标志牌，并由卸货人员告知当班负责人。

七、清仓作业

（1）各营业部门（纯收运部门除外）、各运作部必须在规定的时间对在库货物进行手工清仓盘点，盘点后把数据按以下途径 NIS 配载系统—仓库盘点录入—仓库清点录入到系统中，并保存清仓记录表格。

（2）清仓时若遇到无标签货物，必须对无标签货物进行多角度拍照，并把图片按以下途径 NIS 配载系统—仓库盘点录入—无标签货物上传。由专人跟进处理。

八、无标签货物处理

各部门在卸车或清仓，遇到无标签货物时，根据货物的外包装信息及交接单上等相关信息：

（1）能够明确单号的，必须补贴标签后安排走货。

（2）无法明确单号的货物，必须对该货物进行多角度拍照，将图片上传至："NIS 配载系统—仓库盘点录入—无标签货物"，注明货物的来源、尺寸、规格、内物等相关信息，由专人跟进处理，并保持跟进记录。如一周后无法核实确认，由反馈部门返货至上一环节（不知道上一环节为哪个部门的，货物暂放仓库）。如一个月后仍无法核实确认，则由反馈部门按异常货物处理。

九、现场找货

现场找货流程如图 4-3 所示。

单位名称	×××××		流程名称	现场找货流程	
层次	3		任务概要	现场查找丢失的货物	
单位	上下两个环节部门	货差发现部门	督导部门		相应人员
节点	A	B	C		D
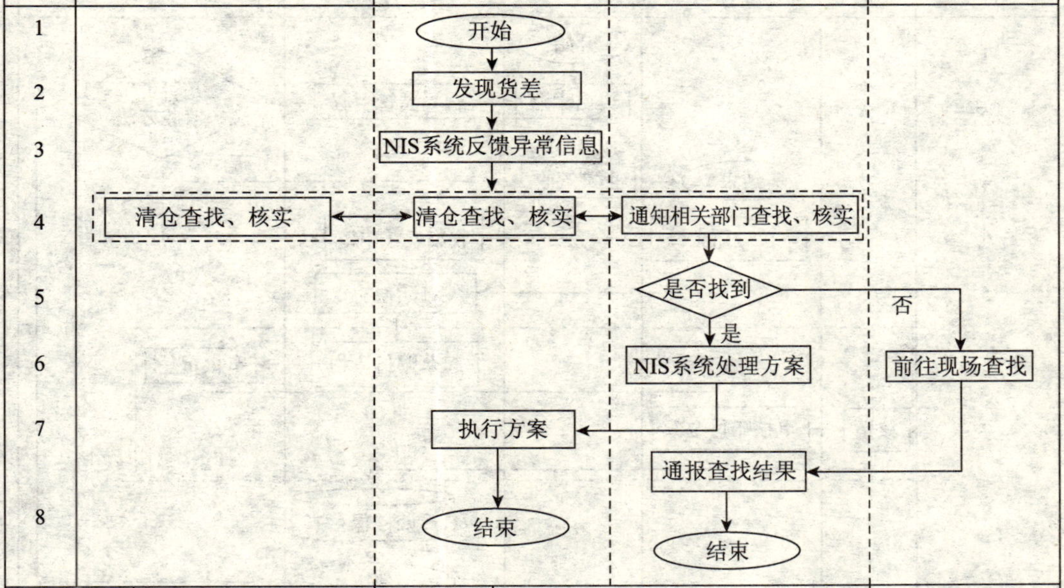 1		开始			
2		发现货差			
3		NIS系统反馈异常信息			
4	清仓查找、核实	清仓查找、核实	通知相关部门查找、核实		
5			是否找到　否		
6			是　NIS系统处理方案	前往现场查找	
7		执行方案		通报查找结果	
8		结束	结束		
公司名称	广东新邦物流有限公司	密级		共1页　第1页	
编制单位		编制人	签发日期	2010-4-26	
审核		批准	文件版本	V1.0	

图 4-3　现场找货流程

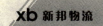

十、货物出险

运作部和营业部门反馈货差异常，经多方查找均无结果，货物安全管理部将根据客户实际签收情况进行货差出险。具体条件如下：

（1）普通货物在反馈异常 5 天之后未能找回；

（2）航空丢货、贵重货物在反馈异常 2 天之后未能找回。

十一、快速处理内部丢货的小额赔款

1. 小额赔款的条件

（1）由于公司内部操作原因导致的丢货情况（或 10 天未找到者）。

（2）客户索赔金额在 500 元以下（含 500 元）。

（3）由货物安全管理部判断并决定是否可采取此方式进行操作。

（4）责任部门奖金承担 100％所赔偿的经济损失，如部门能明确责任人，由责任人（超额部分可分月累计承担）和责任部门奖金各承担 50％。

2. 小额赔款的操作流程

小额赔款的具体操作流程如图 4-4 所示。

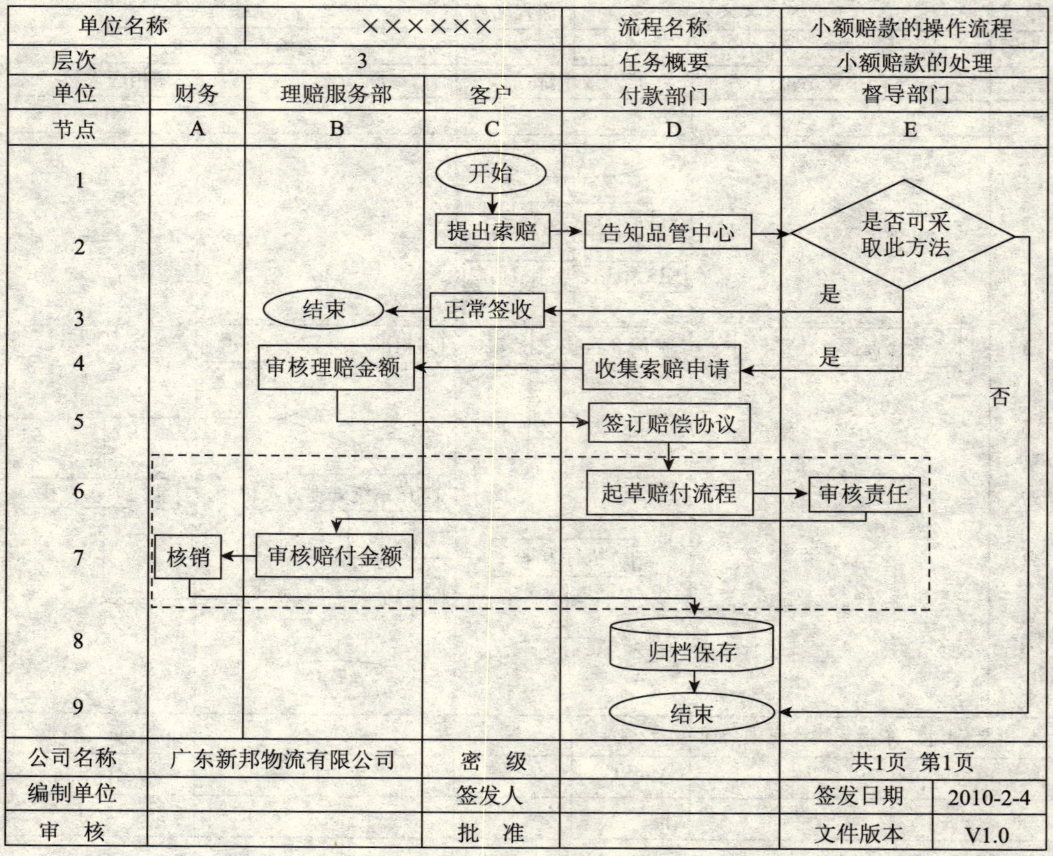

单位名称		××××××		流程名称	小额赔款的操作流程
层次		3		任务概要	小额赔款的处理
单位	财务	理赔服务部	客户	付款部门	督导部门
节点	A	B	C	D	E
1			开始		
2		提出索赔		告知品管中心	是否可采取此方法
3		结束	正常签收		是
4		审核理赔金额		收集索赔申请	是
5				签订赔偿协议	
6				起草赔付流程	审核责任
7	核销	审核赔付金额			否
8				归档保存	
9				结束	
公司名称	广东新邦物流有限公司		密 级		共1页 第1页
编制单位			签发人		签发日期　2010-2-4
审 核			批 准		文件版本　V1.0

图 4-4 小额赔款的操作流程

问题思考

1. 控制货损的关键环节有哪些？
2. 当发现货差时，我们应该怎么做？

第三节　异常业务管理

故事分享

一位新员工刚刚毕业，第一份工作则为新邦物流营业员。当时他很疑惑，公司的网点遍布得如此之大，如果货物之间产生问题，怎么才能让相关的部门最快地知道这个信息，难道是打电话？成本很高，不可能。于是，他非常诚恳地向部门的老员工请教。

营业员：师傅，您好！我想了解部门的货物产生了异常是怎么通知其他部门的？

师傅：这还不简单，NIS 为你解决一切难题。

营业员：NIS？是什么？是专门处理异常的吗？

师傅：NIS 是公司的办公系统。NIS 的功能非常大，异常信息只是 NIS 中的一小部分呢。我们都是通过异常信息来通知各个部门的。

营业员：哇，那么先进啊？那是不是跟 QQ 差不多呀？

师傅：嘿，QQ 算啥？我们的异常信息系统时效比 QQ 的快多了。QQ 如果当时没人在线，是没办法回复的。但是只要我们在 NIS 异常信息栏录入所要表达的信息，则无论有没人在线，都得无理由在 30 分钟内回复我们。嘻嘻！除非是电力、网络故障！

该师傅说完还很自豪地理理被风吹乱的头发。该新来营业员听得好激动："哇，比 QQ 还先进，时效还更快，这个世界好神奇！"

营业员：师傅，那是不是只要货物有异常，我就可以反馈啊？

师傅：是的，只要你接手到这个货物，发现有异常，无论是客户造成的原因，还是我们造成的原因都必须在部门交接点到的时间起 4 小时内反馈，则视为我们这是正常反馈，但是如果延误反馈了，则为我们的责任。

营业员：嗯，大概知道怎么回事了？那我可以随便反馈啰！

师傅：万万使不得！反馈异常也是要有规范的，异常类型和责任部门都要正确选择。

营业员：啊？这个也要有规范啊？那不是好多要学习的，师傅，你能不能教我啊？

师傅：教会你是我的义务。你先仔细了解一下"异常信息处理的规范文件"。到时我再给你细细讲解。

营业员：好，谢谢师傅的教导，我会努力学习的！

那么如何进行异常信息反馈呢？

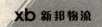

异常业务管理

一、异常业务的定义

异常是相对正常而言的，在物流行业中异常业务是指在货物操作过程中，出现不正常情况的统称。主要包括异常信息、业务差错、异常到付、异常货物、送货费异常五项。

二、异常信息处理

因操作问题导致货物当前状态与原状态发生差异，或与公司的文件规定相违背，通过上传 NIS 系统的信息简称为"异常信息"。异常信息分为三大块：异常信息反馈、异常信息回复、异常信息处理结果。

1. 异常信息专员职责

（1）反馈部门异常信息处理专员

①自货物点到 4 小时内反馈异常信息。保证异常信息的及时性。

②反馈后的异常信息，必须及时跟进。在 24 小时内录入最终的处理结果。

③如责任部门无任何回复、处理等意见，可直接投诉至品质管理中心异常信息处理专员处。

④自纠自查，固定上班下班前各检查一次，查漏补缺。

注意事项：

①反馈的异常信息内容务必真实、清晰、一目了然。

②反馈不同异常类型需上传相关图片。

（2）责任部门异常信息处理专员

①在收到异常信息 30 分钟内进行有效的回复。保持异常信息的及时性、针对性、有效性。

②及时跟进反馈部门的处理结果。

③自纠自查。固定上班下班前各检查一次，查漏补缺。

注意事项：

①回复内容必须针对异常内容进行回复，避免啰唆。

②禁止敷衍性文字。如 30 分钟内无法取得有效的处理方法，则必须备注需要处理的时间，最长不能超过 2 小时。

③责任部门遇电力、系统等故障，则立即向 IT 部备案，并电话处理异常内容。

（3）品质管理中心异常信息处理专员

①对各部门反馈的异常信息进行核查，负责监督落实异常信息反馈的及时性、准确性及规范性。

②对没按品质管理中心出具的有效意见及时处理问题的，或故意拖延时间回复的，相关部门或责任人要受到处罚。

③催促责任部门及时处理异常。同时，在对异常进行分析的基础上，参考责任部门处理意见，作出具体的处理方案，并督促反馈部门落实执行。

④异常信息汇总统计，制作相关报表，提交分析报告。

⑤制定标准反馈信息和回复信息规范用语，提高处理时效和质量。

2. 异常信息规范要求

为了提高公司运作质量，减少异常，提高客户满意度，各部门务必参照表4-2对待异常信息。

表4-2 异常信息填写规范要求

类　型	异常信息填写规范要求
异常信息反馈	根据异常的实际情况进行描述，并阐述所发生异常的时间、地点、事件、缘由、结果
异常信息回复	禁写"知悉"、"知晓"、"收到"、"待查"、"谢谢"、"查询中"、"处理中"、"联系中"、"核实中"等之类字词。对于当天内不能有效处理的异常，必须标明具体有效处理时间
异常信息处理结果	货物潮湿破损的处理结果在责任部门出具意见后30分钟内必须录入反馈部门处理结果。少货的需要延迟3天，其他类型则需要在24小时内处理完毕

（1）反馈部门反馈异常在部门点到起的4小时内为正常反馈。

（2）反馈部门录入处理结果除货物破损为1小时内、少货异常3天内，其他异常处理意见必须在24小时内完成。

（3）责任部门回复意见为30分钟内。

（4）30分钟内无法及时回复，需要备注处理时间，最长延至2小时内回复有效信息。

三、业务差错管理

由于公司内部操作原因导致货物异常，由此进行相关的奖罚称为业务差错。业务差错包括包装不合格、制单差错、标签差错、进港异常、签收单异常、超重超方、其他七大类型。

1. 业务差错防治专员

（1）营业部门业务差错防治专员

设置防治专员目的主要是为了预防差错，加强内防，加快货物时效，达到最快、最准、最好。职责主要包括：

①每日对所填开的代单进行全面检查，并记录。

②填写好制单日检查表，存档备案。

③每日对预配装车单进行全面检查，并签名确认。

（2）品质管理中心业务差错防治专员

①负责收集统计公司各营业部门或运作中心每日出现的业务差错（含系统反馈和举

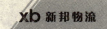

报），对各种差错（包含进出港异常和制单差错）进行汇总分类。

②负责对业务差错相关责任人进行考核，达到教育纠正的效果；提高运作质量，提高客户满意度。

③受理业务差错举报，对被举报的事实进行核实，同时执行奖罚，及时通知被罚款人，在公司范围形成有效、良好的监督检举制度。

2. 防治差错技巧

异常业务差错属于公司内部导致的差错，是可控因素。防治技巧如表 4-3 所示。

表 4-3　　　　　　　　　　　　　　　异常业务差错防治技巧

差错类型	防治技巧
包装不合格	①禁止收运包装不合格货物，须更改包装，后走货，以防止货物破损；②开单前仔细检查托运书与实际的货物包装；③开单包装务必详细至件数。如 12 纸 4 木 4 膜
制单差错	目的站填写原则：×市、××省＋××市、××省＋××区、×省＋×市＋转×市/×省＋×市＋转×县/×市＋转×区、××省××市/××省××县、×市、××市＋转/市
	大票提货点：由开单员根据公司操作性质选择正确的大票提货点。如客户地址不详细，务必与客户仔细核对，或直接与收货人核实，以免发错地址，导致延误客户时效
	其他信息填写： ①防止收货方联系方式、名称等填写不正确。如"美宝"、"李先生"、"张小姐"、"李R"、"张S"等都是不正确的填写方法。一定要详细填写姓名，避免客户误收！②防止收货方地址填写不详细：填开地址要详细到××市××区××镇××路××号，务必要求明细化
进港异常	①装一票登记一票；②制作交接单；③检查交接单与预配单是否相符；④清仓检查；⑤发车前，营业部门加一次性锁确认，并由司机签字后发车
签收单异常	①营业部柜台将交接单与单据置放一起，在与司机交接单时，不要遗忘单据。②由司机核对无误后，签名确认。柜台将所有单据与交接单一同放进纤袋，用新邦胶带包扎好，交由司机带走。③交接前，单据与交接单核对；避免货单混乱，以保证客户的货单安全
超重超方	重量与方数务必与实际的货物相符合。如果是客户填写的重量或方数，开单员开单前先对货物进行核实，确认后方可开单
标签差错	开单员先核实交接本，后开单。如托运书与标签产生差异，又无法更改标签，务必及时与交接环节联系处理，保时保质

四、异常到付款

货物开单付款方式为到付，到达目的站网点 7 天后客户以各种理由不收货导致到付

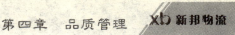

款未能收回称为异常到付款。

1. 异常到付款处理要求

（1）到付款因异常造成到付款只回收部分款项，差额部分必须起草工作流核销；

（2）将已经收到的款项交部门出纳统一保管；

（3）待异常到付款核销后由出纳统一上缴总部财务。

2. 到付款清理及时效操作要求

（1）已经录入签收无异常到付款要求在录入签收 1 天内收银确认。

（2）货物进港点到 7 天以上未签收，进港部门应该及时与出港部门联系处理，出港部门必须在 3 天内出具处理意见，进出港部门对处理过程必须在系统中备注。

（3）外发到付款回款要求：本月进港点到外发到付款务必在次月 10 日前对当月进港点到到付款（包含外发到付款），必须无条件在次月完全回收款项。如 7 月进港点到外发到付款，务必要在 8 月回收款项。

【实例】

广州 A 营业部于 2010 年 4 月 5 日进港点到货物，单号是 12345678。

营业员：您好，请问是刘先生吗？我这里是新邦物流，有您从上海发过来的一件货已到达广州，运费 350 元，请您带本人身份证过来提货好吗，地址在××区××镇 15 号！

客户：我现在没时间提货，需要放置一段时间？可以吗？

营业员：没问题，但我公司只能免费保存 7 天，7 天以后会收取仓储费！

客户：请问仓储费具体怎么收取？

营业员：您好，我公司的仓储费是按货物方数收取！

客户：那好吧，我有时间会尽快去提货的。

营业员：刘先生，您好，如果通知您提货起 30 天内还未来提货，我公司会将此货返回至发货人处，请您尽快抽时间提货！

客户：好的。

营业员：谢谢！

通过上述案例，你应该知道怎么通知到付款的客户尽快来提货了吧。货物进港 30 天内，客户拒收，怎么处理？请看下文。

五、异常货物

异常货物是指自托运之日起 30 天内未签收的货物；品质管理中心界定的无标签的货物；标签或是单号相对应的营业部明确货物不属于其部门的货物；已和托运人签订赔款协议，已赔款，货物所有权明确归我公司所有的；香烟、电池、液体等违禁品和危险品。

（1）进港部门所在部门必须按时间提交异常货物处理工作流。

（2）进港部门按异常货物处理工作流审批意见处理异常货物。

（3）出港部门提供"弃货证明""托运书"及相应的材料。

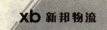

六、送货费异常

收运部门未按标准填开上楼费、送货费、叉车费、卸货费等导致费用异常的统称送货费异常。

1. 送货费异常的操作要求

（1）凡送货费用有异常的，到达部门必须在产生费用前反馈异常信息通知收运部门。

（2）收运部门必须在异常信息发出 30 分钟内起草"更改申请"补相关费用。

2. 注意事项

（1）到达部门可以通过"汽运补收费用申请"工作流申请收运部门补足送货费差额。

（2）送货费用工作流适用于公司所有营业网点的自提与配送操作。

（3）如需专车派送，但派送部门未安排专车的，不能收取专车费。如属专车派送的，不得再收取特殊区域的费用（专车费为实际产生的费用）。

（4）自提改派送的，按公司正常派送范围及派送时效派送，不得另加收专车费。

（5）单票货物在录特殊区域、进仓、超市等送货费用时必须在"财务系统"中"用车费用管理"内单独录单。

（6）货物既超重又超长需要送货上门的，双重收费。

问题思考

1. 如果客户要求请人卸货，卸货费用由谁承担，如何操作？

2. 货物破损异常应当如何操作？

3. 业务差错有几种类型，怎样才能有效减少业务差错？

第四节　现场督导

故事分享

单号：12345678，收运部门：A 营业部，品名：卡机，件数：2 件，重量：580 千克，体积：5.25 立方米，体积描述：23.0cm×260.0cm×801.0cm×1，38.0cm×47.0cm×260.0cm×1，目的站：B 营业部。7 月 19 日 17：53 广州运作部进港点到，由于此票货物其中一件长 8 米，高 2.6 米，宽 0.23 米，重量约 500 千克，也未按要求粘贴重货、重心标签。因货物超长超高，机动叉车无法操作，只能进行人工操作，天津库区无法卸下此货，广州运作部卸车组动用 3 个组近 20 人才将此货卸到大连库区，经与天津到达部门沟通，无法操作此货，品质管理中心决定，对该票货物进行退货处理，并追究相应人员的责任。

A 营业部收运超大超长货物前未与任何相关部门沟通是否可以操作，将货物直接进港广州运作部，给配载、装卸、库区货物码放带来极大不便，货物安全、人员安全存在较大安全隐患。

督导的定义及职能

一、督导的定义

督导是指在不影响他人工作的位置，对作业者操作过程予以监视及指导，以促使品质要求得到满足的过程。

二、督导职能

督导有多种表现形式，但其工作内容都是围绕主要活动展开的，起辅助作用。目前，我公司督导项目主要有以下几个方面：

（1）货物收运管理；

（2）货物标签管理；

（3）货物装卸管理；

（4）中转外发管理。

货物收运管理

一、普通货物的收运管理

根据公司的运作特色，普通货物指的是方体规则且属公司的经营范围内的，表现为正方体或长方体（特殊货物除外，如布条等）。

二、限运货物的收运管理

（1）活体动植物（或动植物制品）——需动植物检疫站颁发的动植物检疫证书。

（2）麻醉药品——需卫生部药政管理局发的麻醉品运输凭证。

（3）音像制品——需省社会文化管理委员会办公室发的音像制品运输传递证明。

（4）粉状物品——需出产厂家的物品性质证明。

（5）海鲜——不同地方需要不同的海鲜包装箱。南航和白云机场分别要用其指定的专用箱，单用泡沫箱不能装机，需外加纸箱并打包带。

（6）玻璃必须订封闭木箱，打三角架。

三、特殊货物收运管理

根据公司运作能力，为避免因操作不规范造成不必要的损失，对部分需要特殊操作的货物制定规定，如家具、旧机器、铝材、蔬果、鲜活动植物体、易污染及液体货物（药品除外）、LED产品、大件货物（单件体积超过3立方米的）、超长超高货物等。

四、违禁品和危险品的收运管理

鉴于目前国家政府的相关规定，严厉打击非法运输香烟、光碟、枪支弹药、管制刀具等行为，经公司研究决定，对香烟、光碟等违禁品和危险品禁止承运（如表4-4所示），降低公司经营风险。

表 4-4　　　　　　　　　　　空运及汽运禁运货物

禁运类别	禁运类货物品名
类别一：易燃易爆类	赛璐珞、化学原料、蓄电池、电瓶、打火机、氧化剂、磷、火柴、硝纤象牙、硫黄、活性炭、硫化钠、金属催化剂、钙、碳化物、镁、钡、碱土金属合金、碘、乒乓球、化学氧气发生器、过氧化水素水、盐素酸盐类、硫酸氨肥料、酮、醇氧化物（树脂或封印催化剂）、煤气瓶、压缩汽体液体、导火索、炸药、烟花爆竹、放烟筒、爆发钉、雷管、发令纸、气雾剂、瓦斯气瓶、引火性烟雾气消化器、压缩酸素冷冻用瓦斯类、深冷液化瓦斯（RCL）等
类别二：液体类	胶水（腐蚀或易燃）、酒精（甲醇及乙醇）、鸡眼水、乳胶漆、锈水、油墨、染料（易燃）、天那水、涂料（易燃易爆）、易燃油漆、嗜喱水（液压）、汽油、摩丝、喷油、喷雪、强酸、强碱、农药、印刷墨、灯油、黏合剂、双氧水、液体氨以及一切不明液体等
类别三：违禁类	烟草类、音像制品（光碟等）、疫苗、管制刀具、干冰、赌具、现金、银行卡、金银、钻石、玉器、珠宝及贵重首饰、有价证券、名字画、玩具（仿军火类）、毒品、砒霜、水银等。蛇、鳄鱼及其他活体动物
类别四：不明物品类	不明粉剂（白色粉末）等
类别五：空运禁运类	以上四种类别的物品都不能收，此外还有香料、香精、香水等一切液体类，榴莲、石棉、气囊、气压泵、潜水泵、砖头、音响、干电池、蓄电池、不间断电源、磁性材料、具有麻醉、毒害等能造成飞行人员或驾驶人员情绪烦躁或不适，影响飞行任务的正确执行或影响驾驶人员的物品

　　除以上标出的品名货物外，贴有以下标志的货物也不能收取，如图 4-5 所示。

图 4-5　禁运货物标志

五、收运的包装要求

对于客户原有包装，发现不合格的情况，一定要让客户重新加合理的包装，包装过程中应以客户产品的合理包装为宗旨，首要考虑包装要牢固，保证客户托运货物的安全。

货物标签管理

一、标签制作

1. 电脑标签的制作

除特殊情况以外，货物标签的制作必须用电脑打印，打印的标签张数必须与运单上实开货物件数相符合。一件货物一张标签。再按标签上显示的顺序在电脑里调好格式，一一对应，在 NIS 系统里，选择"开单系统"，再选"标签打印"，最后选"条码标签"，输入代单号后点击查找或者按回车键，再点"打印"。

2. 手工标签的制作

原则上货物标签不允许手工制作，只有当停电、网络故障等原因导致不能打印标签时，才可以手工制作标签，具体要求如表 4-5 所示。

表 4-5　　　　　　　　　　手工标签制作要求

项　目	要　求	示　例
运单号	根据运单号填写 8 位阿拉伯数字的新邦物流货物运单号，货物运单号必须跟"NIS"系统内的资料相对应	00340765
件　数	填写货物的实际件数，必须和货运单上件数一致。货物件数必须用阿拉伯数字来表示，而且必须是自然数，不得出现小数点	1
始发站	与 NIS 系统开单填写内容一致，即填写部门名称	广州东平营业部
目的站	空运直接填写目的站名称；专线填写到达部门名称；专线中转填写省市和中转城市；偏线填写省份和城市	空运：杭州 专线：广州天河营业部 专线中转：山东济南转泰安 偏线：新疆乌鲁木齐
收货人	收货人名字必须与货运单上一致，要用真实姓名，全名填写	李英良

注：手写标签，在 NIS 开单时需将条码录入系统的"条码编号"处。

3. 小技巧

如条码为连续相连，则将此票货物的第一个条码和最后一个条码录入用"—"号相连即可，如一票为 10 件的货物条码录入为"529764—529773"。若不连续的条码，可用逗号隔开单独录入。如"529764，529766－529774"。

二、标签粘贴方法

以货物标志正确摆放的前提下，将标签张贴在货物的最小侧面，不得覆盖到货物包装的标志，粘贴时必须抚平标签表面，以免出现皱纹、折叠等现象，影响巴枪扫描。如以下几种情况：

1. 纸箱包装货物的标签粘贴方法

（1）无包装带和单条包装带的纸箱货物必须贴于纸箱的右上角，如图4-6所示。

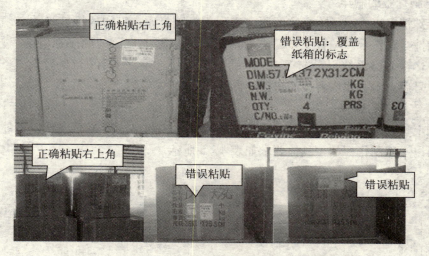

图4-6　无包装带和单条包装带的纸箱货物标签粘贴方法

（2）两条包装带的纸箱货物标签必须粘贴于侧面的中上区域，如图4-7所示。

图4-7　两条包装带的纸箱货物标签粘贴方法

2. 圆筒状货物的标签粘贴方法

（1）对于长条圆柱体的管状货物标签应贴在货物两端任一末端的外部，并且应顺着柱体长度方向粘贴，布条标签应顺着长度方向贴在侧面并靠近横截面，标签下面缠绕一层透明胶，如图4-8所示。

（2）对于桶状货物的标签应顺着桶体的高度方向粘贴以便扫描，如图4-9所示。

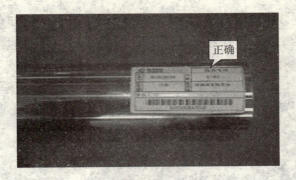

图4-8 长条圆柱体的管状货物标签粘贴方法

图4-9 桶状货物的标签粘贴方法

3. 编织袋货物的标签粘贴方法

（1）编织袋包装货物应使用挂签并在袋上面用大头笔写上单号，挂签应挂于货物正确摆放时袋口上端封口的中间，如图4-10所示。

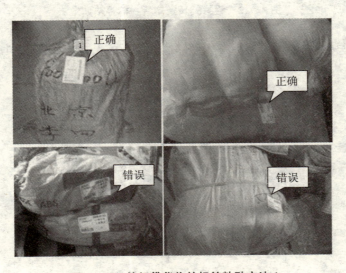

图4-10 编织袋货物的标签粘贴方法1

（2）对于方体且规则的编织袋货物，如四周有封胶带的，在正确摆放的情况下标签可贴于侧面最小面积上面，但要方便扫描，不得给包装带覆盖，如图 4 - 11 所示。

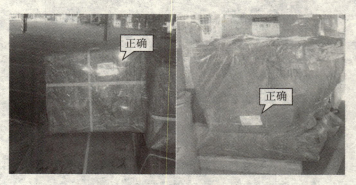

图 4 - 11　编织袋货物的标签粘贴方法 2

4. 对于长条体货物（如铝材）标签粘贴方法

（1）铝材类长条体货物的标签应粘贴在货物最长的侧面上并靠近横截面，如图 4 - 12 所示。

图 4 - 12　铝材类长条体货物标签粘贴方法

（2）对于门类货物的标签应粘贴在正确摆放侧面的上方，如图 4 - 13 所示。

图 4 - 13　门类货物标签的粘贴方法

（3）对于捆状类货物（如纸箱）的标签应粘贴于纸箱的上方（即俯视面）且标签不得被包装带覆盖，如图4-14所示。

图4-14　捆状类货物（如纸箱）标签粘贴方法

5. 对于木架类货物标签粘贴方法

对木架货物，标签可贴在木架里侧的纸箱，但纸箱必须是紧贴木架，空间至少能容纳一整张标签。对于贴在木板上的标签，为防止脱落可用胶带粘贴或用钉书机在标签的空白处钉牢，前提必须遵守方便扫描的原则，如图4-15所示。

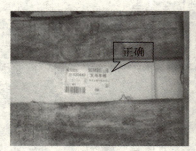

图4-15　木架类货物标签粘贴方法

6. 标签的粘贴原则

原则上一件货物只能贴有一张标签（返货的标签粘贴按原制度执行和特殊情况例外），标签粘贴位置不得有误和倒贴、歪贴、折叠粘贴或粘贴不规范出现大量皱纹（影响扫描）。

货物装卸管理

一、装车基本原则

（1）货单一致，交接单必须与车上货物一致，做到对单装车，货物、交接走货信息清晰明了。

（2）预装。装车前要预先对货物的形状、大小、体积、重量、包装做好装车预装方案，做到"心中有货"。

（3）货物空间紧密。所装货物必须紧密整齐，无明显影响货物移位的空隙。

（4）一般重轻搭配原则。一般要求：重货打底，泡货在上；木架在下，纸箱在上；重纤在下，纸箱在上；重纸在下，轻纸在上；硬纸在下，软纸在上。对于较特殊的货物，要根据实际货物的轻重、包装承受力、包装类型、货物属性合理搭配装车。

（5）大小原则。同种属性（重量）货物，大不能压小。

（6）标志原则。货物包装有明显重要标志的，要严格按照标志操作，保护好货物的安全；严格按照指示箭头装车。

（7）特殊属性货物装车原则。一些特殊货物，如门板、玻璃门、大理石、屏风、展柜、展架等不能倒、侧放，要充分考虑到货物的属性安全。

（8）异形货物装车原则。有棱有角、奇形异状等不规则货物，必须预先做好装车防护措施，不能裸装。如打木架、用隔板。

（9）异味货物装车原则。原则上不能装载，但如果可以采取措施防止异味传播的，需使用薄膜隔离、纤袋隔离、全封闭箱等防止异味传播，方可装车，否则不能装车。

（10）特重、特大件原则。特大、特重的货物，装在车尾部，方便卸车。

（11）码放支撑点和支撑力原则。装车时，上面的货物尽量要整齐码放在下面货物支撑点最硬、支撑力最大处。如木架四角处、板与板间固定结点处等支撑力比较大，上面货物的压力点就应该码在底下木架的四角处或固定结点上。

（12）踩货装车原则。在有需要踩在货上码高时，操作员不能脚踩货物中间部分，只能踩在受力最大的包装四角上。

（13）原则上同一票货必须装在一起（特殊情况例外，如因货物轻重原因等）。

二、一般货物装车要求、要点

1. 铝材

铝材的包装一般有纸皮、膜、纤袋包装，常见长度一般5～6米，特性易变形。铝材装车要求：

（1）装车时应先在车厢内壁竖放一块木板隔离铝材与车厢碰撞，再把铝材装在车厢的旁边，避免行驶路途中碰撞车厢壁而刮花。

（2）不同长度铝材装车要分开，长度一致装一起，底下先装长度长的，后装短的，避免长短不一致，铝材接触面段被压弯压变形。

（3）铝材装车应该平放打底，上面以装纸箱和纤袋包装货物为主，不能放木箱、托盘和其他重货。

（4）装车时应该由两人平抬铝材的两头轻放到车厢。

2. 玻璃门、屏风、大理石、玻璃等

这种货物属于易碎品类，并且包装大多不符合运输标准，常用不合格的纸箱来包装。玻璃门、屏风、大理石、玻璃等装车要求：

（1）这类货物装车时应该平稳竖放（不能平放）在车厢内壁上。如有不同高度的货，高度相近的装一起，以旁边车厢壁做参照，从里往外，货物依次从高到低紧密、整齐装车。

（2）装好这类货后，旁边应该以装布条、纸箱为佳（切记不能用不规则的货物来顶），紧密地顶住这类货，防止松动而产生货物之间碰撞。

（3）这类易碎货上面必须装轻的纸箱、纤袋包装的泡货。

（4）装车时这类货要由两人轻抬轻放到车厢边。

（5）有指示箭头的必须按向上箭头装车。

3. 展柜、展架类

展柜的包装一般是由较轻较薄的单面板组装成的全封闭箱，四边由杉木定固，是由气枪钉钉打，不稳固；属于易碎类物品，中间部位承受力低。展柜、展架类装车要求：

（1）展柜装车时尽量同种货叠在一起，以 2 层为佳，最多不超 3 层。

（2）展柜之间四角边要对齐，上面展柜四角不能压在下面展柜的中间部位和杉木中间。

（3）展柜不能平放，要按向上箭头或文字方向向上装车。

（4）展柜上面必须装轻泡货，不能码重货，有条件的在展柜中间部位加放几条木板、木条，避免其他货直接接触展柜中间的薄弱部位，而压破裂。

（5）装车时不能脚踩在展柜的中间部位，只能踩在四角上。

4. 药品

包装为纸箱，分液体药品和颗粒、片固体药品。包装质量一般很好。药品装车要求：

（1）药品不能倒置、侧立装车。

（2）必须平稳平放，不能装在不平稳的货物上。

（3）包装质量好、较重的药品可以平放打底，层数不超 5 层或高度不超 1.3 米，上面不能码放木架、木托、木箱等较重的货，只能搭配一些轻泡的纸箱、纤袋货；旁边不能装不规则的货。

（4）包装质量不好、包装受过潮的药品，不能打底，只能放在其他平稳的货上。

（5）药品类货物必须与液体泡沫包装隔开装车。

5. 布匹、皮革等纺织品类

这种货物包装以薄膜和纤袋为主，包装易破损，怕脏，外形圆柱体。布匹、皮革等纺织品类装车要求：

（1）装车时必须用两手相反托住环抱货物来码放，不能采用十指抓、提薄膜的不当操作。

（2）不能与有凸出、棱角的异形包装装在一起。

（3）必须与易污染的货物隔开分装，如粉末、液状货物、药品、化工用品等。

6. 化妆品

包装为纸箱包装，品种、规格多样，体积较小，怕挤压。化妆品装车要求：

（1）不能重压，尽量码放在其他重货上面。

（2）化妆品不能倒置、侧放装车。

（3）如是大票货物，包装质量好的，可以从下到上全部码放到车顶。

7. 机器设备、精密仪器类

包装一般为木架、全封闭木箱、半封闭木箱、托包装，属于重货类，货物价值高，

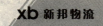

包装质量要求高。机器设备、精密仪器类装车要求：

（1）装卸时不能翻转、倾倒、倒置货物。

（2）只能作为重货打底，不能压在其他纸箱、纤袋等包装货物上。

（3）叉车操作此类货物时，货物长度小于1.3米，机动叉车的货叉终端必须平齐货物的尽头，不能露、缩头，避免叉坏货物底端或碰损其他货物。

（4）不能用叉车的货叉直接推货，如货重无法移动，要借助叉车推时，必须用隔离板隔开再推。

8. 地毯类

包装一般为纤袋包装，纤袋易磨损，不怕压，属于重货。地毯类装车要求：

（1）地毯只能作为重货打底，不能压在其他货上。

（2）叉车不能直接从地毯底下叉过去，只能由人力采取滚动的方式把地毯滚到叉车的货叉上。

（3）地毯因不平整，不能直接在上面码放易碎品和药品，为便于操作，也不能在上面码放机器、电器。最好上面搭配五金、配件类。

9. 食品类

包装一般为纸箱包装，体积小，包装质量不太好。食品类装车要求：

（1）食品类中的饼干、糖、袋装咖啡、袋装调料等较轻，怕压，一般装在最上面，不能打底。

（2）食品类中内物为瓶罐装的、重量较重的，如饮料、调料等，装车时不能打底，但重量又不太轻，一般装在中间，如木架、木箱和一些配件重货上，再在上面适当搭配一些泡货。

（3）食品货物要与其他化工类、异味类货物分装。

10. PVC胶

包装一般为薄膜包装，易刮破，圆柱体形，属于重货类。PVC胶装车要求：

（1）装车时应该由两人平抬码放到车厢内，不能滚货。

（2）直立打底，旁边不能码放其他不规则的货，上面可以码放重货，除机器类。

11. 服装类

包装有纸箱、纤袋，重泡货。服装类装车要求：

（1）装车时根据其重量、大小、包装质量和包装类型来配车。服装属于重货类的、体积较大的，装车时可做打底货。

（2）泡货服装，体积较小，重量不重，包装质量不好的，不能做打底货。

（3）一般的服装允许倒置，但服装外包装上有明显的指示箭头的（一般里面带有衣架东西），此类服装极有可能是贵重的服装，里面可能配套有塑料配件，不能重压和倒置。

12. 泡沫货

包装为泡沫包装，易碎，规格比较统一。泡沫货装车要求：

（1）一般同种货、同规格的码放在一起，码放要平整、四角对齐，码放高度不超1.3米或层数不超5层，上面不能压重货。

（2）泡沫货易挥发，一些冰冻货有异味，要与药品、化工分开装。

（3）冰冻类做打底货，装好此类货后，要采取薄膜隔离，上面不能压重货，只能适当搭配轻泡货。

13. 家具类

家具类货物规格多样，有规则的、不规则的，拆装的家具大小形状也不一，比较难配货。家具装车要求：

（1）整件、规则的家具，如办公桌、沙发等，这种货体积较大或较重，装车时可打底，办公桌装车时叠放在一起，不超两层；沙发装车时正反叠在一起，上小不超 4 个两层，沙发因有木制结构，上面不能压重货。

（2）拆装（散件）家具，这种家具一般拆开成板类的单件货，大小形状不太统一规则，板的厚度低于 3 厘米，按规格大小分类（底大上小）平装在车厢底下；板的高度较高时，按规则相同相近要求竖着装在车厢旁边；板内带有玻璃制品的，必须竖着装在车厢旁，旁边用其他货码紧，上面并且不能压重货。

（3）不规则的家具，如整件不可收叠的办公椅，装在平整货的上面，件数多的先叠起来，放倒平放在其他货的上面。

14. 五金、配件类

五金、配件一般比较重，小件为多且体积很小，包装质量一般很差，经常变形破损。五金、配件类的装车要求：

（1）五金、配件重货装车一般打底，为减少五金、配件的包装破损，高度一般不超 1.3 米，为防止五金、配件包装严重破损，上面不能再搭配重货。

（2）轻的配件、签收要求高的，如一些轻的沃尔沃汽车配件，不适宜做打底货。

15. IT、电子产品等贵重物品

这类产品价值一般很高，体积很小，重量轻，包装质量也较好。IT、电子产品等贵重物品装车要求：

（1）装车时装在上面，不能打底，防止贵重物品破损。

（2）贵重物品不能装在车门旁边，如是敞篷车，这类物品也不能装在上面，预防丢失。

（3）有明显的指示箭头的贵重物品，不能倒、倾放。

（4）重货类的 IT 电子产品，如电视机、洗衣机、冰箱等，装车时装在下面，上面不能压重货。

16. 陶瓷、洁具类

陶瓷、洁具属于易碎工艺物品，怕压，不能摔、扔、丢。包装有木架也有纸箱。分日用陶瓷、工艺陶瓷和工业陶瓷。常见的日用陶瓷：如餐具、茶具、缸、坛、盆、罐、盘、碟、碗等；工艺陶瓷：花瓶、雕塑品、园林陶瓷、器皿、陈设品等；工业陶瓷：砖瓦、排水管、面砖、外墙砖、卫生洁具等。陶瓷、洁具类的装车要求：

（1）装车要轻拿轻放，不能倒、侧放，要平稳码放。

（2）陶瓷、洁具类要求打有稳固的木架。陶瓷一般很重，重陶瓷一般装车码放在下面，上面要配轻泡货；轻的、散件、不合格的陶瓷装在上面。

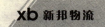

17. 化工、原料类

分为水剂和固体，属于重货。化工、原料类的装车要求：

（1）水剂类装车时要严格按指示箭头装车，不能倒置、侧放，可打底，但高度不能超过 1.3 米，上面不能压重货。

（2）固体类一般包装有纸箱、桶和纤袋，不怕压，可打底；纤袋包装的化工、原料码放时注意不能超过卡板，也不能挤在卡板的木板之间，防止叉车操作时货叉叉破。

（3）化工、原料不能同药品、食品类货物码放在一起。

18. 体育器材、体育用品

包装一般为纸箱、裸装，规格不一，应该打木架。体育器材、体育用品装车要求：

（1）纸箱类的体育用品，如篮球、乒乓球、球拍等，装车时装在上面，不能打底。

（2）一些裸装的体育器材设备，由于规格不统一，属不规则货物，原则上要求打木架包装；装车时应打底，上面码放不易碎、包装质量好的货物，四周用适合打底、大小适中的货填充码平。

19. 灯具类

包装一般为纸箱，包装质量较好，轻泡货，易碎类物品。灯具类装车要求：

（1）灯具类货物装车一定要按指示箭头向上装车，不能倒置、侧放，轻拿轻放。

（2）除支架等一些比较重的货可以打底之外（高度不能超 1.3 米，也不能重压），其他灯具类货物必须装在上面。

20. 印刷品

一般包装有纸箱、纤袋，也有不合格的纸包装，属于包装易破损类货物。印刷品装车要求：

（1）重印刷品装车做打底货，但对于一些包装不合格的，或较轻的应该装在一些能压的货上。

（2）纸皮包装、打有"井"形绳子的印刷品，装车时不能提绳子，要两手拿住印刷品两边码放。

（3）一些比较轻、宽的印刷品，如挂历，只能平放，不能折叠。

（4）不能和水剂、冰冻食品类放在一起，以免受潮。

21. 塑料制品

包装一般为纸箱包装，属于易碎制品。塑料制品装车要求：

（1）塑料制品装车一般不能打底，装在上面。

（2）比较长条的塑料制品，如下水管、电线管等，装车时可以打底，但一定要码放在平坦的地方，上面不能码放重货。

22. 皮具类

包装一般为纸箱，纤袋，包装质量不太好，易变形，怕压。皮具类装车要求：

（1）重量较轻的皮具，如皮袋、皮箱等，只能装在上面，不能打底。

（2）重量较重的皮具，如皮带、钱夹等，可以打底。

三、卸车注意事项

应遵循先上后下、先外后里、根据交接单点货的原则。

（1）需遵循标签朝外，大不压小，重不压轻，木不压纸，箭头朝上、码放整齐、平稳的原则，尽量确保同一票货放在一起；放置区域时托盘不得压线，横看成行，纵看成列，快线、单件前置等。

（2）搬货过程中应该轻拿轻放，不准踩货、摔货、摔板、坐货、扔货，不准提货物绑带；严禁抛扔等动作对货物进行装卸或移动，不得野蛮踩踏、货上坐卧等对有损坏货物的行为；货物搬运过程中，离开手或工具时，与落地点高度超过 30 厘米（约两拳头位置），或与落地点长度超过 60 厘米（约一步距离）的，视为扔货。

（3）严禁为了提高装载率而将小件货物强性塞入大件货物。小件货物要和大件有空隙的木架货物分开放置，防止途中小件货物掉入木架当中。

（4）超重超大的货物应根据实际情况（最好与到达部门沟通好相关的操作细节）装车。

四、两地及以上车辆整合的管理

（1）对公司所有汽运货物，凡是一车两地或两地以上卸货的，则不论省际干线或城际配送，在装载货物时一律要求使用隔离网。在装车时，由点货员向柜台领取隔离网，按卸货不同地点使用隔离网将货物隔开，同时必须在配载清单或交接单上注明使用隔离网的数量，与司机进行交接，如是公司自有车辆，由司机填写隔离网借支证明单；如是外请车辆的，请车部门必须从运费内扣出 70 元/张的押金，作为隔离网押金。

（2）多地卸货的车辆到达第一卸货地点后，到达部门必须检查隔离网使用情况，一旦发现需要多地卸货而车辆又未按规定使用隔离网的，必须马上举报至品质管理中心现场质量管理部，由现场质量管理部对相关责任人进行处罚。

（3）对于多地卸货的情况，到达部门卸完属于自己目的站货物后，还必须对车辆剩下的货物进行整理，原则上应将货物按水平摆放平整，对于货物较多的情况，货物堆放的坡度不得大于 30 度。若剩下货物不止一个卸货地点的，那么在整理货物时不得弄乱剩下的隔离网，下一卸货地点的部门对此进行检查，若发现上一卸货地点的部门，弄乱剩下的隔离网或货物堆积坡度大于 30 度时，必须马上举报至品质管理中心，由品质管理中心相关部门对相关责任人进行处罚。

（4）所有隔离网的保管职责，由该车辆的司机负责，如中途更换司机的，必须由两司机进行书面交接，如该车辆为公司自有车辆时，则隔离网由司机负责返回始发部门（城际配送内部车辆必须随车；省际干线 2 个月内返回），返回部门时，并取回填写的隔离网借支证明；如该车辆为外租车辆时，则由该车辆的司机将隔离网返回始发部门后，再与始发部门结算隔离网押金；公司自有车辆及外请车辆的隔离网返回情况，由部门隔离网保管员负责跟踪。

（5）隔离网公司统一购买，发放至各部门，由部门自行保管，部门经理必须指定专人进行管理，并制定隔离网使用记录表，对部门隔离网的使用情况进行登记，对于各部

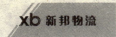

门的隔离网，必须每月清点一次，如发现丢失的，必须及时追究相关责任人，由责任人当月按价赔偿，如无法找出责任人的，则由保管人及部门经理各承担费用 10％，其余 80％由部门奖金承担。

五、装车不规范或混装的管理

（1）对于整合车辆出现混装或装车不规范的，上报品质督导部，由品质督导部人员拍照取证后卸车人员正常卸货，并可享受责任部门按相关规定给予增补吨位。

（2）对于单个部门车辆出现混装或装车不规范的，上报品质督导部，由品质督导部拍照取证并咨询车队调度部，如车辆资源紧张的情况下品质督导部人员有权要求卸车人员卸货并按相关规定增补吨位，如车辆不紧张的情况下，品质督导部人员有权要求卸车人员停止卸货并通知责任部门经理到现场整改。

（3）如由于装车不规范或混装而导致货物破损的，所在部门必须按公司规定对破损货物修复和反馈。

中转外发管理

一、汽运外发供应商管理

1. 供应商分类
（1）合同供应商；
（2）非合同供应商。

2. 操作要求
（1）每条外发线路（中转外发与直接外发）有且仅有一个由终端操作部门签订的合同供应商承运货物，不允许同一路线多个供应商轮流走货，但一个合同供应商可走多条线路。对于合同供应商我公司必须拥有其不动产证件（如车辆行驶证、中华人民共和国运营许可证、房产证等）的复印件。

（2）终端部门不得以不是合同供应商或签不到合同为由擅自停止运行某些中转路线，必须与供应商签订合同并走货。如某些路线确实因为市场状况、客观因素等原因导致不能中转的，必须及时以书面报告形式报至品质管理中心，由品质管理中心核实后，制定相应解决方案，统一公告执行。

3. 操作流程
（1）合同供应商合同签订及管理要求；
（2）合同签订进程时效要求；
（3）合同附件资料的要求；
（4）非合同供应商工作流走向；
（5）非合同供应商申请工作流要求；
（6）非合同供应商更换要求。

二、汽运外发货物运作管理

1. 汽运外发定义分类

（1）中转外发：区域运作中心通过自有专（快）线将货物运行到第二城市，再经外部物流合作伙伴完成货物至最终目的地称之为中转外发。

（2）直接外发：区域运作中心或区域无运作中心的省外部门将货物直接交给当地物流合作伙伴进行承运，直接将货物完成至最终目的地称之为直接外发。

货物外发操作由公司指定的操作单位实施集中统一操作，不允许擅自外发，大票货或特殊情况需先采用审批工作流（OA 工作流—外发管理—货物外发申请）通过以后才能实施运作。

2. 操作程序

（1）开单部门收运。

（2）终端部门货物外发操作。

（3）货物外发车辆运行时效过程管理。

（4）货物跟踪时效要求。

问题思考

1. 现场督导的功能是什么？
2. 现场督导项目有哪些？

第五章　标准化工作指南

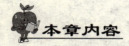

本章内容

◆ 客户咨询　　◆ 接货服务操作　　◆ 现场发货服务操作

◆ 送货服务操作　　◆ 自提服务操作

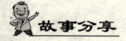

故事分享

在新邦营业厅，您经常能够听到这样的咨询：

客户：你是新邦吗？请问你们到上海多少钱啊？

营业员：您好，新邦小王为您服务！请问您是走快线还是专线呢，我们快线是1.35元/千克，两天就可以到，专线是0.8元/千克，三四天可以到。如果您的货比较急建议您走快线，我们上海有很多营业部，您可以选择一个离收货人较近的营业网点方便收货人收货，如果你方便的话我们可以传真一份价格表给您先参考一下。如果您时效要求特急，我建议您走空运。

客户：我的货物有很多，可以走一个整车，价格多少啊？

营业员：我们要根据您货量的多少，再根据您的用车大小收费的，您看这样可以吗？

客户：好的！没问题！

营业员：谢谢您的来电，新邦欢迎您！

新邦以客为本，虔诚为客户服务。现在，让我们一起来学习新邦的服务知识，这将让我们更进一步了解新邦的服务标准。

第一节　客户咨询

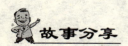

故事分享

2008年9月9日公司一客户打电话给A营业部，语气极为无奈，客户："是新邦吗？我有一票货去上海，你们可以上门接货和送货上门吗？"营业员饱含诚意地说："先生，您好！新邦小王为您服务，我们公司有上门接货和送货上门服务。"客户稍有欣喜感，迫不及待地问："请问怎么收费呢?"营业员颇有耐心,说道:"请问,您的货物大概有多少呢? 现在货在哪里啊? 我们要根据您的货量、发货和收货地址等因素进行收费。""好的,新邦,你们的客户服务做得很好,我过两天去你那发货,好吗?"客户极为真诚地答道。"好的! 新邦热情欢迎您的到来。"

客户咨询业务时,我们营业员应该询问客户哪些关键信息? 客户要查询货物信息,我们又应该告诉客户应怎么查询呢?

客户业务咨询

一、需探寻客户信息点

(1) 客户名称、联系电话;
(2) 货物品名、货物特征(长、宽、高等外形特点、易碎等影响托运和摆放的特性);
(3) 发往目的站;
(4) 本次报价;
(5) 是否要上门接货。

二、具体操作要点

(1) 电话须在铃声响起 2~3 声之内拿起接听;
(2) 注意使用公司电话服务标准用语(具体操作参考发货客户信息咨询操作);
(3) 接听电话时做好信息记录,便于对已发货客户进行维护,对未发货客户做好后续跟踪。

客户查货

(1) 接听电话使用公司标准电话服务用语;
(2) 询问客户货运单号、目的站、发货日期、收货人或发货人等基本信息;
(3) 系统调出单号后,再次和客户确认目的站、货物品名等基本信息,以确认所调单号与客户所查货物一致;
(4) 系统可直接查到客户询问信息的要直接回复客户;
(5) 系统不能直接查到客户询问信息。

①与客户沟通:××先生,您好! 你要查询的信息我这边系统暂时还查不到。请您再稍等一下,我帮您查一下,10 分钟之内再回复您,可以吗?
②在承诺时间之内务必向客户回复货物信息。

问题思考

1. 客户在咨询业务时,营业员应该探寻哪些信息点呢?
2. 客户来电时,如果你是营业员,应该如何操作呢?

3. 客户要求查货时，营业员应该注意哪些信息点呢？

第二节　接货服务操作

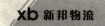
故事分享

　　一谈到"KFC"，大家都知道是肯德基的简称，但凡在那就过餐的人都深有感触，为什么汉堡包、薯条、炸鸡这些平常的事物会让你感到五味俱全，流连忘返呢？为什么这些食物价格不菲，但来这就餐的人却与日俱增呢？这便是"服务标准化"带来的效应。

　　作为一家快速发展的物流公司，我们的工作标准有哪些？接货过程中的服务工作标准是什么呢？

出发前准备工作标准

一、客户电话联系部门，要求接货

1. 接听客户电话时需要记录信息点
（1）客户名称、接货地址；
（2）发货目的站、货物品名（确认货物属性是否在公司可托运范围之内）；
（3）货物重量、体积方数；
（4）给客户报价；
（5）付款方式、约定可接货时间段。
2. 对话情景模拟
小×：您好！新邦小×为您服务。请问有什么可以帮到您？
客户：你好。我想要发货，你们过来接一下货吧。
小×：可以。请问先生您贵姓？
客户：我姓张。
小×：张先生，您好。请问您的货是要发到哪里？
客户：发到上海。你们发到上海的价格是多少啊？
小×：请问您的货要求多长时间到上海呢？
客户：我比较急，最好两天可以到。
小×：请稍等一下，我帮您查一下。根据您的时间要求，建议您走我们公司的快线，价格是×元/千克，×元/立方米。
客户：嗯。
小×：张先生，您是什么货？大概有多少呢？
客户：展柜，大概有2件货，5个立方米左右。
小×：好的。请问您的货是要在哪边付款？

客户：可以这边付钱吗？

小×：可以。您的货有没有单据要随货带给收货人的？

客户：有单据，需要客户签字后再返回来。

小×：好的。请问您公司的具体位置在哪里？

客户：在×××。

小×：好的。张先生，您那边什么时候方便，我们安排车过去接货。

客户：下午两点以后都可以。

小×：那我们到了之后打这个电话可以联系到您吧？

客户：可以。

小×：好的。张先生，请问您还有其他什么要咨询的吗？

客户：没有了。请按时过来接货。

小×：好的。我们会准时过去。谢谢您的来电，再见！

二、将接货信息记录于接货本上（制作接货信息本）

将上面重点向客户询问的五个信息点记录于接货本上。

三、根据客户要求的时间段调配、安排部门车辆

四、准备接货所需工具物品

(1) 工具类：手提工具箱、接货包、手套、卷尺、大头笔、签字笔、托运书等。

(2) 资料类：公司宣传单张、部门报价单等。

(3) 单据类：发票（收据）、提货证明单、代单（客户要求现付时）。

五、大票货物可提前打印好标签

(1) 打开 NIS 系统；

(2) 按 F8 快捷键进入"标签打印"页面，点击"手工添加"；

(3) 在对应位置分别输入"代单号"、"件数"、"目的站"等信息，点击"确认"；

(4) 点击"打印"即可在未开代单前打印货物标签；

(5) 将标签放入接货包内。

六、出发前计划、安排好接货路线

(1) 根据接货地址、客户要求时间段、货物性质合理安排接货路线和顺序；

(2) 注意避开交通堵塞路段、禁行路段以及禁行时间。

七、出发前再次向客户确认接货到达时间

小×：您好！请问您是张先生吗？

客户：是。

小×：我是新邦物流××营业部。张先生，我们接货的同事大概×点左右可以到您

公司，您这时间方便吗？

客户：可以。

小×：张先生，您的货是要在这边付款，有 2 件 5 个立方米左右，要发到上海去是吗？

客户：对。

小×：好的。我们会准时过去接货。张先生，再见！

接货过程中服务工作标准

一、到达客户处

（1）对话情景模拟。

小×：您好！请问是张先生吗？

客户：是。你哪里？

小×：我是新邦物流接货员小×。张先生，我们现在已经到××了，请问在哪里装货？

客户：好的。我马上过来。

（2）到达客户处后 15 分钟内须耐心等待客户前来；15 分钟以后可再次电话提醒、催促客户。

二、搬货、装车

（1）询问客户装货处。

客户：你好！请问是新邦物流吗？

小×：是的。请问您是张先生吗？

客户：对。

小×：张先生，您好！我是新邦物流接货员小×，这个是我的工牌（双手向客户出示自己的工牌，如下图所示）。请问在哪里装货？

客户：我带你过去。

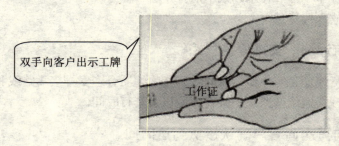

双手向客户出示工牌

工作证

双手向客户出示自己的工牌图

（2）将车开至装货最近处。

（3）检查货物包装是否规范。不规范的要求客户重新包装，或者建议客户待货物返回部门后由公司代包装。

（4）检查货物中有无违禁品、液体、危险品等，确认货物属性在公司可托运的范围之内。

（5）依据客户所报货物数量，清点货物。

（6）搬货装车，并码放整齐。

①协助客户理货装车，摆放时尽量轻拿轻放；

②属大票货物的，可事先正确粘贴标签至货物最小面；

③依据货物属性合理安排货物在车内的摆放区域。

（7）关好车门。

三、与客户交接托运事项

（1）进入客户办公区时，不得大声喧哗；要遵从客户办公场所要求，并言语礼貌。

（2）托运书填写。

①指导客户正确填写托运书，并在托运书上签字确认；

②注意公司规定的不能投保、包丢不保损等货物的保险在托运书上的填写规范；

③属高价值货物的在托运书上注明，并认真检查货物。

（3）客户要求送货上门的，现场告知客户公司送货上门不包括送货上楼。若需上楼服务，需另加费用（费用按照公司标准收取，需提前知会到达部门）。

（4）与客户交接随货单据。用事先准备好的信封装好客户的随货单据，放入接货包内指定位置。

（5）运费现付的货物估算运费。

①重量根据客户处提供的数据暂且填写，回部门之后重新称重并修改正确；

②亲自量取货物长、宽、高，并计算货物体积；

③估算出货物运费。

四、出现异常及时向柜台或部门经理电话反馈情况

（1）价格问题（询问柜台可折扣价格）：客户名称、货量、走货方式、客户要求价格；

（2）发票问题：客户名称、货量、索要发票类型；何时要、发票抬头填写；

（3）沟通问题：客户名称、出货负责人及电话、争端问题、沟通现状；

（4）装车问题（因货物属性、体积等原因无法全部装车时）：客户名称、货量、尺寸、货物特性等影响装车的因素；

（5）接货时效：客户名称、客户等待时间、延误原因（客户生气时让柜台尽量解释）。

五、收取运费

（1）清点数目，仔细辨别真伪；

（2）除过公司制度规定之外不得私自加收客户其他任何费用；

（3）将收取的运费及时放入接货包内。

六、道别客户

（1）为客户预留公司宣传资料。

①对于新客户：留下公司发货价格表、常规业务宣传资料；

②对于老客户：公司新业务宣传资料、优惠业务推荐资料。

（2）对接货时产生的垃圾进行清理并带出。

（3）向客户道别。

接货后工作标准

一、货物入库

（1）与外场交接，清点货物数目；

（2）根据公司要求对货物仔细称重，并将正确重量注明在托运书上。

二、与柜台交接事宜

（1）将本次货物托运书交接与柜台，客户有特殊要求的要及时与柜台开单员交接清楚；

（2）将随货单据与柜台交接；

（3）将收取的运费与部门会计交接。

三、填开代单，未贴标签的补贴货物标签

四、传真单据将代单客户联务必在开单之后的第二天 10：00 之前传真至客户处（如遇到客户休假的时间可延后），传真之后向客户电话确认是否收到

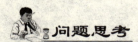 **问题思考**

1. 营业员接听客户接货电话时，需要记录哪些信息点？

2. 当你在接货、装货时，需要注意什么？

3. 当你顺利接完货后，需要特别注意哪些？

第三节　现场发货服务操作

 **故事分享**

某日，一客户开车至我公司一家新开的营业厅大门口，营业员小李披着"新邦欢迎

您"红色绶带，满脸笑容迎上前去，为客户开车门，并问候："先生，您好，新邦小李为您服务，请随我来!"这位客户很是欣喜，但并不多问，只管跟着小李进去，小李为他开了厅门，当时厅内多人，齐声说道："您好! 新邦欢迎您!"话音未落，小李已经呈上茶水，"天很冷，您暖暖身子吧!""天虽冷，可我的心却是热乎乎的，因为你们给了我很好的服务，之前有听过新邦个性化的服务措施，现在我是真的体验到了，很不错。"之后，这位客户在这个营业厅开了价值近两万元的整票货物。

新邦现场服务体贴入微，请问，你知道有哪些服务呢?

发货前咨询服务

一、接听客户电话时需要记录信息点

（1）客户名称、联系电话；
（2）发货目的站、货物品名（确认货物属性是否在公司可托运范围之内）；
（3）货物重量、体积方数；
（4）给客户报价；
（5）询问是否需要上门接货；
（6）告诉客户部门地址、联系电话。

二、客户记录

有望成交的客户，做好记录以进行后续跟踪。未能成交的客户，留下客户联系方式和需求信息，待再开发。

现场服务接待

一、客户到达营业厅门口时

（1）绶带人员佩戴绶带迎接客户（保持微笑，向客户问好）；
（2）询问客户业务办理类型（提货/发货等）。

二、帮客户卸货、称重

（1）（询问客户装货处）主动为客户卸货。
（2）将货物称重、量方。并将数据正确填写在托运书上。
（3）检查货物包装是否规范，不规范的要求客户重新包装（可推销包装辅料）。
（4）检查货物无违禁品、液体、危险品等，确认属性在公司可托运范围之内。

三、客户进入营业厅

（1）为客户让座。
（2）为客户倒水：水温要适中，水倒八分满；一手拖住杯底，一手轻扶杯身，双手

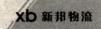

递与客户；客户入座 2 分钟之内必须为其倒水。

（3）向客户介绍公司宣传资料。

四、业务办理

1. 请客户填写托运书

（1）指导客户依据需求正确填写托运书，并在托运书上签字确认；

（2）引导客户正确填写货物保险；

（3）注意公司规定不能投保、保丢不保损等货物保险在托运书上的填写规范；

（4）属高价值货物的在托运书上注明。

2. 填开代单

（1）开单之前，托运书上的信息要与客户进行再次确认；

（2）凡送货上门的需告知客户公司的送货费标准（说明送货上门不等于送货上楼）；

（3）填开代单；

（4）请客户仔细阅读已打印好的代单，尤其是收货人、发货人名称及联系电话、货物件数、运费信息；

（5）请客户在代单联上签字确认。

3. 收取客户运费

（1）运费现付的由收银员收取客户运费；

（2）收取运费时向客户报出：收您×元，找您×元。

4. 将代单客户联双手递与客户

五、送别客户

（1）向客户赠送公司宣传资料。

（2）向客户道别（柜台人员/绶带佩戴人员）。如：

小×：张先生，再见！欢迎您下次有需要再联系我们部门。

发货后工作标准

一、随货单据整理

将客户随货单据按照要求放入信封内，并放入柜台指定位置以备晚上交接。

二、货物摆放入库

（1）正确粘贴货物标签；

（2）将货物码放整齐，放入仓库。

问题思考

1. 如果你是一名营业员，客户电话咨询你时，你将如何回应？

2. 客户进入营业厅时，营业员应该如何做？

3. 在帮助客户填写托运书时，营业员应该具备哪些业务知识？

第四节   送货服务操作

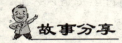

故事分享

回想已逝岁月。每天，新邦要给成千上万的客户送货；每时，新邦要给各行各业的客户上门送货；每分，我们营业员都在殷切期待下回答客户各种疑问。然而，如此多的货物要安全可靠地送到客户手中，我们竭诚的服务态度更需要标准化。那么，你知道我们送货出发前有哪些工作标准吗？送货过程中，操作员又应该注意哪些呢？

出发前准备工作标准

一、到达部门进港点到，打印货物出仓单

(1) 登录 NIS 系统；

(2) 点击"进港系统"，进入"综合处理"页面，选好日期，点击"查询"；

(3) 与交接单对照票数，确认无误后点击"连续打印"。

二、送货通知

1. 提货通知需告知客户信息点

(1) 告知客户货物的始发地点；

(2) 到达货物品名、货物件数；

(3) 确认客户可收货时间段；

(4) 运费总额（到付）、代收货款金额（若有）；

(5) 是否要发票/收据；

(6) 是否要上楼（所在楼层、有无电梯）；

(7) 告知客户收货所需证件。

2. 对话情景模拟

(1) 收货人本人接听电话：

小×：您好！请问您是李四先生吗？

客户：是的。你是哪里？

小×：我是新邦物流××营业分部，您有从北京发过来的×件家具今天已经到我们部门，您什么时候有空？我们安排给您送过来。

客户：你下午 2：00 之前送过来，都可以。

小×：好的。您的货到付运费是××元，代收货款为××元，总共费用为××元。

如收货人为个人，麻烦您收货时请准备好您的身份证原件。如您是代公司收货，您需要出示公司盖章的委托证明书和您的身份证原件。

客户：嗯。可以开发票吗？

小×：请问您要开哪种类型的发票？我们这边有服务发票和运输发票。

客户：我要开运输发票。

小×：可以。但根据规定，开发票要收取 7‰的税金，您这次到付运费是××元，所以我们要收取××元税金。

客户：可以。

小×：请问您的发票抬头要怎样写？

客户：×××有限公司。

小×：好的。李先生，请问您的货需要送货上楼吗？

客户：是的。

小×：请问您是在几楼，有没有电梯呢？

客户：在 5 楼，有电梯。

小×：好的，我们会按时送到。李先生，再见！

（2）非收货人本人接听电话：

小×：您好！请问是×先生吗？

客户：不是。请问您有什么事？

小×：这里是新邦物流××营业部分部。×先生有从北京发过来的×件家具今天已经到我们部门了，请问今天给他送过去方便收货吗？

客户：我不太清楚，等他回来再说吧。

小×：好的。请问先生您贵姓？

客户：我姓李。

小×：李先生，请问×先生什么时候可以回来，或者有其他的联系方式可以联系到他吗？

客户：应该下午×点左右回来吧，那时候你再打这个电话过来。

小×：好的。李先生，那您能不能帮忙转告一下：×先生的货要急用的话，他回来后也可以先电话联系我们这边的。

客户：嗯，可以。

小×：请问您知道我们这里的联系方式吗？

客户：知道，我这里有来电显示。

小×：好的。谢谢您！李先生，再见！

三、理货装车

有破损的包装要在出发之前用透明胶带修复好。

四、NIS 系统配车

1. 配车系统中有车牌号码信息的

（1）点击"进港系统"，进入"匹量配车"页面。

（2）分别选择"车辆类型"、"车牌号码"、"司机姓名"中的对应信息，再在"查找键"旁边依次输入需要送货的代单号，点击"查询"。

（3）输入送货员手机号码，点击"配车确认"，以更改到达货物状态。

2. 配车系统中没有车牌号码信息的

（1）点击"财务系统"，进入"用车费用管理"页面（经理、部门会计系统可用）；

（2）选中"车辆信息管理"，在编辑区录入信息，点击"新增"、"保存"；

（3）再按照操作1进行系统配车确认。

五、整理送货资料

（1）整理随货单据。包括原件签单、其他单据等随货而走的单据。

（2）整理客户所需票据。包括发票、收据等。

（3）整理公司近期的宣传资料。

（4）将以上物品统一放入送货包内指定位置。

送货过程中工作标准

一、快到客户处 10～15 分钟之前电话确认

小×：您好！请问是李先生吗？

客户：是的。

小×：我是新邦物流送货员小×，我们大概 10 分钟左右可以到您那里，请问您方便收货吗？

客户：可以，你们过来吧。

小×：好的。李先生，再见！

二、到客户处再次电话通知，以联系客户收货

1. 客户不要求送货上楼

小×：李先生，您好！我是新邦物流送货员小×，10 分钟前打电话联系过您。

客户：你好！

小×：我现在已经到您公司门口了。请您过来收一下货，可以吗？

客户：好的。稍等一下，我马上过来。

小×：好的。我在×××等您（告知客户具体所在位置）。

2. 客户要求送货上楼

小×：李先生，您好！我是新邦物流送货员小×，10 分钟前打电话联系过您。

客户：你好。

小×：我现在已经到您门口了。请问您的货是要送到 5 楼是吗？

客户：是的。……（上楼路线），我会在电梯口等你。

小×：好的，我们马上给您送上去。

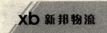

3. 等待客户收货

到达客户处后 15 分钟内须耐心等待客户前来收货；15 分钟以上可再次电话提醒，催促客户前来收货。

三、停车、卸货

1. 询问客户卸货处

客户：你好。请问是新邦物流吗？

小×：是的。请问您是李先生吗？

客户：对。

小×：李先生，您好！我是新邦物流送货员小×，这个是我的工牌（双手向客户出示自己的工牌）。请问货帮您卸在哪里？

客户：放在×××，我带你过去。

小×：好的。

2. 将车开至卸货最近处

3. 与出仓单对照核对收货人证件

（1）卸货之前，要求收货人出示证件。

小×：李先生，您好！在卸货之前可以看一下您的收货证件吗？

客户：可以。给。

小×：谢谢！

（2）双手接过证件，与出仓单仔细核对收货人姓名信息。

（3）核对完之后将证件双手递还客户。

4. 卸货

主动协助客户卸货，并将货物码放整齐。

5. 注意事项

进入办公区时不得大声喧哗；要遵从客户办公场所要求，并言语礼貌。

四、出现异常情况时，及时向部门柜台、部门经理电话反馈情况

出现以下异常类型时，向部门内反馈情况分别包括以下信息：

（1）上楼争端：货运单号、客户楼层、有无电梯。

（2）运费争端：货运单号、客户认为应付运费总额、对哪部分运费有异议。

（3）发票问题：货运单号、客户索要发票类型（收据/发票），何时要（签收当时必须要，还是可后来补上）。

（4）送货延误：货运单号、客户等待时间、延误原因（让柜台向客户解释）。

（5）沟通不畅：货运单号、争端问题点、沟通进展现状描述。

（6）运作问题（货损、拉货等公司操作方面的问题）：货运单号、有问题件数、货物问题程度。

五、客户清点货物

请客户清点货物数量、确认货物完整无损。

六、客户签收

（1）将随货单据交接与客户；
（2）原件签单等需再返回公司的单据要请客户签字确认后回收返回联；
（3）请客户在出仓单上签字确认。

七、收取到付货款

（1）清点货款数目，仔细辨别真伪；
（2）除过出仓单上标明的运费之外不得再加收客户其他任何费用；
（3）将收取的到付款及时放入送货包内对应位置。

八、预留公司宣传资料

"李先生，您好！这是我们公司的宣传资料，请您了解一下，在页面右下角有我们部门的联系电话，如果有需要的话，可以随时联系我们。"

九、向客户道别

（1）向客户道别；
（2）离开时将所产生的垃圾清理并带出。

送货后工作标准

一、收集签收录入

送货员将签收单号与签收人姓名通过手机系统录入签收。

二、送货后交接送货事宜

1. 与柜台交接随货单据
（1）原件签单等需返回发货人处或公司的单据；
（2）到达货物出仓单。
2. 现金交接
将现金当面清点核对并与部门财务交接。
3. 货物交接
（1）当次未送完的货物与外场交接：货运单号、货物件数。
（2）当次未送完的货物与柜台交接：未送原因、客户何时可收货。

问题思考

1. 如果你在给客户送货的过程中，出现异常情况时，应该怎么办？
2. 当你送完货后，你需要做哪些工作呢？

第五节　自提服务操作

故事分享

　　2009 年，一客户在我公司发货，货物为柴油机配件，投保金额为十万元，由于运货路途远，途中特殊原因导致货物已经破损，而且产品有明显摔伤痕迹，当客户来取货时，十分生气。见此状，营业员小王找来司机，咨询情况后，非常小心地将货物从外场搬到营业厅，客户也跟着过来，随后，小王给客户倒来茶水，拭干货物上的灰尘及油垢，取来新的包装纸，重新包上，并给客户诚挚道歉，经与客户倾心协商后，双方达成协议。小王以诚挚的服务态度和谈判技巧正确处理了这件突发事件，使公司的损失降到最低，赢得了客户的信赖。那么营业员应该熟知哪些进港服务和提货客户现场服务工作标准和技巧呢？

进港服务准备工作标准

一、进港点到，打印货物出仓单

（1）登录 NIS 系统。
（2）点击"进港系统"，进入"综合处理"页面，选好日期，点击"查询"。
（3）与交接单对照票数，确认无误后点击"连续打印"。

二、卸货入库

（1）卸货时对照进港交接单清点自提货物（数目是否齐全，有无破损）。
（2）有轻微破损的用透明胶带尽量修复好。
（3）有异常情况及时在 NIS 系统向对应部门反馈异常。
①点击"查询系统"，进入"异常信息"页面；
②点击"添加"，在"异常详情"部分输入"代单号"、选择对应的"异常类型"、"责任部门"、"反馈人"等信息；
③有货物破损的必须在"异常件数"栏内填写破损件数；
④在"异常描述"栏内对异常情况进行描述，在"反馈部门处理意见"栏内填写对问题的建议处理方法；

⑤点击"保存"。

三、通知客户提货

1. 提货通知需告知客户信息点

(1) 告知客户货物的始发地点；

(2) 到达货物品名、货物件数及总重量（泡货告知体积）；

(3) 货物运费总额（到付）；

(4) 告知代收货款金额（若有）；

(5) 询问客户提货人是本人/代领；

(6) 提货携带证件（本人/代领/收货人是公司）；

(7) 提货部门地址、联系电话。

2. 对话情景模拟

(1) 收货人是个人

小×：您好！请问是李四先生吗？

客户：是，你哪里？

小×：我是新邦物流××营业部。您有从北京发过来×件家具今天已经到我们部门了，您什么时候有空？请尽快过来提一下货。

客户：好的。

小×：您这次到付运费是××元，代收货款为×元，总共费用为××元。提货时需要携带您本人的身份证原件。

客户：嗯。知道了。可以让别人代领吗？

小×：可以，但是提货时需要出示您本人的身份证原件还有提货人的身份证原件。

客户：这个可以。我的货大概有多少啊。

小×：您的货物重量为××千克（泡货告知客户体积）。李先生，您知道我们部门的地址还有联系方式吗？

客户：不知道。你说一下。

小×：我们部门地址是：×××，联系电话是：×××××××。如果有什么问题您随时可以打电话过来。

客户：好的。谢谢。

小×：李先生，再见！

(2) 收货人是公司

小×：您好！请问是××公司吗？

客户：是。您是哪里？

小×：这里是新邦物流××营业部。请问先生您贵姓？

客户：我姓李。

小×：李先生，您好！您公司有从上海发过来的×件展柜今天已经到我们部门了。请尽快安排人过来提一下货。

客户：好的。

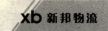

小×：您公司这次货物的到付运费为××元，代收货款为××元，总共费用为××元。

客户：好的。货物大概有多重啊？

小×：您公司的货物重量为××千克（泡货告知客户体积）。提货时请携带加盖公司公章的委托证明原件和提货人身份证原件。

客户：好的。可以开发票吗？

小×：可以。请问您要开哪种类型的发票？我们这边有运输发票和服务发票。

客户：我要开运输发票。

小×：可以。但根据规定，开发票要收取7％的税金。你这次到付运费是××元，所以我们要收取××元税金。

客户：可以。

小×：请问您公司的发票抬头要怎样写？

客户：×××有限公司。

小×：好的。李先生，您知道我们部门的地址还有联系方式吗？

客户：不知道。你说一下吧。

小×：我们部门的地址是：×××；联系电话是：××××××。如果您那边有什么问题随时可以打电话过来。

客户：好的，谢谢。

小×：李先生，再见！

提货客户现场服务标准

一、客户到部门提货接待

1. 客户进入营业厅时
（1）绶带佩戴人员主动迎接客户（保持微笑，为客户开门）；
（2）询问客户业务办理类型（提货/发货等）。
2. 为客户让座、倒水
水温要适中，水倒八分满；一手拖住杯底，一手轻扶杯身，双手递与客户；客户进入部门2分钟之内必须为其倒水。
3. 向客户介绍公司宣传资料：

小×：先生，您好！可以先看一下我们公司的宣传资料，手续很快就会为您办理好。

二、提货手续办理

1. 询问客户业务办理类型
小×：您好！请问您是来提货还是发货？
客户：提货。
小×：请问您的货收货人全名是什么？
客户：×××

小×：好的。请出示一下您的身份证原件。

客户：好的，给。

小×：（双手接过客户的提货证件）谢谢！马上办理，请您稍等一下！

2. 查看客户的提货证件

查看客户的提货证件，并与出仓单上的信息相对照。

3. 收取客户到付运费

（1）对话情景模拟。

小×：李先生，您好！您这次到付运费为××元，代收货款为××元，总共费用为××元。

客户：好的（客户给运费）。

（2）双手接过客户运费。

（3）清点数目，仔细辨别真伪。

（4）除过出仓单上标明的运费之外不得再加收客户其他任何费用。

4. 与客户清点、交接随货单据

（1）将随货单据与客户交接；

（2）原件签单等再返回公司的单据需请客户签字确认后回收返回联。

5. 客户签收确认

请客户在出仓单上签字确认。

三、出现异常情况及时向始发部门/对应部门反馈处理

出现以下异常类型时，向对应部门反馈异常情况需包括以下信息：

1. 发票问题

需告知部门会计货运单号；客户索要发票类型，即是索要运输发票或服务发票；发票抬头填写。

2. 运费争端

需告知始发部门货运单号；客户认为应付运费总额；对哪部分运费有异议。

3. 开箱验货

需告知始发部门货运单号、开箱件数。

4. 客户提货证件不全

（1）与客户沟通，并请收货人传真有效证件到部门以核对身份。可以使用以下语句与客户沟通。

①××先生，对不起。您所拿的提货证件不符合我们公司的操作规定。公司规定提货必须具备××××证件。

②为您的货物安全着想，只有提货证件齐全，我们进行收货人身份核对，以确认无误后，才能让客户提货的。否则出现货物冒领，您过来签收却找不到货，您也不会放心将货物交给我们公司托运的呀。

（2）或致电始发部门，告知货单号、客户所拿证件类型，请始发部门系统更改。

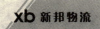

四、仓库取货

（1）营业员从柜台拿取提货出仓单，进入仓库查找货物；
（2）与出仓单核对货物标签信息（包括货单号、收货人姓名），并清点件数；
（3）将货物搬至仓库外（不允许非公司人员随意进入仓库）。

五、搬货装车

（1）请客户对货物清点确认：
小×：李先生，您好！货物已经帮您搬到仓库外面，请您清点一下件数。
客户：好的。谢谢。
（2）客户有车时，询问客户装货处；客户无车时，主动询问客户是否需要帮助找车。
（3）帮客户搬货装车，摆放整齐。

六、送别客户

（1）装货后帮客户关好车门；
（2）赠送公司宣传资料。

提货后工作标准

一、签收录入

（1）点击"进港系统"，进入"综合处理"页面；
（2）输入货运单号，点击"查询"；
（3）输入"签收人"、"签收人证件号码"，按回车键，再点击"保存"。

二、单据整理

（1）出仓单整理；
（2）将原件签单等需返回收货人处的单据整理好，按照公司要求填开代单。

问题思考

1. 当客户的货物到达目的站时，营业员需要告知提货客户哪些信息？
2. 客户到部门提货时，营业员应该注意哪些？
3. 请熟练掌握"签收录入"的相关信息。

第六章　销售管理

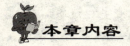

本章内容

◆ 客户开发	◆ 客户维护

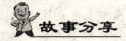

故事分享

一个乡下来的小伙子去应聘城里"世界最大"的"应有尽有"百货公司的销售员。老板问他："你以前做过销售员吗？"

他回答说："我以前是村里挨家挨户推销的小贩子。"老板喜欢他的机灵："你明天可以来上班了。等下班的时候，我会来看一下。"

一天的光阴对这个乡下来的穷小子来说太长了，而且还有些难熬。但是年轻人还是熬到了5点，差不多该下班了。老板真的来了，问他说："你今天做了几单买卖？""一单，"年轻人回答说。"只有一单？"老板很吃惊地说："我们这儿的售货员一天基本上可以完成20～30单生意呢。你卖了多少钱呢？""300000美元，"年轻人回答道。

"你怎么卖到那么多钱的？"目瞪口呆，半晌才回过神来的老板问道。

"是这样的，"乡下来的年轻人说，"一个男士进来买东西，我先卖给他一个小号的鱼钩，然后中号的鱼钩，最后大号的鱼钩。接着，我卖给他小号的鱼线，中号的鱼线，最后是大号的鱼线。我问他上哪儿钓鱼，他说海边。我建议他买条船，所以我带他到卖船的专柜，卖给他长20英尺有两个发动机的纵帆船。然后他说他的大众牌汽车可能拖不动这么大的船。于是我带他去汽车销售区，卖给他一辆丰田新款豪华型'巡洋舰'。"

老板后退两步，几乎难以置信地问道："一个顾客仅仅来买个鱼钩，你就能卖给他这么多东西？"

"不是的，"乡下来的年轻售货员回答道，"他是来给他妻子买袜子的。我就告诉他'你的周末算是毁了，干吗不去钓鱼呢？'"

第一节　客户开发

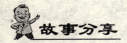

故事分享

2009年9月9日，一个客户装着满满一车货物准备发运，货主开着车在物流园内多个物流公司询价，炎热的天气伴着发动机散发出来的热气，让现场感觉无比难受。当客户开着车到达我公司营业部门口时，部门员工小李打开玻璃门向客户热情地打着招呼，并引导客户停车。

当客户停放好车辆，进入营业部柜台时，一阵凉爽的冷气拂面而来，小李引导客户坐下，并端上一杯凉水，客户一饮而尽。此时小李迅速从资料上取出公司的宣传手册、促销资料和自己的名片递给客户，并和客户攀谈起来，逐步了解客户的发货需求。

通过了解，该客户为同行客户，今天刚刚接了一批货，附近物流园都没有走这条线路的专线公司，问了几家公司，价格都比较高。来到我公司后，虽然价格都差不多，但我们公司规范、诚信，服务质量比专线公司要好很多，加上员工业务知识熟练，态度和蔼，还能通过网上下单、网上查货等，相比较而言更有保障和优势，于是在小李的指引下快速办理了托运单据填写和货物的交接。

办理完毕所有业务后，小李因一会儿到仓库，一会儿到柜台，整个人已是挥汗如雨，当客户看着货物整齐有序地码放在仓库卡板上时，客户终于放心地开车离去，与客户道别后，小李继续了下一单业务的忙碌……

这样的场景每天都在我们全国各地的营业部频繁地上演着，我们看到只是再自然不过的店面营销的成交瞬间，然而为此我们付出的大量努力确是鲜有人知！

为了今日客户的成交我们早已做了大量的电话营销、上门营销、网络营销的工作！

冰心曾经讲过：成功的花，人们只惊慕它现时的明艳，然而当初它的芽儿，浸透了奋斗的泪泉，洒遍了牺牲的血雨。

市场开发是一件充满挑战同时又充满成功喜悦的工作，当你用心了解它的那一刻开始，你将会不自觉地爱上它！那么客户开发有什么方法呢？

店面营销

一、基本概念

店面从古至今在商业交往中都有着非常重要的地位，从消费者行为和购买偏好来看，很多消费者是在店面里看到商品以后才做出购买的决定。根据一份市场调查报告可知，很多人走进营业部只是随便逛逛，其中83.6%的消费者是非计划性购买，而91.6%的消费者是到了店面才决定购买商品的。而且店面是一个企业的形象，是其销售的最前端，是企业文化和理念的传播者，因此有着不可替代的重要作用。店面营销并非新鲜事物，它在以前是人们在策划营销活动时，注重了电视、杂志等大众媒体的应用，仅将其视为最末端的一种营销工具，并且很多人只是从一些小的技巧和具体方法层面上加以关注，而没有将其当做一个战略性的步骤，从全局的角度来进行思考和运作。在今天这个商业竞争空前繁荣的时代，我们必须要将店面营销作为主要的传播工具，只有这样才能更好地刺激消费者的购买欲。

作为新邦物流这样的全国联网零担物流企业，店面营销是公司获得客户的重要渠道。因此，作为公司一名基层员工，店面营销就是必须学习的基本功。

二、熟悉我们的产品

1. 主营运输产品

（1）新邦快线：豪华沃尔沃厢式货车、全球定位系统（GPS）、定点发车、全程高速，准时到达，准时配送。主要满足时间快速和优质服务的客户。

（2）新邦专线：运输线路涵盖华南、华东、华北、东北、西南、西北各大区域，直达全国400多个大中城市。线路齐全、价格实惠，主要满足发货时线路多、时间要求不高的客户群体。

（3）城际配送：利用特定区域内密集的配送网点，实现网点之间的快速配送，主要满足客户周边城市短途运输的需要。

（4）精品空运：是航空运输服务中时效要求最高、运输品质最优秀的一种运输方式。

（5）普通空运：新邦物流代理南航、东航、国航、深航、海航、上航等多家航空公司的国内空运物流服务，提供快速、安全、高效的航空运输。

（6）代收货款：代收货款服务是新邦物流在货物送达签收后代发货客户收取相应货款，并限时返还给发货客户的服务，以降低客户远程交易风险，加速客户资金流通。

2. 增值服务产品

（1）保价运输：保价运输是当托运的货物出现险情时，新邦物流根据客户声明的货物价值，对客户作出相应赔偿的服务。目的是降低客户的货物在运输过程中的风险，免去客户的后顾之忧。

（2）包装服务：是新邦物流为确保客户货物安全，防止货物在运输过程中出现破损、变形或丢失，而提供包装材料和打包装的服务。

（3）签收回单：是新邦物流在客户的货物送达、收货方正常签收后，为客户提供签收单返还的服务。

（4）上门服务：是我公司为方便客户发货、收货，为客户提供专人、专车接货、送货服务。

（5）等通知放货：是指货物到达目的站后，到达部门必须接到发货人的指令，才把货物交给收货人的一项服务。

（6）综合信息服务：综合信息服务是新邦物流为客户提供的关于货物信息的服务，包括货物跟踪和查询、各项通知、短信反馈、投诉处理等事项。

（7）异地调货：A地的客户通过A地营业部发出指令，要求B地营业部将B地的货物运到A地或其他目的地的业务。

（8）网上营业厅：是我公司提供给客户进行业务受理、营销推广、信息查询的网上自助平台。客户业务办理无须等待，快捷方便，免去客户往返奔波之苦。

三、优质的店面服务带来的好处

（1）使顾客对我公司产品产生好感和信任，刺激他们重复购买，成为我们产品的忠实用户。

（2）服务不但能留住老顾客，还能吸引新顾客。对于潜在顾客而言，他们是否购买，受朋友、同事、邻居、熟人等对某种商品的评价影响很大。好的口碑比商家自卖自夸的宣传促销力要大得多，坏的口碑影响力更大。因为顾客往往把负面信息看得比正面信息更为重要。所以，要想有吸引潜在顾客购买的好口碑，我们必须向顾客提供令人满意的服务。从这个意义上说，真正的促销始于服务。

（3）良好的服务不仅使企业的声誉提高，产品知名度提高，还有利于产品的销售，争取到政府主管部门与部门的信任，赢得社会舆论和公众的支持，吸引人才、资金。

（4）服务活动是买卖双方的双向沟通，买方可以通过服务向卖方反馈产品的各种信息，使企业能迅速准确了解用户的意见和建议，不断改进和更新产品及服务内容。

四、服务助力销售

（1）店面服务内容，如图 6-1 所示。

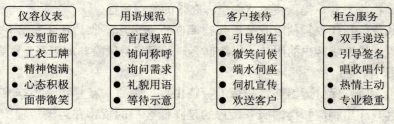

图 6-1　店面服务内容

（2）店面服务接待礼仪的"八个一"标准，如图 6-2 所示。

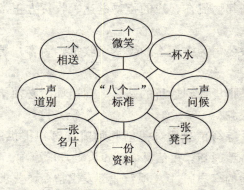

图 6-2　店面服务接待礼仪"八个一"标准

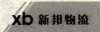

（3）店面服务接待流程，如图 6 - 3 所示。

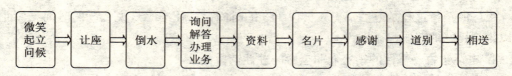

图 6 - 3　店面服务接待流程

（4）店面柜台服务接待规范，如表 6 - 1 所示。

表 6 - 1　　　　　　　　　店面柜台服务接待规范

客户接待	要　求
客户倒车	引导倒车，为客户开车门
客户进入营业部	微笑、起立上前问好、询问需求
接待客户	倒水、让座
递水服务	根据季节控制水温，一手扶杯子另一手托底部交给客户
客户离开	请慢走，欢迎下次光临（配合递送名片及公司宣传资料）
接待"八个一"	一个微笑、一声问候、一杯水、一张凳子、一份资料、 一张名片、一声道别、一个相送

电话营销

一、电话营销的定义

营销者通过使用电话，来实现有计划、有组织并且高效率地扩大顾客群、提高顾客满意度、维护顾客等市场行为的手法。成功的电话营销应该使电话双方都能体会到电话营销的价值。

二、电话营销的特征

1. 电话销售只靠声音传递信息

电话销售人员只能靠听去"看到"准客户的所有反应并判断销售方向是否正确，同样地，准客户在电话中也无法看到电话销售人员的肢体语言、面部表情，准客户只能借着他所听到的声音及其所传递的信息来判断自己是否喜欢这个销售人员，是否可以信赖这个人，并决定是否继续这个通话过程。

2. 电话销售人员必须在极短的时间内引起准客户的兴趣

在电话销售的过程中如果没有办法让准客户在 20～30 秒内感到有兴趣，准客户可能随时终止通话，因为他们不喜欢浪费时间去听一些和自己无关的事情，除非这通电话对

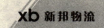

他们有某种好处。

3. 电话销售是一种你来我往的过程

最好的销售过程是电话销售人员说 1/3 的时间，而让准客户说 2/3 的时间，如此做可以维持良好的双向沟通模式。

4. 电话销售是感性的销售而非全然的理性销售

电话销售是感性销售的行业，销售人员必须在"感性面"多下工夫，先打动客户的心再辅以理性的资料以强化感性销售层面。

三、电话营销的流程

电话营销的具体流程如图 6-4 所示。

图 6-4　电话营销流程

1. 准备阶段

（1）心理准备。

①恐惧来源：电话一头是陌生人，认为自己是推销的，担心会打扰别人，害怕被对方拒绝。以为在求别人、放不开、爱面子。

②摆正心态：这是我的工作职责、我是来帮客户的、客户正在找这种产品、我喜欢结交新的朋友、别人都比较喜欢我、成功销售带来业绩的成就感。

（2）精神风貌。快乐、阳光的精神风貌可以感染到客户，客户更容易接受。

（3）准备笔纸。记录下交谈的内容，特别是客户的异议、问题、需求等，以便下次沟通时采取相应措施。

（4）准备资料。包括客户的相关资料（个人、公司）、要跟客户洽谈的宣传资料、产品资料等。

（5）准备内容。包括此次电话沟通的主题、内容、事项。

（6）确定沟通目的。此次电话要达到的目的——介绍自己、公司、产品、探问需求、预约上门、签约等。

2. 把握好电话拜访的时机

打电话一定要掌握时机，避免在吃饭的时间段及作息的时间段跟客户联系，如果把电话打过去，也要礼貌地征询客户是否有时间或方便接听。根据对客户日常工作习惯的研究发现，上午 10—11 点、下午 2—4 点为客户较清闲时段，销售人员可参考以上时段对客户进行电话拜访。

3. 有效进行电话沟通

（1）报出本人的姓名和单位名称。如"您好！我是某某公司的某某某。请问某先生在吗？"如果是秘书接的，等本人来接时，还需再报一次姓名和单位。为使对方能听清楚，说话节奏应比交谈时稍慢些。即使是经常通话的人，也不可省去自报姓名这一道程序。不应想当然地认为对方一定能听出自己的声音，以致对方在接电话时还得分神猜想是谁打来的电话。报名字时也不可只说"我是小李"，因为天下姓李的不知有多少。所以在自报家门时应报出全名。这实际上是一种自我推销的方式，可以使对方加深对你的印象。

（2）表明自己打电话的目的。当你接通电话时，立即向对方讲明自己打电话的目的，然后迅速转入所谈事情的正题。职业专家们认为，商场上的机智就在于你能否在 30 秒内引起他人的注意。

（3）避免与旁人交谈。当你打电话时，如果你中途与身边的其他人说话，这是既不礼貌也不合适的行为。如果你这时确实有一件更加重要的事情需要处理，你应该向对方道歉，并讲明理由，然后以最短的时间处理完这些事情，不要让他人久等。如果你考虑到对方等候的时间可能会很长，你可以向对方道歉，然后过一会儿再打过去。

（4）道歉应该简洁。有时，你不在的时候会有人给你打电话，并且要求他人记下电话转告你。当你回这些电话的时候，不要在一些繁文缛节上浪费时间。

例如："我尽早给您回电话"，或"我昨天想给您回电话"，或"接到您的信息我就立即给您回电话，但是您一整天不在。"所有这些只是过去的事情，只能耽误你目前生意的时间，过多地解释也是毫无意义的。

（5）不要占用对方过多时间。当你主动给别人打电话时，尽可能避免占用对方时间过长。如果你要求对方查找一些资料或说出某个问题的答案，就可能占用电话时间过长。因为大多数情况下，对方不一定马上就能替你找到资料，或者立即给你作出一个肯定的答案，你必须给予对方一定的时间。如果你给他人打电话时间过长，对方可能十分反感。因为也许他正等着处理某一事情，他内心期望你立即挂断电话。因此，当你考虑到对方可能要一段时间才能给你答复时，你可以先挂上电话，要求对方回电话给你，或者你过一会儿再打过去，这样就不会过长时间地占用他人的电话线，以免影响他人的正常业务。

（6）如果想留言请对方回电话，切记要留下自己的电话号码，这是最基本的礼仪。即使对方是熟人，双方经常通话，这样做，也至少能使对方不必分神再去查电话簿。同时别忘了告诉对方回电话的最佳时间。在你有可能外出时，记住这一点尤为重要。如果对方是在外地，则最好说明自己将于何时再打电话，请其等候，切不可让对方花钱打长途来找你。

（7）妥善组织通话内容。通话前，最好事先把有关资料（如报告文本）寄去或电传过去，使对方能有所准备。通话时，双方可对照资料交谈，以便节省时间。采购人员可事先先去"意向函"，扼要说明基本建议，让对方加以考虑，甚至标明有疑问的地方，以便讨论时作参考。通话时，要把意见分为若干个部分，每部分之间稍作停顿，使对方能及时作出反应。不要长篇大论，到头来却发现原来对方已经另有想法，白费工夫。通话前应写出发言要点，不可临时想象，致使说话缺乏逻辑性。开始时应扼要说明通话目的和存在的问题，提出可供选择的方案，指出双方的分歧所在，最后稍加归纳，解决问题。通话前要把所有资料都准备好，不要临时东翻西找乱抓一气。对提纲上所列要点应讲完一条勾掉一条，以避免分心或遗漏。

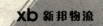

（8）用心听。在电话中交谈时常有听不清的时候，所以应特别注意集中注意力。有人打电话常爱东张西望，动动桌上的东西，心不在焉。这种习惯很不好，容易影响通话的效果，最好边谈边做笔记。

（9）注意自己的言谈。措辞及语法都要切合身份，不可太随便，也不可太生硬。称呼对方时要加头衔。如"博士"、"经理"等。有的妇女喜欢被称为"小姐"，就不要用"夫人"来称呼。切不可用"亲爱的"、"宝贝"之类轻浮的言语。无论男女，都不可直呼其名，即使对方要求如此称呼，也不可用得过分。说"你"字开头的话时应慎重。像"你忘了"、"你必须"、"你忽略了"之类的话，即使语调再平和，在电话中听去也使人有被质问的感觉。提意见时不妨用发问的形式，比如"您能不能在星期四把那份材料送来？"或"那份报表您搞定了吗？"等。或者用"我"字来开头也可以，如"我星期四需要这份报告。"听话时，最好插用一些短语以鼓励对方。如"嗯，嗯"、"我明白"、"我理解"或"好，好"等。对对方的要求作出反应或对方提出要求时，态度应积极而有礼貌，如"我会注意那件事的"或"请别忘了……"

4. 适时结束通话

通话时间过长意味着滥用对方的善意。你以为对方听得津津有味，也许他正抓耳挠腮，揉眼睛，恨不得早点挂掉话筒。爱在电话里夸夸其谈的人，最好在桌上放一个闹钟，以便控制通话时间，及时提醒自己。

结束通话时注意事项：

（1）真诚致谢：真诚感谢客户给予时间、给予讲解的机会；恭维对方："跟您沟通，我可以学到很多东西。"

（2）留下下次沟通的伏笔："如果您有什么需要请及时联系！""下次我公司有什么促销信息会第一时间联系您！""希望我们合作愉快！"

（3）让客户先挂：说完"再见！"后，让客户先挂上电话，表示尊重。

5. 建立客户档案

（1）每日电话销售统计表；

（2）每周电话销售统计表；

（3）电话销售评估表。

四、电话营销的优势与好处

1. 电话营销的优势

（1）灵活。可以随时改变宣传内容。

（2）方便。只要有联系方式就可以联系到营销的对象。

（3）针对性强。不必盯着所有群体，只需针对有需求的那部分。

（4）在电话营销这个环节中可以建立初步的信任，可以大概地介绍自己的产品和服务，可以明白客户的需求。

（5）可以在持续跟踪的时候，尽量充分地介绍自己的优势，进一步提出成交的要求，并约对方见面。

（6）在见面之前还可以有一个更充分的准备，分析客户的需求做好各方面的准备。

2. 电话营销给企业带来的好处

（1）及时把握客户的需求

现在是多媒体的时代，多媒体的一个关键是交互式（Intractive），即双方能够相互进行沟通。仔细想一想，其他的媒体如电视、收音机、报纸等，都只是将新闻及数据单方面地传给对方，现在唯一能够与对方进行沟通的一般性通信工具就是电话。电话能够在短时间内直接听到客户的意见，是非常重要的商务工具。通过双方沟通，企业可及时了解消费者的需求、意见，从而提供针对性的服务，并为今后的业务提供参考。

（2）增加收益

电话营销可以扩大企业营业额。如宾馆、饭店的预约中心，不必只单纯地等待客户打电话来预约，可以积极主动给客户打电话，这样可能取得更多的预约，从而增加收益。又因为电话营销是一种交互式的沟通，在接客户电话时，不仅仅局限于满足客户的预约要求，同时也可以考虑进行些交叉销售（推销要求以外的相关产品）和增值销售（推销更高价位的产品）。这样可以扩大营业额，增加企业效益。

（3）维护与客户的关系

通过电话营销可以建立并维持客户关系营销体系。但在建立与客户的关系时，不能急于见效，应有长期的构想。制订严谨的计划，不断追求客户服务水平的提高。如在回访客户时，应细心注意客户对已购产品、已获服务的意见，对电话中心业务员的反应，以及对购买商店服务员的反应。记下这些数据，会为将来的电话营销提供各种各样的帮助。

通过电话的定期联系，在人力、成本方面是上门访问所无法比拟的。另外，这样的联系可以密切企业和消费者的关系，增强客户对企业的忠诚度，让客户更加喜爱企业的产品。

五、让客户喜欢你的十种理由

1. 说话要真诚

只有真诚的人才能赢得信任。我们不能为了提升个人或部门业绩，去劝说一个年运费只有几千元的家庭作坊公司一定要找我们发运货物，那是不现实的，也会遭到客户的反感。首先，我们应该从该公司的客户群、所属行业、企业规模等因素出发，尽可能多地了解客户的上下资源，用行话与客户沟通，让客户感受到我们是专业的。其次，我们在与该公司发货经理聊天的时候，去了解此人的脾气、爱好。如果此人比较忙，在你把此客户定义为准客户之后，也可以旁敲侧击，从其助理或同事中去了解一些信息。这将有助于你对客户的了解。据说，美国总统华盛顿在约见客人的前一天晚上都是必须要看此人的兴趣爱好，我们也可以效仿。

2. 给客户一个购买的理由

时时把握客户的需求与承受能力，体察客户的心态，才是最终成交的关键。很多时候，我们做了很多事情，也浪费了很多时间，可最终"临门一脚"就打歪了。

3. 让客户知道不只是他一个人选择了我们公司

人都是有从众心理的，业务人员在推荐产品时适时地告诉客户一些与他情况相类似或相同的企业或公司都选择了这个线路，尤其是他的竞争对手选择的就是这个。这样不仅从心理上给了他震撼，而且还增强了购买的欲望。根据经验，这个公司在购买同一类型的产品时，肯定会买比竞争对手更高级的，也以此来增强其竞争力。

4. 热情的销售员最容易成功

不要在客户问起产品时，就说："我给你发一个报价，你看一下。"除非是客户时间非常紧，你才会说："发一份报价看看"。那也应该在前面说，实在抱歉，本来要给您介绍产品的，这次可能让你自己看了。让客户时时感觉你就在她身边，让她感受到奔放的感情，如流铁一样在感炙着她。如果时间允许的话，就是没有需求的客户，我们也应该真诚、热情地去接待她们，谁知道她是什么职位，她是什么背景；她没有需求，怎么知道她老公没有需求；她没有需求，怎么知道她朋友没有需求！我们应该坚持"广义客户论"——世人皆客户也。

5. 不要在客户面前表现得自以为是

很多发货负责人对运输相关事项一知半解，很多情况下我们接触的只是前台或文员，或其他专员，有时会问些非常幼稚的问题，这个时候请我们一定不要自以为是，以为自己什么都懂。很多客户都不喜欢那种得意扬扬、深感自己很聪明的业务员。如果客户真的错了，也要灵活应付，让客户知道其他人也经常在犯同样的错误，他只不过是犯了大多数人都容易犯的错误而已。

6. 注意倾听客户的话，了解客户的所思所想

有的客户对他希望购买的产品有明确的要求，因此要注意倾听客户的要求，切合客户的需求将会使销售更加顺利。反之，一味地想推销自己的产品，无理地打断客户的话，在客户耳边喋喋不休，十有八九会失败。

7. 你能够给客户提供什么样的服务，请说给客户听，做给客户看

客户不但希望得到售前服务，更希望在购买了产品之后，能够得到良好的服务，持续不断的电话，节日的问候等，都会给客户良好的感觉。如果答应客户的事千万不要找借口拖延或不办，比如礼品、发票是否及时送出。

8. 不要在客户面前诋毁别人

纵然竞争对手有这样或者那样的不好，也千万不要在客户面前诋毁别人以抬高自己，这种做法非常愚蠢，往往会使客户产生逆反心理。同时不要在客户面前抱怨公司，客户是不会放心把货物交给一家连自己的员工都不认同的公司的。

9. 当客户无意购买时，千万不要用老掉牙的销售伎俩向他施压

很多时候，客户并没有意向购买自己公司产品，这个时候是主动撤退还是继续坚忍不拔地向他销售？比较合适的做法是以退为进，可以转换话题聊点客户感兴趣的东西，或者寻找机会再次拜访，给客户一个购买的心理准备过程，千万不要希望能立刻一锤定音，毕竟这样的幸运是较少的。

10. 攻心为上，攻城为下

兵法有云：攻心为上，攻城为下。只有得到了客户的心，客户才把你当做合作伙伴，当做朋友生意才会长久。只有把客户当成了朋友，销售的路才会越走越宽；反之，那只是昙花一现。

六、电话营销如何挖掘潜在顾客

1. 地毯式搜索法

地毯式搜索法是指营销人员在事先约定的范围内挨家挨户访问的方法，又称逐户访问法、上门推销法。这种方法的优点是具有访问范围广、涉及顾客多、无遗漏等特点，但是这种方法有一定的盲目性，对于没有涉足营销工作的人来说，运用此法最大的障碍是如何接近客户，即在客户购买商品或者接受服务之前，营销人员努力获得客户的接见并相互了解的过程。

接近客户可采用如下几种方法：

（1）派发宣传资料：营销人员直接向客户派发宣传资料，介绍公司产品或服务，引起客户的注意力和兴趣，从而得以接近客户。

（2）馈赠：这是现代营销常用的接近法。营销人员利用赠送小礼品等方式引起顾客兴趣，进而接近客户。

（3）调查：营销人员可以利用调查的机会接近客户，而且此法还隐藏了直接营销的目的，易被客户接受。

（4）利益引导：营销人员通过简单说明商品或服务的优点以及将为客户带来的利益而引起顾客注意，从而转入面谈的接近方法。

（5）赞美接近：营销人员利用人们的自尊和被尊敬的需求心理，引起交谈的兴趣。需要注意的是赞美一定要出自真心，而且还要讲究技巧，否则会弄巧成拙。

（6）求教接近：对于虚心求教的人，人们一般不会拒绝他。但营销人员在使用此法时，应认真策划，讲究策略。

2. 广告搜索法

广告搜索法是指利用各种广告媒体寻找客户的方法。越来越多的大公司利用广告帮助销售人员挖掘潜在客户。利用广告媒体的方法多种多样，如利用杂志广告版面的下部提供优惠券或者抽奖券，让读者来信索取信息；或者在杂志背面设置信箱栏目，让读者通过信箱了解更多有关产品或服务的信息；也可以利用高技术工具如传真机，把自动个人电脑和传真机的自动送货系统联系在一起，客户只需拨通广告媒体上的电话号码，就可以听到类似语音信箱的计算机自动发出的声音，客户可以选择一个或多个服务项目，而且只要提供传真号码，几分钟内就可以收到文件。虽然广告媒体能够提供许多潜在客户的信息，但营销人员也得花相当多的时间去筛选，因此广告搜索法只有和高科技工具及电子商务结合起来，才能发挥其最佳效能。

3. 中心开花法

中心开花法是指在某一特定的区域内选择一些有影响的人物，使其成为产品或服务的消费者，并尽可能取得其帮助或协作。这种方法的关键在于"有影响的人物"，即那些因其地位、职务、成就或人格等而对周围的人有影响力的人物。这些人具有相当强的说服力，他们的影响能够辐射到四面八方，对广大客户具有示范效应，因而较易取得其他客户的信赖。而且这些有影响的人物经常活跃于商业、社会、政治和宗教等领域，他们可能会因为资深的财务背景或德高望重的品行而备受他人尊敬，因此如果能够得到他们的推荐，效果尤其明显。因为他们代表了权威。但是，在使用该法时，应注意同有影响的人物保持联系，而且当他们把你推荐给他人之后，不管交易是否成功，一定要向他表示感谢。

4. 连锁关系链法

连锁关系链法是指通过老客户的介绍来寻找其他客户的方法。它是有效开发市场的方法之一，而且花时不多。营销人员只要在每次访问客户之后，问有无其他可能对该产品或服务感兴趣的人。第一次访问产生两个客户，这两个客户又带来四个客户，四个客户又产生八个客户，无穷的关系链可一直持续发展下去，销售人员最终可能因此建立起一个自己的潜在顾客群。这种方法尤其适合如保险或证券等一些服务性的行业，而且这种方法最大的优点在于其能够减少营销过程中的盲目性。但是在使用该法时需要提及推荐人以便取得潜在客户的信任，提高成功率。

5. 讨论会法

讨论会法是指利用专题讨论会的形式来挖掘潜在客户。这也是越来越多的公司寻找潜在客户的方法之一。由于参加讨论会的听众基本上是合格的潜在顾客。因此来参加的必定是感兴趣的。但是在使用讨论会方式时，应注意以下几点：

（1）地点的选择。要想最大限度增加与会人数，应选择诸如饭店、宾馆或大学等地点。

（2）时间的选择。时间选择应注意适当原则，不宜过长也不宜过短，以连续两天为宜。因为第一天没有时间到会的潜在客户可以在第二天赶上。

（3）讨论会上的发言应具备专业水平，且需要布置良好的视觉环境和装备高质量的听觉设备。

（4）与会者的详细资料要进行备案。个人资料可以通过一份简短的问卷调查获得。

6. 会议找寻法

会议找寻法是指营销人员利用参加各种会议的机会和其他与会者建立联系，并从中寻找潜在客户的方法。这种方法比较节约成本，但在实际运用时要注意技巧，暂时不提或委婉提出营销意图，以免对方对你产生反感情绪。

7. 直接下载法

直接下载法就是指营销人员利用互联网直接到客户资料网站或者软件下载自己所需要的客户资料，这种方法省时、省力，特别适合那些专业从事电话营销的公司。

网络营销

一、网络营销的定义

网络营销是以国际互联网络为基础，利用数字化的信息和网络媒体的交互性来辅助营销目标实现的一种新型的市场营销方式。简单地说，网络营销就是以互联网为主要手段进行的，为达到一定营销目的的营销活动。

二、推广渠道评估

登录站长工具网：http：//tool. chinaz. com/。

（1）输入查阅的网站地址：http：//www. xbwl. cn.

（2）点击"ALEXA 排名查询"，查阅网站浏览的 IP 数量，至少要达到 1000IP/天。

（3）点击"PR 查询"，查看该网站的 PR 值，至少需要不小于 3。

三、通过网络寻找客户的主要渠道

1. B to B 类商贸网站

（1）渠道特征：信心量大、信息准确、分类清晰明了，适合所有部门开发使用最重要渠道：阿里巴巴（日均浏览超过 500 万人次）、慧聪网（日均浏览超过 85 万人次）国内 B to B 类商贸网站最佳平台，为推荐首选。

（2）生意人网址导航：http：//china. toocle. com/b2b ＿ guide/（日均浏览超过 48 万人次）集中了各行业的分类网站，适合查找相关行业的客户资料使用。

（3）商业网址大全：http：//b2b. qiandu. com/集中了各行业的分类网站，适合查找相关行业的客户资料使用。若上述分类导航中链接地址打不开，请直接搜索网站名称即可。

2. 物流网站或论坛

（1）主要渠道：目前除阿里巴巴、慧聪网和淘宝网物流板块外，国内相对较容易寻找到物流同行、货源信息的网络平台主要有物流天下、中国物流企业网等几家网站或论坛。

（2）优势：按照物流产品的类型进行细分，相对容易寻找到同行信息和客户货源信息。

（3）劣势：客户货源信息以整车为主，零担为辅，需加强与客户的沟通后，联系客户未上传到网上的零担业务。

3. 招聘网站

（1）主要渠道：前程无忧网、中华英才网、智联招聘等。

（2）客户类型：以同行和企业为主。

（3）优势：企业数量多，涵盖各行各业，能了解企业的部分重要信息。

（4）劣势：缺少准确联系方式，难以直接联系上，需通过网络搜索寻找。

（5）解决办法：通过在阿里巴巴、网络黄页或者搜索引擎搜索等方式寻找客户的联系方式。

4. 地图软件

利用免费的网络地图查询平台，可以轻松查询到大量的客户资料，并且知道客户的准确位置，方便营业部上门服务。此处推荐 51 地图或 UU 灵图。

（1）51 地图：适合搜索营业部周边的客户资料。

（2）UU 灵图：适合查询收、发货客户地址等信息。

5. QQ 群

（1）利用 QQ 聊天软件的群组功能，查找营业部当地的 QQ 群或自己建一个物流

QQ 群，通过建群的方式认识更多的同行或者客户。建立起一定的关系后，可以通过同行介绍或者自己联系等方式找到更多的客户。

（2）搜索部分关键词组合，如广州物流、广州货代、空运、广州服装、广州皮具、佛山五金、中山灯饰等，通过这些关键词搜索，寻找到同行或者客户聊天的 QQ 群。

（3）注意在客户 QQ 群里尽量不要发送广告。

6. 网上黄页

以下为举例说明，还包括新浪黄页等许多渠道。

（1）全国性黄页：

中国黄页网：http：//www. yellowurl. cn/

中国电信黄页：http：//www. locoso. com/html/hyfl. html

百度黄页：http：//yp. baidu. com/

（2）地方黄页：

上海黄页网：http：//www. huangye. sh. cn/

北京黄页网：http：//www. china-pages. com. cn/

（3）产品类型黄页：

服装：http：//www. 9568. cn/ http：//fz. qincai. net/

皮具：http：//www. piju. com. cn/yellowpage/

　　　 http：//www. leatherhr. com/yellow/

模具：http：//www. mjdhy. com/

　　　 http：//www. molds. cn/info/

7. 搜索引擎搜索

（1）根据特定的关键词进行搜索，方便查询相关的网络信息。如：

明确信息：深圳华丰工业区、狮岭皮具城、一德路玩具城等。

模糊信息：广州医药、佛山五金、深圳电子等。

定位信息：广州白云、广州三元里、广州东平等。

（2）搜索引擎问答类搜索。在问答类网站内搜索"东莞物流"、"东莞空运"、"代收货款"等关键词并进行回答，通过这种方式寻找客户，主要依靠客户主动联系。

8. 营销推广部提供

（1）营销推广部可提供大量的客户资料信息，基本上可按照每个工作日提供一个部门。

（2）客户资料优先提供新开营业网点。

（3）如营业部有需求，需提供营业部周边的行政区域规划，如某镇、某区等信息。

（4）事业部可以统一提交需求，营销推广部按一定先后次序进行提供。

上门拜访

一、上门拜访的定义

上门拜访通常指我们到客户的办公、生产、销售等场所与客户进行合作洽谈的拜访，

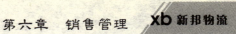

包括约定后拜访、陌生拜访等。

二、熟悉我们的产品

1. 上门拜访的五个任务

（1）销售产品：这是拜访客户的主要任务。

（2）市场维护：没有维护的市场是昙花一现。销售人员要处理好市场运作中问题，解决客户之间的矛盾，理顺渠道间的关系，确保市场的稳定。

（3）客情关系：销售人员要在客户心中建立自己个人的品牌形象。这有助于你能赢得客户对你工作的配合和支持。

（4）信息收集：销售人员要随时了解市场情况，监控市场动态。

（5）指导客户：销售人员分为两种类型：一是只会向客户要订单的人，二是给客户出主意的人。前一类型的销售人员获得订单的道路将会很漫长，后一种类型的销售人员赢得了客户的尊敬。

2. 如何寻找及指定目标客户

首先你要对销售区域有个初步的了解，才能让你有能力和机会去寻找你的潜在客户。

寻找潜在客户是进行销售的第一步，找出销售区域内可能的销售对象有以下几种方法。

（1）扫街拜访，到工业园区或专业市场内逐户拜访；

（2）参考黄页或工商年鉴，挑出有可能的业务对象；

（3）关注相关的报纸、杂志，您的客户名单也许就在上面；

（4）上网搜索相关地区的商家信息，能达到不错的效果；

（5）从前任销售人员的销售记录中获得某些可能的客户；

（6）在到达货收货人信息中获得某些可能的客户；

（7）到竞争对手处查看其货物中始发发货人信息或到达货收货人信息以获得某些可能的客户。

3. 拜访客户前的基础准备

基础是决定你的事业是否成功的基本要素。销售人员的基础并不需要你口吐莲花，也不需要你名牌全身。专业销售人员的基础首先是将自己销售出去。作为一名销售人员，我们可以从身、心及训练三方面入手，将自己销售出去。

下面是一些有关销售人员的形象和基本礼仪的注意点：

（1）穿着打扮

头发：头发最能表现出一个人的精神状态，专业的销售人员的头发需要精心的梳洗和处理。

耳朵：耳朵内须清洗干净。

眼睛：眼屎绝不可以留在眼角上。

鼻毛：鼻毛不可以露出鼻孔。

嘴巴：牙齿要干净，口中不可留有异味。

胡子：胡子要刮干净或修整齐。

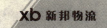

手部：指甲要修剪整齐，双手保持清洁。

衬衫领带：衬衫要及时更换，注意袖口及领口是否有污垢；衬衫、领带和西服需要协调。

西装：西装给人一种庄重的感觉，西装的第一颗纽扣需要扣住；上衣口袋不要插着笔，两侧口袋最好不要放东西，特别是容易鼓起来的东西如香烟和打火机等。记住西装需要及时熨整齐。

鞋袜：鞋袜须搭配平衡，两者都不要太华丽，鞋子上不小心沾上的泥土要及时清理，否则当你进入会客场所时感觉不好，同样还会降低客户对你的好感。

名片夹：最好使用品质优良的名片夹，能落落大方地取出名片。

笔记用具：准备商谈时会用到的各项文具，要随手即可取得。避免用一张随意的纸张记录信息。

（2）职业礼仪

好的装扮，若能加上好的礼仪，将更能赢得客户的好印象。礼仪是对客户的尊重，你尊重客户，客户也会尊重你。

握手：迎接客户的同时伸出自己的手，身体略向前倾，眼神看着客户的眼睛。握手需要握实，摇动的幅度不要太大。时间以客户松手的感觉为准。

站立商谈的姿势：站着与客户商谈时，两脚平行打开，两脚间约10厘米，这种姿势比较不易疲劳，同时头部前后摆动时比较能保持平衡，气氛也能较缓和。

站立等待的姿势：双脚微分，双手握于小腹前，视线可维持水平略高的幅度，气度安详稳定，表现出自信的态度。

椅子的座位方法：多半从椅子的左侧入座，紧靠椅背，上身不要靠着椅背，微微前倾，双手轻握于腿上或两手分开放于膝上，双脚的脚后跟靠拢，膝盖可分开一个拳头宽，平行放置；若是坐在较软的沙发上，应坐在沙发的前端，如果往后仰则容易显得对客户不尊重。

商谈的距离：通常与较熟客户保持的距离是70～80厘米，与不熟悉的客户的谈话距离是100～120厘米。站着商谈时，一般的距离为两个手臂长。一站一坐，则距离可以稍微拉近，约一个半手臂长。坐着时约为一个手臂长。同时保证避免自己的口气吹到对方。

视线的落点：平常面对面交谈，当双方对话时，视线落在对方的鼻间，偶尔可注视对方的双目，当诚心诚意想要恳请对方时，两眼可以注视对方的双目，虽然双目一直望着对方的眼睛能表现你的热心，但也会出现过于针锋相对的情景。

4. 拜访客户前的目标调查

拜访客户前的目标调查主要是客户资料的收集，在对客户进行营销或者回访客户的时候，对对方的了解是至关重要的，俗话说得好"知己知彼，百战不殆"。现在的商界就是战场，充满着无形的殊死征杀，成功地协调客户关系，等于为公司赢得了又一个利润的增长点，点点相加就等于一个面，而这个面就是企业发展的平台。对客户的了解也等于对客户的尊重，我们不可能在拜访客户的时候去询问客户的姓名，更有甚者去询问客户在我们公司买了什么产品，这样的询问会给客户带来无限的疑虑，他可能会怀疑你的身份或者怀疑你的公司是皮包公司。同时，对回访对象的不了解，就很难找到接洽的人

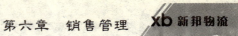

点，很难将话题展开，当然也就不能够找到时机推销你的产品和服务或者达到对客户意见、问题收集的目的。

客户资料需要准备什么呢？首先我们必须掌握客户的最基本资料，比如，客户的姓名，客户的大概行业，他使用了我们的什么产品，如果没有，那他有没有使用我们对手的产品等。这些准备都是为了铺垫以后的沟通之路，为了寻找契机推销自己的产品与服务。

5. 拜访客户前的资料准备

除了客户方面资料的了解，我们还需要准备自己的资料，可能有人会有疑问，作为公司的服务代表，需要准备什么呢？其实准备的还有很多，在沟通的过程中难免会遇见业内人士，特别是一些近期发展较快的行业，客户服务需求较高，对产业了解增长迅速，面对这样的人群，你还能说你比他懂得多吗？如果在回访或者营销的过程中，被客户难倒，或者你需要在拜访后再为他核对，这样就大跌眼镜了，客户会感觉你是送上门的杂耍演员。让客户保有这样的态度，他又怎么会使用你的产品或者接受你的服务呢！

在接触之前，需要准备公司资料、近期活动及优惠介绍、行业发展状况还有你可能需要询问客户的问题。如果你还有时间，不妨准备一些实事政治或者娱乐信息，当然它们未必用得上，但一旦使用就会出现画龙点睛的效果。

下列项目可协助你检查拜访前的资料准备：

（1）产品知识；

（2）价格的权限范围；

（3）现有客户的关系；

（4）潜在客户的资料量和细致程度；

（5）销售区域；

（6）销售辅助器材。

6. 拜访客户前的目的计划

销售是行动导向的科学，没有行动计划，必定没有业绩。如何提高行动的效率，前提是你有一个好的销售计划。

合理的销售计划是依时、依地、依人、依事组织的行动过程。计划是行动的开始，行动的结果是否能够达到目标，是计划检核的基本点。

销售活动是与客户之间进行互动的过程，客户的时间不是你所能够控制的，所以你最好要提早安排，销售计划必须保证充分的弹性。在执行计划的过程中，你必须以严谨的态度对自己的计划负责，计划中要设定严格的检核要点，随时评估计划的可行性，促使自己全力控制计划的进度，以达成计划的目标。

销售人员在作计划前要考虑的三个要素：

（1）接触客户时间要最大化。对销售人员来说，如何提高接触客户的时间是非常有价值的，我们前面提到过，销售人员真正和客户面对面的时间是非常有限的，接触时间的延长有助于客户更详细了解销售人员及产品。

计划的检核点之一就是"你和你的客户在接触过程中的效果和你所用的时间"。

（2）目标。目标分终极目标和阶段目标，有很多业务不是一次性成交的，需要几个回合的接触，借助各种销售手段才能达成的，阶段性目标是检查销售计划执行状况的重要标志，对于区域销售计划则尤为重要。

目标是企业和你共同确认能够达成的任务。目标除了销售数量和销售金额外，还涉及销售费用。下列项目也是销售人员行动过程中企业所要求的目标。

①更充分了解产品的销售区域；

②订出区域分管或客户分管的拜访率；

③维持一定潜在客户的数量；

④每月新拜访客户及再拜访客户的数量；

⑤参加专业训练的次数。

（3）销售计划。一份好的销售计划，要求销售人员知道在自己的销售区域里更快地找到合适的潜在客户，并明确拜访客户的步骤，以达成销售目标。

依计划行事是专业销售人员必备的素质，需要销售人员不断摸索计划的有效性。计划不如变化，但专业的销售人员在计划中却能够充分体现这种变化。刚开始从事业务销售工作的业务新手，不要急于对计划提出过高的要求，按照一定的步骤进行训练，将计划和行程作详细的比较，当销售人员具备了一定经验时，他的销售计划同样可以完美无缺，他的时间的使用效率自然会大大提高，业绩也就不用担心了，此所谓一切尽在掌握之中。

知而行，行则知。销售是一个循序渐进的过程，当一名销售人员的心理承受力增大，他的愿望一次一次实现时，失败对他已经不重要了，这一次的失败避免了下一次犯同样的错误。来吧，我们一起为我们能够理解自己，为了自己的每一次进步，也为自己将要创造的业绩奋进。

 问题思考

1. 我们的主营运输产品及增值服务产品都有哪些？
2. 电话营销的流程是什么？
3. 通过网络寻找客户主要有哪些渠道？
4. 上门拜访前要做哪些准备？

第二节　客户维护

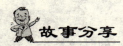 故事分享

A 客户是我们公司持续合作了 7 年的忠实客户，销售业绩持续在每月几十万元，并且为公司在物流行业里的立足、发展、壮大、领先起到至关重要的作用，是我们的白金客户。

如此优良的客户我们是怎样做到完美维护的呢？是不是一直合作的都很顺畅，一直都没有出现过问题呢？客户的满意度难道一直都是那么高吗？

　　其实，物流运输没有不出问题的，货损、货差是很难避免的，只是比率控制在多少，出现了这些问题后如何沟通、解决。

　　客户合作初期，公司为了清楚客户的要求，更好地提供服务，公司安排了专人到客户仓库上班，长期驻守到客户仓库，熟悉了客户的货物发运及物流商选择、替换的原则，同时清楚了客户的仓储与发运计划，及时安排车辆、人员到客户处提取货物，有异常事项发生时，现场解决。

　　2004 年 4 月 25 日，由于天气原因，客户的货物大量受潮，包装箱变形，内物外露，收货人拒绝签收，导致客户损失很大，客户十分头疼，要求我们快速协助其改善本现象的发生；公司高层领导、部门经理及客服专员经过仔细分析及对比验证提出了加膜防湿的措施，同时根据客户纸箱的特点，结合最新纸箱发展技术提出了新型纸箱使用的可行性分析方案，客户看过试验后非常满意，从此接受了我们的这两项建议，沿用至今。

　　2008 年 10 月 25 日，部门经理接到客户投诉电话，客户仓库人员反映我们近段时间接货总是迟到，导致他们要下班时不能正常下班！

　　部门经理随即亲自了解问题所在，原来我们的车辆是按照以往时间发往客户处提货的，由于路途中有一段 2 千米的路段修路，导致我们的 5 吨车常常被塞在那里，往往一塞就是 1 个多小时，我们的司机及接货人员也很急，就是没办法！

　　接下来部门经理结合车队、驻客户仓库的小×、客户仓库人员一起开了一个小会，决定采取应急措施：

　　（1）车辆提前 1 小时发车到客户处等。

　　（2）当车被塞到路上过不来时仓库正常出货，将货物放置到有雨棚的货台上，我们的驻客户处人员现场看货，直到车到，客户仓库人员可以正常下班。

　　（3）改用小型车绕道过来分批提货。

　　经过这些措施快速解决了客户的投诉问题。

　　为了本客户的维护，部门建立了完善的客户信息建档工作，无论谁负责本客户的维护都有清晰的操作指引及注意事项，并且，交接人员必须在完全接手后才可以调走原客服人员。

　　同时明确了接货时间、接货人员、客服人员，客服职责等。

　　打江山难，守江山更难！

　　只有我们用心，建立规则、规范，遇到问题积极面对、及时处理才能赢得客户的信任！

客户资料建档

　　客户资料是一个营业部重要的资源。客户与我们公司合作走货，或者与公司有接触的时候，我们就应该给这个客户建立他独有的客户档案。根据合作情况，公司客户一般分为两类：一类是合作客户，即已经与公司合作走货的客户；另一类是目标客户，也就是与公司有接触，但尚未与公司合作走货的客户。这类客户需要不断地开发跟进才能与公司建立合作关系。这两类不同的客户，其客户档案包含的内容也有所不同，下面就对他们分别进行讲解：

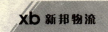
一、建立合作客户档案

（1）进入客户管理系统，选择合作客户查询。在查询界面中可以用"登记时间、客户名称、跟踪人、客户等级、资料完整性"等字段进行查询，如图 6-5 所示。

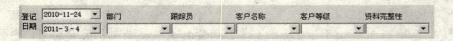

图 6-5　客户管理系统 1

（2）点击"查询"后在界面右侧出现客户名单，点击客户名称，同时在主界面中点击修改，就可以修改客户信息了，其中"＊"部分是必填项，如图 6-6 所示。

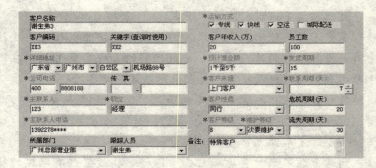

图 6-6　客户管理系统 2

（3）主界面下方是该客户主联系的详细资料、开发记录、基本资料等详细情况，具体操作如下：

①添加联系人信息，如图 6-7 所示。

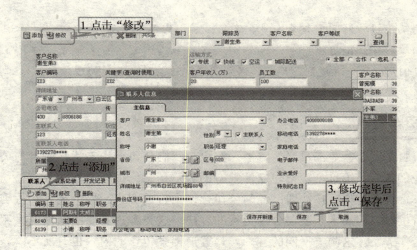

图 6-7　客户管理系统 3

②客户联系记录添加修改，如图6-8所示。

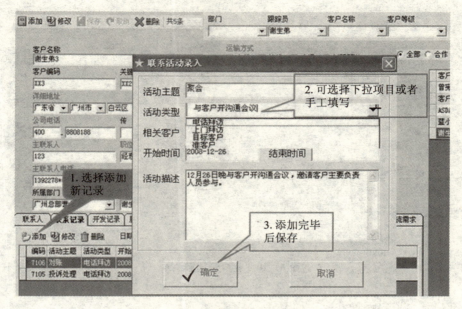

图6-8 客户管理系统4

③客户开发记录添加修改，如图6-9所示。

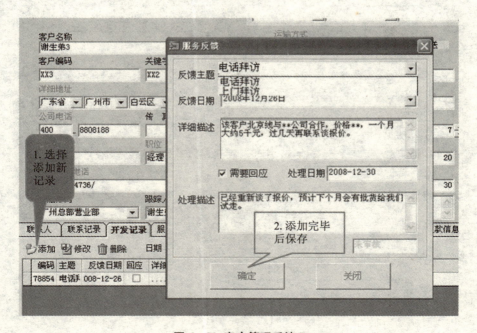

图6-9 客户管理系统5

④服务提醒添加修改，如图6-10所示。

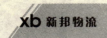
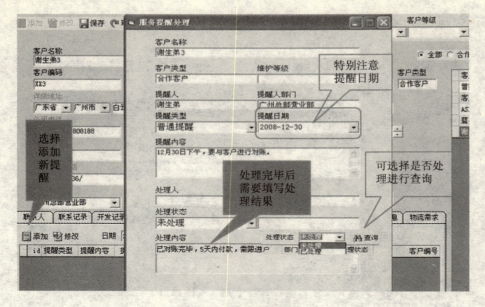

图 6-10　客户管理系统 6

⑤客户基本资料添加修改，如图 6-11 所示。

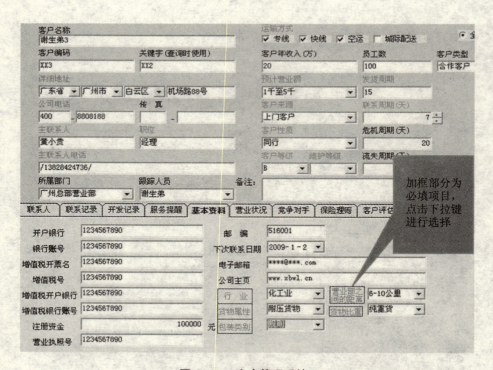

图 6-11　客户管理系统 7

⑥竞争对手资料添加修改，如图 6-12 所示。

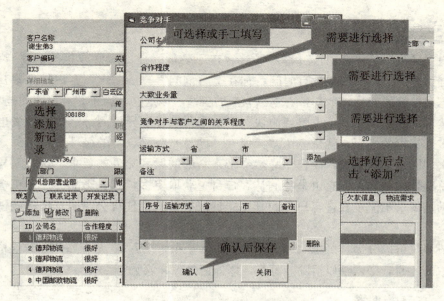

图 6‒12   客户管理系统 8

⑦客户物流需求添加修改，如图 6‒13 所示。

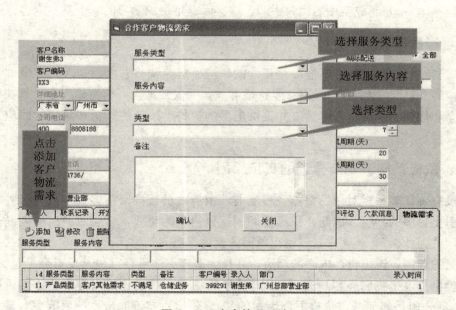

图 6‒13   客户管理系统 9

二、建立目标客户档案

目标客户大体版面与合作客户一致。目标客户取消了合作客户的必填项目，要求填写客户名称、联系人和联系电话。客户开发需在服务反馈里面填写。对于有竞争对手资料的需在系统中备注相关信息。

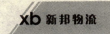

客户异议处理

客户"异议"是你在销售过程中导致客户不赞同、提出质疑或拒绝的言行，例如，你要去拜访客户，客户却说没有时间；你在努力询问客户的需求，客户却隐藏其真正的动机；你向他解说产品，他却带着不以为然的表情……这些都属于"异议"的范畴。

虽然客户的异议并不让人感到愉快，但如果我们理解异议的必然性，心境也许就会平和许多。销售的过程本就是一个"异议←→同意←→异议"的循环过程，每一次交易都是一次"同意"的达成，而合作必然会带来新的问题和额外的要求，这就是异议。虽然异议总是带来烦恼，但它也是我们从客户身上获取更多信息，影响客户的机会。解决异议，满足需求不但是教育客户并同其建立良好关系的绝佳机会，而且经常能创造新的销售机会。

一般异议可以分为"疑虑"、"误解"、"缺点"和"投诉"。无论如何，异议毕竟是销售过程中的障碍，必须予以清除。那么，该如何处理异议呢？

一、充足的准备

在和客户长期接触中，很容易发生最常见的异议。对相应的回应方式成竹在胸，特别对于新手，是最基本的业务准备。并且，在实际工作中不断充实这个"异议库"和相应的"应答库"，并制成实用的销售手册。这实际上是组织学习的一个基本内容。

二、态度诚恳

面对异议时心情急躁、不舒服是正常的，但显然应调整态度以让客户感觉"你明白并尊重他的异议"。因为客户只有在觉得被尊重，异议被重视，相信你会全力解决问题的时候才会和你交流，说出心里话，并提供更多的资料。诚挚的倾听和热情的回应是良好态度的要件。

三、积极询问，判断异议的真正原因

在没有确认客户反对意见重点及程度前，销售人员直接回答客户的反对意见，往往可能会引出更多的异议。因此，积极地询问就显得尤为重要，切忌对一己的判断过于自信。多问"为什么"，让客户自己说出原因。因为，当问到为什么的时候，客户必须回答反对意见的理由，说出自己内心的想法，并且会潜意识地重新审视其反对意见是否妥当。例如，价格异议是我们最容易遇到的，"除了价格外，我们还可以在哪些方面进行改进呢？"、"贵公司是如何考虑价格方面因素的？"显然比直接询问价高的原因更容易发现价格结构中哪一部分对客户更为重要，或者另有原因。

四、选择适当的时机

优秀的营销人员不仅要能对客户的异议给予一个比较圆满的答复，而且要善于选择恰当的时机。懂得在何时回答客户异议的营销人员会取得更大的成绩。需要指出的是，绝大多数异议需要立即回答，这既是促使客户购买的需要，也是对客户尊重的需要。

五、针对异议，有的放矢

异议有疑虑、误解、缺点和投诉之分，针对不同的异议须有的放矢。面对怀疑，应询问产生怀疑的原因；面对误解，应询问误解背后的需要；面对缺点，应询问客户的需要，以及与需要背后的需要的关系；面对问题投诉，应询问发生了什么，过去的服务怎么未能满足需要，以及现在的需要。

1. 消除疑虑

疑虑说明客户需要保证，需要有力的证据。所以营销人员要提供相关的资料，证明产品和服务确如所说的那样能给予客户利益，满足其需求。需要注意的是，证明资料必须是相关的，也就是要针对客户所怀疑的特征和利益。

2. 克服误解

产生误解是由于客户不了解公司的产品和服务，或得不到正确的资料。在销售过程中，误解是很常见的。例如，你没有问及或客户没有听到都可以产生误解。但问题的根本点是误解背后客户有需要。所以要澄清该需要，并说明该需要。通常，直接反驳很容易陷于与客户争辩，销售人员应注意言辞委婉，避免和客户直接的言语对抗，但有些情况必须直接反驳以纠正客户不正确的观点，如客户对企业的服务、诚信有所怀疑时；客户引用的资料不正确等。因为，任何对企业服务、诚信的怀疑可能极大地损坏企业的声誉，对销售是致命的打击。同样，客户所掌握的不正确的信息是必须立即纠正的。但销售人员也要注意态度诚恳、对事不对人，在让客户充分感受其专业素养的同时不伤害客户的自尊心。

3. 面对缺点

在"坦率但不草率"的基础上，努力淡化客户的注意和在意程度，具体的进程是表示了解该缺点→把焦点转移到总体利益上→重提前面讨论中客户已接受的利益，淡化缺点→询问是否接受。缺点的本质是在客户眼里你所提供的产品的特征和利益不能满足他的需要，并且在他看来这是事实。所以，处理缺点的基础是使客户从全面的角度去看待双方的合作，去看待你给客户带来的利益。在淡化和弥补缺点的过程中，可以运用补偿法，给客户一些补偿，并在客户关键购买因素上多做文章。其要点就是突出产品优点对客户的重要性，产品没有的优点对客户而言是相对不重要的。

4. 处理投诉

投诉是客户在实际使用产品过程中遇到的困难和问题，其真实度较高。但也分两种情况：对于由于客户理解有误或使用不当造成的问题，应诚恳详细地说明，并提供有力的证据证明责任所在，当客户情绪比较激动时，可以采用"是的……如果"的句法，用"是的"同意客户部分的意见，用"如果"来表达存在另一种情况的可能性；对于确为产品或服务本身存在的问题，则应积极道歉，勇于承担责任，给出切实可行的明确解决时间，并快速处理。

客户回访

客户回访是企业用来进行产品或服务满意度调查、客户消费行为调查、进行客户维系的常用方法，由于客户回访往往会与客户进行比较多的互动沟通，更是企业完善客户数据库，为进一步的交叉销售，向上销售铺垫的准备，认真的策划就显得尤为重要。公司采用的客户回访手段主要有电话回访和上门回访。

一、客户回访的要点

（1）客户回访之前要对客户进行分类。公司一般是按照客户的月营业额将客户划分为：项目客户、重点客户、常客、散客等。对于处于不同层级的客户应采用不同的回访手段。

（2）确定了客户的类别以后，明确客户的需求才能更好地满足客户。特别是最好在客户需要找你之前，进行客户回访，才更能体现关怀客户，让客户感动。

（3）利用客户回访促进重复销售或交叉销售。最好的客户回访是通过提供超出客户期望的服务来提高客户对企业或产品的美誉度和忠诚度，从而创造新的销售可能。客户关怀是持之以恒的，销售也是持之以恒的，通过客户回访等售后关怀来增值产品和企业行为，借助老客户的口碑来提升新的销售增长，这是客户开发成本最低也是最有效的方式之一。开发一个新客户的成本大约是维护一个老客户成本的六倍，可见维护老客户是如何重要了。企业建立客户回访制度，很重要的方法就是建立和运用数据库系统，例如，利用客户关系管理（CRM）中的客户服务系统来完成回访的管理。将所有客户资料输入数据库，如果可能，还要尽量想办法收集未成交客户的资料，并进行归类。无论是成交客户还是未成交客户，都需要回访，这是提高业绩的捷径。制订回访计划，何时对何类客户作何回访以及回访的次数，其中的核心是"做何回访"。不断地更新数据库，并详细地记录回访内容，如此循环便使客户回访制度化。日积月累的客户回访将使部门的销售业绩得以提升。

二、客户回访登记

（1）客户回访计划在"合作客户查询"下的"服务提醒处理"中添加，如图 6-14 所示。

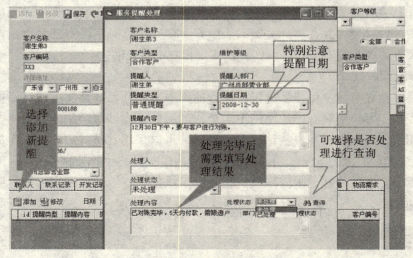

图 6-14　客户回访计划

（2）在客户管理系统，过程管理服务反馈中对客户回访内容进行添加，如图 6 - 15 所示。

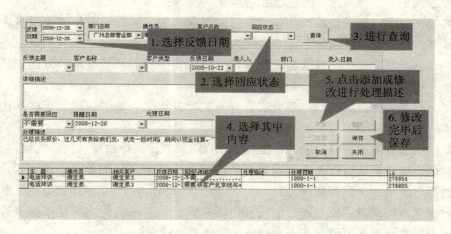

图 6 - 15　回访内容添加

（3）客户回访人员对客户回访情况录入之后，部门负责人要对员工的服务反馈进行审核，具体操作如图 6 - 16 所示。

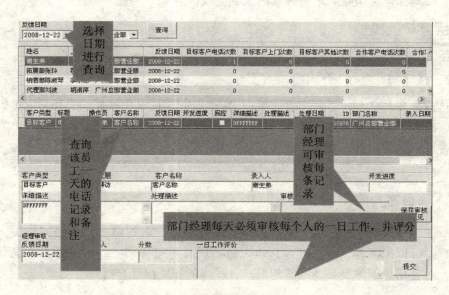

图 6 - 16　审核回访内容

客户满意度调查

客户满意度（Consumer Satisfactional Research，CSR），也叫客户满意指数。是对服务性行业的顾客满意度调查系统的简称，是一个相对的概念，是客户期望值与客户体验的匹配程度。换言之，就是客户通过对一种产品可感知的效果与其期望值相比较后得

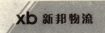

出的指数。

客户满意度调查近年来在国内外得到了普遍重视，特别是服务性行业的客户满意度调查已经成为企业发现问题、改进服务的重要手段之一。

国内的满意度调查是在最近几年才迅速发展起来的，但已经引起越来越多企业的重视。测评客户满意度的作用如下：

（1）掌握满意度现状：帮助客户把有限的资源集中到客户最看重的方面，从而达到建立和提升顾客忠诚度。

（2）分品牌和客户群调研：为分层、分流和差异化服务提供依据，了解并衡量客户需求。

（3）找出服务短板，分析顾客价值，实现有限资源优先配给最有价值的顾客。

（4）研究服务标准、服务流程及服务传递与客户期望之间的差距，找到客户关注点和服务短板，提出相应改善建议。

客户满意度的调查主要是通过问卷和电话来进行的。两者的内容基本是一样的，满意度的调查每次可以主要针对某一种产品或服务进行问题设置。

客户维护是维系客户关系的重要一环。只要与客户不断地接触，发现问题、解决问题，才能不断提高公司的整体服务水平，完善客户服务体系，塑造公司品牌形象。通过客户维护，客户忠诚度能持续提高，有利于改善客户关系，为销售工作和销售策略的制定提供支持，保证公司企业销售计划的顺利完成。

项目客户的维护

一、项目客户的定义

年营业额在200万元（月均营业额在16万元）以上，毛利水平在15％以上的客户为公司级项目客户。除公司级项目客户外，各事业部年营业额排前20名的客户，为事业部级项目客户。除公司级、事业部级项目客户外，区域内年营业额排前10名的客户为区域级项目客户。

二、项目客户维护的意义

项目客户是公司支柱型客户，对公司的生存和发展起到稳定和支持的作用。维护好项目客户，可以提高客户满意度，从而在稳定现有客户基础上，深挖潜力，提高项目的营业额，对公司业绩的提升、品牌的推广、线路的开发都具有重要意义。

三、项目客户的日常维护

项目客户因发货量大，发货频次高，服务要求多，与散客的维护不同，需要专职客服人员进行日常维护。客服员每日上午做前天客户发货的清单和跟踪表，对货物状态进行跟踪，并及时反馈给客户；受理客户的咨询、查货信息，以及货物异常情况的处理，并及时给客户反馈；统计客户的发货量和营业额。每周对客户的问题进行整理，每月对客户运作质量做KPI分析，经营状况做效益分析，与客户财务人员核对运费账目。

有些客户不需要货物跟踪表、KPI 分析等，我们也要坚持做，以规范化、超出客户预期的服务取得客户的信任，提高客户的满意度。

四、项目客户的紧急维护

项目客户出现紧急情况时，应及时上报，快速反应，立即处理。特别是当项目客户发生危机时，要高度重视，采取适当的技巧，将危险化为转机。

下面这个案例是典型的项目客户紧急维护成功的案例。伊戈尔武汉线货物由于武汉营业部人员在卸车时操作不当，造成木箱损坏，货物严重破损。外场人员因怕承担责任将木箱重新钉好，送货给客户，客户正常签收，事后发现箱内变压器严重损坏，投诉到伊戈尔电器。对于这种欺瞒行为，客户伊戈尔极为愤怒，不仅将武汉线调走，更面临着客户全部流失的风险。当时的官窑营业部经理很好地进行了危机维护，登门致歉，并请求公司高层领导出面协助处理，后将伊戈尔申请成为项目客户，利用公司平台与资源，成功将此次客户危机变为了转机。后武汉线不仅恢复，客户更将其他线路的货量也调给我公司，营业额有大幅提升。

五、项目客户的双向维护

当前我们的客户维护主要停留在委托方的维护，直接导致有些问题不能及时有效地处理，为了进一步提高客户满意度，减少不必要的投诉，加强与客户的联系，推广项目客户的双向维护。

1. 双向维护的概念和定义

由货物始发地新邦客服人员对委托方客户进行日常维护，同时由货物到达地新邦公司或网络客服人员主动配合，对收货方进行维护，将维护工作与物流同步，使维护工作形成由委托方到收货方的全程维护。

2. 双向维护工作的目的和意义

（1）实行全国客户共同维护，从到达方面保护合作关系，减少客户因收货产生的投诉；

（2）突出以客户需求为核心的工作重点，将市场中维护范围做大；

（3）开展双向维护，将维护工作从单方单线维护扩展到全程全线维护，是保障客户理念的具体体现。

3. 双向维护的工作内容

（1）双向维护的对象是总部下发确认 10 万元以上的项目客户。

（2）客户维护人员必须了解所维护客户的项目操作要求。

（3）进港方维护收货方客户，出港方负责维护委托方的相关信息。要求各地要重视进港维护，加强和出港方项目客户维护人员的沟通，及时传递信息。

（4）进港维护人员与收货方保持沟通，必要时应上门拜访，熟悉收货方的业务操作情况及特殊要求，与收货方建立良好关系，减少因提送货造成的事故与投诉。

（5）如果发生事故与投诉，进港维护人员及时与收货方联系或上门协商，同时通知到出港方项目维护人员，从两方面入手，解决投诉，将事故影响控制在最小范围。

4. 双向维护工作的开展与实施

(1) 各区域将双向维护落实到位，明确工作职责，将双向维护人员上报客户服务中心项目客户部备案。

(2) 建立重点客户双向维护的客户档案，尤其是进港客户档案，针对当地情况，多种形式开展双向维护。

(3) 双方要保证经常沟通，经常联系，在维护的同时接触客户信息，将信息反馈给对方，促进共享资源客户的开发。

六、项目客户的月度沟通会

1. 月度沟通会的概念和定义

由项目客户所在部门与客户约定时间、地点，我公司部门经理、区域经理、大区总监与客户物流负责人就项目客户近一个月的经营与运作情况召开沟通会议，每月 15 日前完成。

2. 月度沟通会的目的和意义

满足项目客户的需求，创造一个与项目客户良性沟通的平台，发生问题能够及时得到解决，促进双方高层的互访，增进客户关系，从而达到项目客户满意度提高及公司效益提高的双赢局面。

3. 月度沟通会的内容

(1) 公司上月运作质量的 KPI 分析报告（PPT 形式）；

(2) 对上月货物出现的问题进行分析，给出解决方案；

(3) 公司根据实际操作情况对客户提出配合要求；

(4) 客户对公司项目客户运作提出要求和建议；

(5) 双方就提到的问题协商沟通。

七、项目客户的业绩提升

对客户进行深入调研，准确分析我公司占客户物流运输量的多少份额，然后分析我公司与竞争对手比较的优劣势，及客户未将那些线路交给我公司走的原因。要有针对性地制定相应的业绩提升方案，并付诸实施，在实施过程中不断修订和完善，以达到业绩提升的目的。

八、项目客户的关系维护

1. 深入掌握客户资料，并投其所好

在和项目客户合作的过程中，要深入把握项目客户关键人物的心理，并通过采取一些措施来满足他们的心理需求，不断地和他们保持着联系和沟通。对项目客户关键人物心理的分析不仅仅要分析其对产品的需求，对不同产品的评价，同时还要对其背景、角色等进行深入的了解，这样才能知道什么时候该针对项目客户的人员采取怎样的策略。因此，要维护好项目客户，一定要对项目客户关键人物的个人资料了如指掌，才有机会真正挖掘到客户实际的内在需求，从而不断地做出切实有效的解决方案。

项目客户关键人物的个人资料包括：生日、家庭状况、家乡、毕业的学校、喜爱的运动、喜欢的餐厅和食物、喜欢阅读的书籍、喜欢的休闲娱乐方式、在机构中的作用、与同事之间的关系、个人发展计划和志向等。掌握这些资料之后，就可以在一些有纪念性的日子，定期对项目客户的关键人物进行拜访，加强交流联系，这些沟通对于赢得项目客户的忠诚是非常必要的。只有和项目客户的关键人物建立了密切的交往，才能获取更多关于大客户的内部信息，也才能把握如何抓住项目客户的尺度。

2. 提供软性利益，帮助项目客户成长

真正忠诚的项目客户能感受到他们与新邦之间的情感联系。正因为新邦给他们的感受使他们成为稳定客户，因此，为项目客户提供软性利益，是加强情感联系的重要手段之一。

3. 定期组织一些交流活动

项目客户不仅关注自己的进步，同时也关注业界的进步，而且还非常希望分享在产品、营销、管理等方面的经验。因此，对于项目客户的维护来说，定期地举行项目客户的联谊会，联合项目客户开展一些和行业相关的研讨会等，都能够增进和项目客户的情感联系。每年定期的一些活动，会让你同项目客户走得更近。

4. 树立"大服务"观念，进行服务创新

项目客户服务不同于普通散客服务，人性化、全面化、全程化的"大服务"观念才是它的内涵。应针对项目客户的特性，为客户量身定做解决方案，以在项目客户的服务中实现差异化，可以让大客户深入感受新邦的服务。

项目客户对公司业绩的贡献大。因此，与项目客户建立良好的关系，维护好项目客户是保证公司营业额稳步增长、拓展线路、扩大品牌影响力的重要手段。维护项目客户是一个持久、长期和系统的工作，需要不断的细化和深入。

问题思考

1. 请简述合作客户建档和目标客户建档的步骤，并指出二者的不同。
2. 请举例说明，你是如何通过消除疑虑和克服误解来解决客户异议的。
3. 请通过实例，简述客户回访的步骤。
4. 请根据部门实际情况，设计一份《客户满意度调查表》。

第三节　货物运输保价

保价运输

一、保价运输的定义及意义

保价运输是指承运企业与托运人共同确定的、以托运人申明货物价值为基础的一种特殊运输方式，保价即托运人向承运人声明的其托运货物的实际价值。凡选择保价运输

的货物，托运人除需缴纳运输费用外，还要按照规定保价费率缴纳一定的保价费。

保价运输是针对承运货物而提供的一种保障，是为了使货物在运输途中因意外产生的货损货差损失能在保价责任范围内给予托运人一定的经济补偿。推广保价运输可有效降低承运方的运输风险，并且对于提高理赔效率和客户理赔满意度也有重要意义。

二、保价货物类型及保价标准

货运公司所承运的货物涉及各种类型。根据货物的性质、价值、包装及出险频率等因素，在保价运输中往往会划分出不同的货物类型及相应的保价标准，同时，运输方式不同，保价费率也会有所不同。

1. 货物的划分标准

（1）易碎易损货物包括陶瓷制品、地砖、灯具、卫浴、大理石、玻璃制品、铝材、家具、板材等物品；

（2）高价值物品主要指干货（海参、辽参、鱼干、鱼翅、鲍鱼、干鱼肚、鱼花胶、燕牛肉、牛仔骨、冬虫草、螺片、花菇、冻啡夫、冬菇、海螺、虫草花等）及 IT 类货品（笔记本电脑、等离子、液晶显示器、显示器、摄像机、数码相机、硬盘、服务器、对讲机、视频卡、CPU、DV、MP3、MP4、手表、手机、电脑、镜头）。

2. 保价收费标准

保价收费标准如表 6 - 2 所示。

表 6 - 2　　　　　　　　　　　保价收费标准

货物类型	正常保价费率	最低权限费率
汽运普通货物	3‰	1‰
汽运、空运易损货物	10‰	5‰
汽运、空运易碎货物	10‰	限额投保 3000 元
汽运、空运高价值物品（IT 类、干货产品）	5‰	1‰

最低一票保费收取标准为：普通货物城际配送 6 元，长途运输 8 元；易损易碎货物及高价值货物（IT 类、干货产品）一律为 12 元。

空运普通货物保价费率收取标准为：正常保价费率 4.5‰，最低一票保费收取标准为 10 元。

3. 不予承保的货物

（1）现金、票据、有价证券、单证、艺术品、金银、珠宝、钻石、玉器、文物古玩等贵重物品；

（2）动物、蔬菜、水果、花卉及其他动植物、鲜活物品以及需要冷藏或保温运输的货物；

（3）汽油、烟花爆竹等易燃易爆品及危险品；

（4）饲料、粮油食品、谷物等易发霉变质物品；

（5）枪支弹药、管制刀具、危险品类货物以及违反国家规定或法律的货物；

（6）裸装货物；

（7）二手机器设备、二手电器（如需投保，需获得保险公司的认可）；

（8）玻璃面积占货物总面积 90% 以上的物品；

（9）不能提供发票价值的私人行李，如行李箱、旧衣服、毕业证书等。

在收运货时，只有全面了解所收取货物的运输投保要求、投保范围及保险责任，才不致出现盲目收运货物，导致货物错保、漏保情况的发生。

货物出险报案

公司承接托运人货物之后，一旦在运输途中出现货物丢失（包括内物短少）、破损等异常情况时，各相关责任部门要第一时间反馈异常信息，由货物安全部内部报案。对于公司有向保险公司投保的货物，出险后还应在 24 小时内向保险公司报案，以便保险公司能够受理并在第一时间内跟进货物的查勘定损工作。

一、内部报案

1. 异常信息反馈

凡是货物出现货损货差的异常信息，负责反馈的相关部门，包括空运查询部（含广州、深圳总调）、终端点到部门和相关中转外发操作部门，必须在货物正常到达后 4 小时内在公司 NIS 系统上录入相关异常信息。反馈的异常信息必须及时、准确、清晰，要准确选择相应的责任部门和货物异常类型，以便各部门能及时发现并纠正异常情况，避免产生更大的不良后果和经济损失。

货差异常包含有单无货和有单少货两类情况。有单无货类异常，其责任部门必须是上一环节部门，反馈的内容应明确车牌号、交接单号、点数确认人员、卸车时间及主管级以上核实人姓名；有单少货类异常，其反馈内容则应在明确以上内容的同时，还要注明货物应到件数、实到件数、少收件数及所少货物的特征。

货物破损类异常，其责任部门必须选择上一环节责任部门。当货物不慎受潮时，应反馈为货物潮湿，而非货物破损。此类异常反馈的内容应包含以下内容：破损件数、外包装是否完好、内物情况具体描述、破损程度及破损件数；对于严重破损的情况还应描述破损的原因，同时上传破损和修复图片。

2. 出险录入

反馈部门在 NIS 系统上反馈相关异常信息后，系统一般会自动完成货物的内部出险工作。而对于那些系统不能自动出险的案件，则由运作中心货物安全管理部统一负责，进行手动录入出险。

出险报案要求全面、准确地录入货物的出险详情：要完整填写货物的出险性质（部分破损、整票破损、部分丢货、整票丢货）、出险原因（内部原因、外发公司原因、航空公司原因、空运网点原因、客户原因）及责任部门；货物破损要注明破损件数、是外包装破损还是内物破损、破损程度（如包装变形、包装轻微破损、包装一般破损、包装严重破损，货物破损等级）及货物状态（客户已提还是拒收、已提货的需查看上传于系统

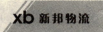

的签收图确认货物签收记录）等；货物丢失应描述丢失件数、丢失重量（不明确可不写）及货物状态等。

货物出险后，系统会自动将信息发送至营业部门货险理赔内勤。各营业部货险理赔内勤在收到信息提示后，必须在规定时间内于 NIS 系统出险货物记录中录入完整信息，如客户是否索赔、报案状态等，并及时提醒欠款、月结及需索赔客户提交理赔资料进行理赔。

二、外部报案

如果承运货物公司由内部承保，那么货物出险后只需在公司内部进行出险报案就可以了。但是为了转移风险、规避损失，公司会对特定线路、特定客户或特定保价金额以上的货物进行选择性对外投保，则此类货物出险后，除了要进行前面要求的内部报案外，还要及时向相应的保险公司报案，以便向保险公司追溯赔偿。

1. 保险公司投保标准

对于保价金额较大、出险率较高或客户有投保要求的货物，公司会向保险公司投保，以规避可能带来的重大损失。为了在有效规避运输风险的同时最小化保险成本，公司会适时调整货物向保险公司投保的标准。

每日开单保价金额的货物，公司系统会于次日 10：30 自动向保险公司投保。

2. 报案操作流程

目前公司与两家保险公司合作，一是太平洋保险公司，负责公司国内货物运输的保险业务；二是美亚保险公司，负责公司国际货物运输（包括港、澳、台）的保险业务。当满足以上投保条件的货物出险后，营业部门货险理赔内勤应该马上辨别品名以及投保金额，确保向保险公司报案，需明确的是货物出险必须在 24 小时内向保险公司报案。

国内货出险向太平洋保险公司报案，应拨打报案电话 020－95500，告知对方统保协议号及被保险人（广东新邦物流有限公司），待对方问完后，向对方索取"报案受理编号"并做好相关记录。同时，从 OA 系统上下载填写《太平洋出险报案单》传真，并要求太平洋保险公司回传报案单以留底保存。

国际货出险需向美亚保险公司报案时，部门内勤应在第一时间拨打报案电话 400－8208858，告知对方保单号，需向对方获取"报案受理编号"并做好记录。同时，要从 OA 系统上下载填写《美亚出险报案单》并传真备案。

3. 货物异常出险报案

在货物承运过程中，若发生被抢、被盗的情况，相关责任人应立即向当地公安机关报案，并取得公安机关报案凭证如《报警回执》。如发生交通事故应立即向当地交警报案，并取得交警部门报案凭证如《交通事故认定书》等。

三、出险货物签收

货物出险后，到达部门要及时跟进收货人的签收情况，引导收货人进行正确签收。因为签收单最真实地反映了货物签收时的状态，是后续理赔的重要依据。因此，要务必保证签收的内容真实、准确和清晰明了。具体而言，要做到图 6－17 所示的几点。

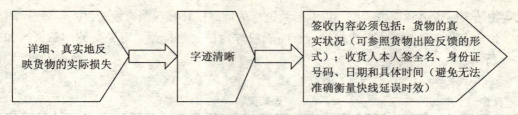

图 6-17　出险货物签收重点

到达部门除了要正确指导收货人签收备注异常信息外，还要负责将签收单/出仓单扫描上传至 NIS 系统，以备查询。

而关于客户拒收的情况（部分拒收或整票拒收），不管客户因什么原因拒收，必须在出仓单上注明拒收的原因并由收货人签字确认。如是因为破损或丢货导致客户部分拒收或整票拒收的，要注明货物的真实状况（可参照货物出险反馈的形式）；如客户不愿在出仓单上注明原因，到达部门可通过收货部门告知发货人，如果不签收异常情况造成的损失（无法证明实际破损情况）可能对将来理赔带来不便，要求发货人与收货人进行沟通。

如果客户要求验货后才收货，可以先让客户查看货物外包装情况并在出仓单写明"外包装完好"或是"外包装异常"；如是"外包装有异常"，方可让客户验货，经双方确认核实后可将货物状态补签在出仓单上。

货物出险理赔

物流作为服务行业，客户的满意度对物流企业的生存至关重要。货物出险理赔作为货物运输服务的重要环节，理赔的满意度很大程度上会影响客户对公司服务质量的认可。目前，客户对理赔服务质量的要求越来越高，理赔的结果、时效以及理赔服务的态度，都影响着客户的理赔满意度。因此，在处理理赔服务时各理赔人员应以"主动、高效、准确、合理"的原则，耐心做好客户的理赔服务工作，确保保价理赔服务质量。

一、理赔原则

为规范理赔操作，明晰理赔责任范围，公司借鉴保险理赔行业的现有规范，对理赔工作制定了相关的指导性原则：

（1）以事实证据为依据，确保理赔单据的合理性、准确性；

（2）及时有效处理，防止损失扩大；

（3）足额保价，足额计算赔付；

（4）理赔金额控制在保价范围之内，减少和控制超出保价范围外的赔付；

（5）正常签收后出险的理赔一律不予受理；

（6）理赔资料必须齐全，要求提交规定的理赔资料，不符合相关规定的不予理赔；

（7）外包装完好，内件缺少或损坏不予受理。

二、理赔资料

货物出险理赔以事实为依据，要求提出索赔的客户必须提供相应的理赔资料，以确

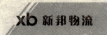

认货物的实际价值和损失情况，以及后续进行的理赔核算和理赔洽谈赔付。

为全面翔实地反映货损货差情况、明确双方责任人的权益，需提交的理赔资料如表6-3所示。

表6-3　　　　　　　　　　　理赔资料

序号	所涉资料	收集意义
1	理赔信息表	了解客户营业状况及欠款情况
2	发货运单原件（客户联）	客户发货和拥有索赔权的直接凭证
3	索赔申请函原件（加盖公章，个人发货需填写个人身份证号码并按指模）	明确客户的索赔意愿及索赔数额
4	整票货物发货清单/装箱清单/出仓单/调拨单	辅助证明货物的价值
5	发票或购售合同等货物价值证明	证明货物价值，确定是否足额保价
6	签收单（即收货人的收货记录）	明确交接时货物状况及货损情况
7	专业鉴定报告或技术说明（机电设备、IT产品）、维修清单或发票（由专业维修部门或厂家出具）	确认货物的实际损失
8	索赔人身份证复印件	确认索赔人身份，预防冒名索赔
9	托运书	法律认可的运输合同
10	其他与案件有关的资料	视案件情况而定

但是，出于简化理赔操作、提高理赔时效的目的，在提交理赔资料时，往往还会考虑客户提出的索赔情况以及案件的对外追溯需求。案件情况不同，需提交的资料也会有所不同。公司现行规定如表6-4所示。

表6-4　　　　　　　　理赔金额及其提交的资料

索赔金额1000元（含）以下	索赔金额3000元（含）以下	索赔金额3000元以上，涉及保险公司、外发公司
(2)(3)(6)(10)	(1)(2)(3)(4)(6)(10)	(1)(2)(3)(4)(5)(6)(7)(8)(9)(10)

(1) 理赔信息表

(2) 发货运单原件（客户联）

(3) 索赔申请函原件加盖公章（个人名义发货的填写个人身份证号码并按指模）

(4) 整票货物发货清单或装箱清单或出仓单或调拨单

(5) 发票或购售合同等货物价值证明

(6) 签收单（即收货人的收货记录）

(7) 机器、设备、电子、IT产品类应提供鉴定报告或技术说明，维修清单或维修发票（专业维修部门或厂家出具维修发票或维修清单）

(8) 其他资料（与案件有关的资料）

(9) 索赔人身份证复印件

(10) 托运书

备注：

（1）单票整票货物丢失不需提供签收单

（2）非机器设备类货物不需提供上述第 7 点

（3）被抢被盗、交通事故需提供《公安报警回执》及《交通事故认定书》

（4）托运书的收集理赔服务部根据情况通知部门收集

对于已向保险公司投保的出险货物，除需提交以上资料外，还需附带索赔金额的计算说明、受损图片及货物残值说明等资料。而对于需追溯外发公司责任的，也需满足上述要求；涉及外发丢货无签收单的，可相应提交外发丢货证明（需盖公章）。这里需明确的一点是，除上述涉及的理赔资料外，操作部门也要配合收集必要的对外理赔资料，包括：需空运中心（广州、深圳）协助收集的空运事故签证、航空运单及配载清单；需汽运货物配载部门协助提交的运输协议和司机三证（身份证、驾驶证及车辆行驶证）。

以上理赔资料根据其来源，可分为内部资料（理赔信息表、托运书、签收单）和外部客户资料。客户提出索赔时，须提交相应的外部资料至营业部门，由部门收集齐后连同内部资料一起提交至理赔服务部。为确保理赔的时效，对于资料提交的时效公司也做了相关的规定，各营业部门务必在规定时间内将资料提交至理赔服务部。

三、理赔金额计算

根据提交的理赔资料及实际调查的货物损失情况，可确定相应的赔付金额。

赔付金额的确认应遵循以下两个原则：

（1）按货物实际价值进行保价的，根据实际损失计算赔偿，但最高赔偿金额以保价金额为限；

（2）保价金额低于货物实际价值的，对其损失金额按保价金额与实际价值的比例计算赔偿。

由于货物破损后仍有一定的可修复价值或可利用价值，因此，在货物破损的理赔核算中，承保人可相应减去这部分的价值，即为免赔额。

具体的理赔计算公式如图 6 - 18 所示。

已购买保价，资料齐全：
运输保价金额/货物总价值×
货物受损金额—免赔额（注：
免赔额以损失的20%或500元
的高者为准）

已购买保价，但无货物总价值，
则取平均值：
（1）运输保价金额/货物总件数×
货物受损件数
（2）运输保价金额/货物总重量×
货物受损重量

未按公司规定保价费率收取保
费，资料齐全：
（运输保价×受损金额/货物总
价—免赔额）×（实际收取费率/
规定收取费率）

未购买保价，资料齐全：
（1）汽运：按受损货物运费的2～4
倍计算赔付
（2）空运：按受损货物20元/千克
计算赔付

如何计算理赔

图6-18　理赔计算公式

四、理赔谈判

理赔谈判是在理赔服务部核算出赔付金额后，营业部门依此与客户协商最终赔付结果的过程。这既是进行利益博弈，也是进行关系博弈。如果只关注眼前实际利益，盲目控制赔款金额，往往会造成客户流失；而如果通过牺牲公司利益去换取客户关系却又是舍本逐末、颠倒主次了。理赔谈判，既要合理控制赔款，提高公司效益，也要赢得客户满意度，减少客户流失。

由于理赔谈判由营业部主导，因此，部门员工掌握理赔谈判技巧，并结合实际积累自身谈判经验对于公司节约赔付成本、提升客户理赔满意度、提高整体理赔结案率有着重要意义。

货险理赔谈判，首先，要做好谈判准备。理赔服务部提出意见后，部门要详细了解客户的实际货损情况、资料提交情况及客户的开单情况，并结合理赔服务部给出此意见的依据，设定出谈判的最高目标、基本目标和底线；要预计可能被客户挑剔的定损缺陷、服务不足之处及其他反对理由，有针对性地准备应对之策。不打无准备之仗，只有做好了准备才能主导整个谈判进程。其次，谈判过程中，部门可先以最高目标跟客户交涉，以留下较大的谈判空间。对于客户的第一次回价，先要坚持自己的立场，因为通常客户也没有指望你会接受他们的第一次回价；待不得不做出让步时，也要表现得不情愿，适时向客户传递出让步的艰难；每一次的让步空间要合理，不能一次让出所有的谈判空间，并且尽可能在做出让步之际，向客户提出回报要求，如下次发货购买足额保价或增加发货量等。在谈判后期，当谈判将进入尾声或客户立场开始动摇时，谈判人员可抓住时机，站在客户角度思考，向客户阐明利害关系，以互利的姿态引导客户接受最终谈判结果。

在谈判过程中，谈判人员可从多个角度寻找谈判证据和反击理由。

1. 理赔资料方面

（1）资料不齐全：如无发票或购销合同，不能有效证明损失货物价值。

（2）出仓单、发货单、调拨单：无公司公章或财务章，非有效证明。

（3）索赔函所列损失货物与发货清单不符：如发货清单为鲍鱼，却索赔冬虫夏草。

（4）重量不相符：假如1台显示器16千克，则10台应为160千克，而清单却写成10台/80千克。

（5）事故签证：机场开出事故签证，注明"重量相符"或"包装完好"的不负赔偿责任。

（6）鉴定报告：机器类破损需有专业维修部门或厂家以专业技术角度去说明报废或维修，而不是普普通通的收据。

（7）签收单：正常签收或已注明"外包装完好"的，即签收时无任何异常，无货损货差，无法受理。

2. 法律法规方面

（1）法律明文规定，凡按保价方式运输的货物，一旦发生货物损失，承运人将按照实际损失给予托运人所声明保价额度以内的赔偿，最高不可超过保价金额。

（2）在验证客户购买运输保价金额大于货物实际价值的时候，根据相关保价运输规定，超出货物价值部分是无效投保，不需另行赔偿。赔偿总额不大于所购买的运输保价金额。

（3）未购买保价的赔偿原则已在托运书、货运单上注明，而且发货人已在运单、托运书上签字确认不购买保价。

（4）间接损失，如人工加班费、市价跌落等非货物本身损失的，不负赔偿责任。

3. 其他

（1）从货物包装不牢固或不合格方面洽谈，包装上未注明运输注意事项；

（2）从货物利用率、可修复率方面进行洽谈；

（3）从参照同行的赔付方式进行洽谈；

（4）根据货物实际损失图片进行洽谈；

（5）可以类比同类货物历史定损依据及处理原则洽谈；

（6）已向保险公司投保的货物，凭保险公司查勘报告先行洽谈或凭保险公司定损结果进行洽谈。

兵无常势，水无常形。在实际理赔谈判中，谈判人员面临的情况往往会更复杂。因此，从长远来看，为客户提供良好的服务，与客户建立互利共赢的合作关系，才能在出现理赔问题时让客户冷静对待，在理赔谈判时能互谅互解，理性协商。

五、理赔支付

理赔谈判达成一致结果后，赔付金额在3000元以上的先与客户签订《赔偿协议》，部门可根据协商结果，在OA系统上申请理赔结案工作流。待工作流经理赔服务部审理结案后，部门即可支付客户相应的赔款金额。至此，货物出险后与客户进行的理赔工作也即宣告完成。

需提出的是，在理赔赔付时，部门要积极主动，尽快完成相关的结案手续，这既是避免客户临时反悔，也是向客户表明公司服务客户的诚意。另外，《赔偿协议》必须要求

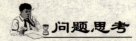

客户盖公章或财务章，而以个人名义发货的则需索赔人按指模和填写身份证号码，协议原件可在财务报账时理赔服务部留底保存。

问题思考

1. 公司现行的货物承运保价标准是什么？
2. 货物出险后，应怎样做好报案工作？
3. 货物出险理赔须提交哪些理赔资料？
4. 理赔谈判可从哪些方面寻找反击点？

第七章 人事行政工作指南

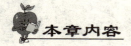 本章内容

◆ 招聘   ◆ 职业发展规划

◆ 员工培训   ◆ 绩效管理

◆ 薪酬福利   ◆ 6S 现场管理

◆ 证照印章管理   ◆ 安全管理

◆ 员工宿舍管理   ◆ 党组织关系

第一节 招 聘

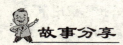 故事分享

　　2010 年 6 月 6 日华东事业部 A 营业部自行招聘外场操作员，一段时间后，其他营业部外场操作员向上级部门投诉，原因是他们发现自己的工资比自行招聘外场操作员的工资低，要求加薪，不然提出辞职。

　　拥有自行招聘权限的营业部门为了提高自己部门人员的入职率而没有按照公司薪酬管理规定进行定薪，此举严重违反公司制度。

　　试想，部门负责人为了自己部门利益而不按照公司薪酬管理规定进行定薪，必定会引起整个公司薪酬体系的混乱，自行招聘的各部门必须要按照《晋级与薪酬管理规定》给员工进行定薪。我们在实行自行招聘时，一定要明白什么是自行招聘？哪些部门有自行招聘的权限？自行招聘应该遵守哪些规定？

招聘标准

一、自行招聘的资格权限

1. 适用区域

远离公司总部或各事业部人力资源部（大区办公室）所在城市的营业部门与区域，且由总部招聘配置部或事业部人力资源部（大区办公室）在进行人员配置时难以委派人

员到部门任职的营业部、交接部、派送部、运作中心。

2. 自行招聘岗位权限

（1）偏远地区营业部门的定义：不在总部所在城市或各事业部总部所在城市的营业部门；

（2）拥有招聘权限的营业部门只能在得到总部或者各事业部人力资源部（大区办公室）授予的自主招聘权限后，方能自行招聘。

二、职责划分

1. 自行招聘的部门负责人与区域负责人职责

（1）负责所在部门与区域的人员申请工作流；

（2）寻找合适的招聘渠道并发布招聘信息；

（3）负责应试人员的面试，并按公司的标准进行招聘与资料填写；

（4）负责新进员工的岗前业务技能、规章制度、操作细则、安防等各方面的培训；

（5）负责新进员工的传、帮、带工作的安排。

2. 总部招聘配置部与各事业部人力资源部（大区办公室）职责

（1）职责

总部招聘配置部：负责全公司各部门的用人申请工作流核对审批与对自行招聘工作的监督执行。

各事业部行政人事处：负责管辖区域内的营业部门自行招聘授权、招聘费用申请工作流、招聘资源支持、录用资格复核、资料录入、入职培训跟进、工牌制作、工衣发放等工作。

（2）招聘跟进

由招聘配置部、各事业部人力资源部（大区办公室）负责。

（3）资料汇总

由招聘配置部、各事业部人力资源部（大区办公室）负责。

（4）招聘费用

费用预算：各事业部人力资源部（大区办公室）统一按月度做好预算。

费用申请：由事业部人力资源部（大区办公室）统一作计划申请。

费用报销：由自行招聘部门将当月招聘费用票据内部带货到所辖事业部人力资源部（大区办公室）统一报销。

三、自行招聘流程

（1）营业部门提交用人申请［在 OA 工作流中完成，部门经理级以上（含）人员方有权提出用人申请］流程，经总部招聘配置部审批完成后，由总部招聘配置部或各事业部人力资源部（大区办公室）对营业部进行招聘授权，营业部门只有在授权后方能对外发布招聘信息进行招聘。

（2）总部招聘配置部或各事业部行政人事处对营业部进行授权后，将招聘所需资料（应聘登记表、劳动合同或实习协议书、协议书、担保合同、职业规划表、招聘操作手册、招聘海报内容等）邮寄或内部带货至自行招聘营业部，并提供招聘意见（渠道选择、薪酬范围）和资源协助。

（3）自行招聘营业部负责人应参照《柜台类招聘操作手册》或《操作类招聘操作手册》开展招聘工作，并严格参照《公司各岗位硬性标准》进行人员筛选。

（4）自行招聘营业部负责人在初试时需做好面试笔记，将应聘者的表现和评语记录在应聘登记表背面。如果面试合格，必须让应聘者填写个人资料及面试记录。

（5）自行招聘营业部负责人在与应聘者进行薪酬面谈时，必须按照公司统一标准，原则上只能参照《晋级与薪酬管理规定》对应等级进行定薪，特殊需要调高薪酬等级的，必须经过总部招聘配置部或事业部人力资源部（大区办公室）授权后，方能最终定薪。

（6）各事业部人力资源部（大区办公室）对通过面试的应聘者个人信息及面试结果审核（必要时可对应聘者进行复试审核），在两个工作日之内知会用人部门负责人审核结果。如果通过，安排合格人员进行培训；如未通过，应将未能通过的原因反馈于用人部门。

（7）原则上所有合格人员必须到总部或各事业部人力资源部（大区办公室）培训地点进行培训，对于距离培训地点非常远，不方便进行集中培训的，可以由总部招聘配置部或各事业部人力资源部（大区办公室）授权营业部负责人进行入职培训，总部培训部或各事业部人力资源部（大区办公室）提供入职培训资料，部门负责人在新员工培训后，将培训课后反馈表提交给各事业部人力资源部（大区办公室）。

（8）在新员工培训合格后，总部招聘配置部或各事业部人力资源部（大区办公室）与新员工正式签订劳动合同（在营业部进行培训的员工，培训合格后在营业部签订劳动合同），并将入职资料与合同于新员工入职一周内进行内部带货到所属区域人力资源部进行备案。

（9）对于不能到总部进行培训的员工，自行招聘营业部经理必须在新员工录用当天，将员工档案资料邮寄至总部招聘配置部或各事业部人力资源部（大区办公室），总部招聘配置部或各事业部人力资源部（大区办公室）在收到资料后必须及时开工号，并知会营业部经理进行点到。

（10）自行招聘营业负责人必须在开出工号后将新录用员工资料上报所在事业部人力资源部（大区办公室），由所在事业部人力资源部（大区办公室）统一申请工牌与工衣，并内部带货到新员工入职的营业部。

四、自行招聘的要求

（1）自行招聘录用人员必须符合《公司各岗位硬性标准》中规定的硬性条件，如有不符，一律不得录用。

（2）自行招聘不得录用与同部门员工存在亲属关系、同学关系的人员。

（3）自行招聘录用的人员必须控制好部门男女比例，省外以到达为主的部门优先招聘男性员工。

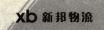
招聘工作流程

一、人员编制管理

建立规范有序的企业人员编制管理程序，以利于改善企业的劳动组织，促使各部门充分高效地使用劳动力，实现公司整体高速度地发展和不断地提高劳动生产率，特制定本规定。

人员编制应适应公司管理模式和外部市场变化的要求，顺应公司组织结构的发展趋势，减少中间管理层次，避免设置业务重复或职能相近的机构，实现组织结构的扁平式管理。

人员编制的制定，营业部门以其营业额作为编制设定的主要依据，运作部门以部门的经营情况和人员编制管理办法作为主要依据。

人员编制管理流程如图 7－1 所示。

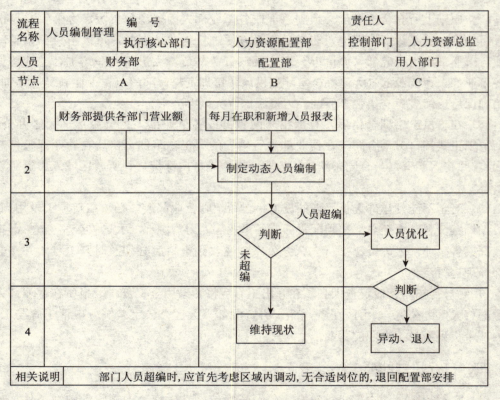

图 7－1　人员编制管理流程

二、人员增补条件

人力资源部根据公司年度发展计划、营业状况及各部门和分支机构的人力资源需求计划，制定公司动态人员编制；各部门根据本部门的业务需求或人员变动情况，通过OA走"人员申请"工作流，详细注明人员申请的原因、资历要求、部门营业额、现有人员情况等，配置部根据人员编制进行审核；所有人员申请须由人力资源总监审批后，配置部方可执行招聘活动；配置部根据招聘计划执行情况，每周同有关招聘部门就人员招聘进展状况进行沟通和协调；人员离职需补充的，也必须按人员申请工作流来增补人员；特殊情况需紧急招聘的人员，在征得人力资源总监同意后，可招聘后补办人员申请流程，用人申请流程如图 7-2 所示。

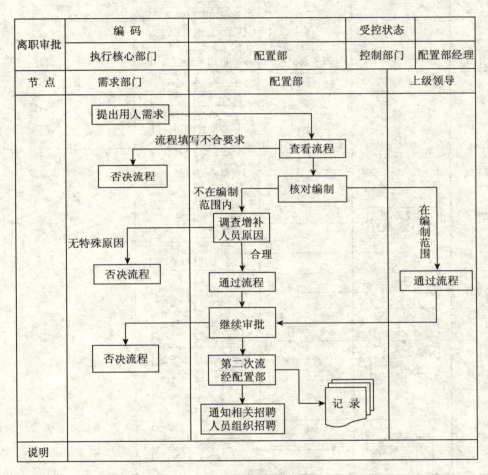

图 7-2　用人申请流程

校园招聘

一、校园招聘的概念

校园招聘是一种特殊的外部招聘途径，是公司直接从学校招聘各类各层次应届毕业生。公司一般在每年的三月、四月和十月、十一月进行全国校园招聘，同时，根据广东

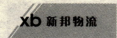

省高校指导中心每年举办的大型招聘会，选择性地进行参加。校园招聘的实施流程如图7-3 所示。

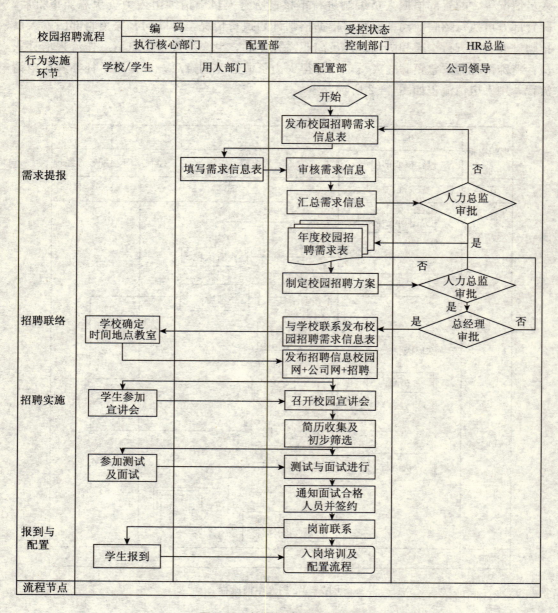

图 7-3　校园招聘的实施流程

二、校企合作

1. 校企合作的概念

校企合作是大中专院校谋求自身发展、实现与市场接轨、大力提高育人质量、有针对性地为企业培养一线实用型技术人才的重要举措，让学生在校所学与企业实践有机结合，以切实提高育人的针对性和实效性。

同时，校企合作可以实现企业与学校的设备、技术优势互补、资源共享，为企业的发展提供相应的技术与理论支持，另外，校企合作培养出来的员工更能适合本企业发展，而且呈周期性，可为企业提供长期稳定的用人来源。

2. 校企合作的实施

校企的合作要本着合作双方双赢的目的，是建立在合作双方共有需求、互惠互利的基础上。目前，公司校企合作实施的主要方式有两种：

(1) "订单"式。公司根据人才的需求，与学校签订用人协议，加强人才吸收的针对性。校企双方共同制订教学计划、课程设置、实训标准。学生的基础理论课和专业理论课由学校负责完成，学生的生产实习、顶岗实习在企业完成，毕业后即参加工作实现就业，达到企业人才需求目标。

(2) "校企互动"式。学校利用公司的相应资源，建立稳定的实习基地，校企共同安排实践教学计划，特别是由公司安排其指导人员充任实践教学指导教师，与学校教师共同完成学生由专业技能的培养到就业岗位的过渡，能够缩短课堂与岗位、学校与社会的距离，更好地达到定向培养目标。

入职手续办理

员工上岗前必须办理正式的入职手续。办理入职手续的员工需上交相关报到证（身份证、学历、学位、社会职称等证书原件及复印件）；与原单位解除劳动关系、无违法违纪证明，体检表，图片，学生就业协议书，报到证等相关证件；填写员工履历表。

招聘配置部工作人员需对办理入职员工的相关证件辨别其真实性与有效性。工作人员对照办理入职人员的姓名、性别、专业、学校、联系电话、籍贯、分配部门、到位日期等信息进行归档，由前台录入系统。

在入职手续中会根据入职人员的入职性质不同而签订不同的相关合同与协议。

合同管理

一、劳动合同

1. 概念

劳动合同是劳动者与用工单位之间确立劳动关系，明确双方权利和义务的协议。劳动合同按合同的内容分为劳动合同制范围以内的劳动合同和劳动合同制范围以外的劳动合同；按合同的形式分为要式劳动合同和非要式劳动合同。

2. 签订

订立和变更劳动合同应当遵循平等自愿、协商一致的原则，不得违反法律、行政法规的规定。劳动合同依法订立即具有法律约束力，当事人必须履行劳动合同规定的义务。劳动合同应当以书面形式订立，并具备以下条款：

(1) 劳动合同期限；

(2) 工作内容；

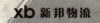

（3）劳动保护和劳动条件；

（4）劳动报酬；

（5）劳动纪律；

（6）劳动合同终止的条件；

（7）违反劳动合同的责任。

劳动合同除前款规定的必备条款外，当事人可以协商约定其他内容。

劳动者和用人单位签订劳动合同时，也要遵循一定的手续和步骤。根据《劳动法》的有关规定，签订劳动合同的程序一般为：

①提议。在签订劳动合同前，劳动者或用人方提出签订劳动合同的建议，这一般称为要约，如果用人方通过招工简章、广告等渠道提出招聘请求，另一方接受建议并表示完全同意，这称为承诺。一般情况下都是由用人方提出和起草合同文本草案，提供协商的文本。

②协商。双方对签订劳动合同的内容进行认真磋商，包括工作任务、劳动报酬、劳动条件、内部规章、合同期限、保险福利等。协商的内容必须做到明示、清楚、具体、可行，充分表达双方的真实意愿和要求，经过讨论、研究，相互让步，最后达成一致意见。要约方的要约经过双方反复提出不同意见，最后在新要约的基础上表示新的承诺。在双方协商一致后，协商即告结束。

③签约。在认真审阅合同文书，确认没有分歧后，用人单位的法定代表人或者其书面委托的代理人代表用人单位与劳动者签订劳动合同。劳动合同由双方当事人分别签字或盖章，并加盖用人单位印章。订立劳动合同可以约定生效时间。没有约定的，以当事人签字或盖章的时间为生效时间。当事人签字或者盖章时间不一致的，以最后一方签字或者盖章的时间为准。

二、实习协议

1. 概念

实习协议一般是指学校与用人单位签订的、约定学生到用人单位实习期间的权利和义务的协议。根据规定，实习协议合同应当明确实习期限、时间安排、津贴和伤亡事故的处理办法等。实习期间，用人单位与实习人员不建立劳动关系。实习生的档案等个人履历文件也放在学校，用人单位也无法与实习生建立劳动关系。若实习生不符合单位的要求，单位可以将实习生退回学校，而不能与学生自动解除合同关系。在实习合同中，双方当事人是用人单位和学校，学生只作为关系人存在，而不是独立的合同当事人。

2. 签订

订立和变更实习协议应当遵循平等自愿、协商一致的原则，不得违反法律、行政法规的规定。基本应当包括以下条款：

（1）实习起止期限。

（2）甲乙双方在实习期间的权利与义务，包括实习是否有补贴，有何种补贴，如何支付、实习期间单位是否给提供培训、是否有考核等，而实习人员则负有遵守单位各项制度或专门的实习人员管理制度的义务，保密条款（实习生可能接触单位商业秘密的，

可以有保密条款）。

（3）协议的解除，在实习人员违反管理制度时，单位可随时解除实习协议等。

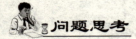 问题思考

1. 自行招聘适用的区域有哪些？
2. 人员编制管理依据有哪几类？

第二节　职业发展规划

故事分享

一位青年满怀烦恼去找一位智者，他大学毕业后，曾豪情万丈地为自己树立了许多目标，可是几年下来，依然一事无成，他找到智者时，智者正在河边小屋里读书，智者微笑着听完青年的倾诉，对他说："来，你先帮我烧壶开水！"

青年看见墙角放着一把极大的水壶，旁边是一个小火灶，可是没发现柴火，于是便出去找，他在外面拾了一些枯枝回来，装满一壶水，放在灶台上，在灶内放了一些柴火便烧了起来，可是由于壶太大，那捆柴火烧尽了，水也没开。于是他跑出去继续找柴火，那壶水已经凉得差不多了。这回他学聪明了，没有急于点火，而是再次出去找了些柴火，由于柴火准备充足，水不一会儿就烧开了。

智者忽然问他："如果没有足够的柴火，你该怎样把水烧开？"

青年想了一会儿，摇摇头，智者说："如果那样，就把水壶里的水倒掉一些！"

青年若有所思地点了点头，智者接着说："你一开始踌躇满志，树立了太多的目标，就像这个大水壶装的水太多一样，而你又没有足够的柴火，所以不能把水烧开，要想把水烧开，你或者倒出一些水，或者先去准备柴火！"

青年顿时大悟，回去后，他把计划中所列的目标画掉了许多，只留下最近的几个，同时利用业余时间学习各种专业知识。几年后，他的目标基本上都实现了。

要实现目标，首先应明确目标，那么该如何确定个人的职业生涯规划呢？

员工职业规划指引

一、职业规划的定义

职业规划是指个人发展与组织发展相结合，通过对职业生涯的主客观因素分析、总结和测定，确定一个人的奋斗目标，并为实现这一职业目标，而预先进行生涯系统安排的过程包括制定相应的工作，以及每一时段的顺序和方向的顺序。新邦物流的职业生涯规划注重个人潜能的发挥、个人素质的提高、生活品质的改善和个人价值的实现。公司

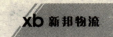
的职业发展通道分为两大类：横向职业发展通道和纵向职业发展通道。

二、新邦职业生涯规划路径

1. 纵向发展通道

纵向发展通道如图7-4所示。

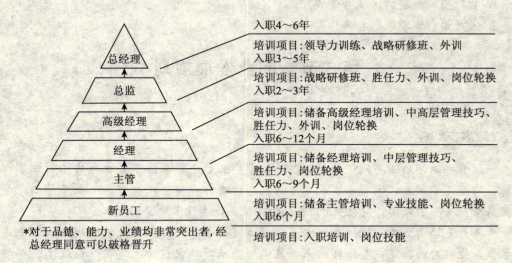

图7-4　纵向发展通道

2. 横向发展通道

横向发展通道如图7-5所示。

公司全方位的横向职业发展通道为员工的发展提供了广阔的平台，通过定期轮岗、内部兼职等方式让员工的职业生涯实现"综合发展、一专多能"。

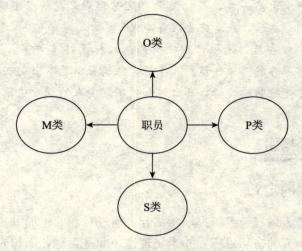

图7-5　横向发展通道

说明：M类——管理类；O类——操作类；P类——技术类；S类——销售类

转正流程

一、基本条件

1. 考察期为两个月，自 OA 办公系统发文之日起且在本职任职满两个月；

2. 考察期的绩效分数不低于 60 分。

3. 公司规定必须参加转正考试的人员按要求参加转正考试，及格线为 60 分。

（1）考试及格（成绩不低于 60 分）者，转正正常；

（2）考试不及格（成绩低于 60 分）者，必须参加补考并合格。

4. 上级评估，主要由当事人直属上级考核其综合素质，综合分数达 60 分以上。

5. 提前转正条件（满足其一即可，转正提前时间为一个月）

（1）在 OA 弹出窗口中公开表扬并记大功者；

（2）考察期绩效等级为 A 等；

（3）营业部门人员考察期间业绩完成率达 120％（含）以上者；

（4）在创新评奖中两次获得"创意白金奖"或一次获得"创意钻石奖"；

（5）考察期间参加培训部举办的相应岗位培训，获得"优秀学员"称号。

二、转正的流程

（1）试用：严格按照考察期间岗位工作的要求，保证圆满完成工作，各相关单位应严格把关监督考核；

（2）转正：当事人在考察期将满时，向直属上级提出转正请求，由当事人的直属上级在当事人考察期满的前六个工作日内于新邦物流 OA 办公系统起草"人员转正"工作流，如实填写相关信息并以附件形式提交《员工转正评价表》，相关领导审（复）核、批准。如果当事人上级由于特殊原因无法起草"人员转正"工作流，则由其受权人（以 OA 发文的授权委托书为准）代理起草"人员转正"工作流并向本规定的执行部门说明。具体程序如图 7-6 所示。

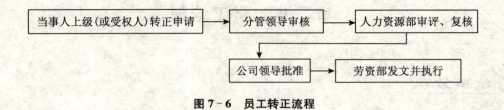

图 7-6　员工转正流程

具体步骤：

第一步：当事人向其直属上级或直属上级的受权人提出转正请求；上级领导为符合转正要求的员工如实填写《员工转正评价表》。

第二步：当事人的直属上级或受权人在当事人考察期满的前六个工作日内于新邦 OA 办公系统起草"人员转正"工作流，并提交相关资料（主要在 OA 系统的申请工作流上附加《员工转正评价表》、晋升前一个月以及考察期第一个月的绩效考核成绩)。

第三步：分管领导审核(在 OA 工作流中完成)。

第四步：人力资源部审评、复核(在 OA 工作流中完成)。

第五步：公司相关领导批准(在 OA 工作流中完成)。

第六步：职业规划部发文(在 OA 完成)并执行。

(3) 责任划分。

①工作流起草超期。转正工作流起草时间必须严格按照"转正程序"要求执行，若工作流未能在当事人考察期满的前六个工作日内起草的，工作流起草人承担当事人无法按时转正的责任，当事人薪资的损失(主要是当事人考察期与转正后的薪酬差额)由工作流起草人补偿，对工作流起草人进行 50 元的罚款。

②工作流内容不规范。转正工作流内容必须符合相关要求(详见"转正程序")，缺少相关资料而使工作流被返回或被否决，则须补全资料再次提出"人员转正"工作流。工作流再一次被返回或被否决，导致工作流起草超期(以最后一次起草时间为准)，则按第一点进行处理。

三、注意事项

若当事人未能顺利通过考察期(达不到转正要求)，则延长考察期，考察延长期不超过一个月(考察期满的第二天起算)。当事人在考察延长期符合转正要求的给予转正，否则降职，工作另行安排。

问题思考

1. 转正有哪些要求？

2. 转正的工作流是什么样的？

3. 什么叫职业规划？

4. 公司职业通道有哪两种路径？

第三节　员工培训

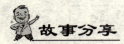

故事分享

日本松下电器公司有一句名言："出产品之前先出人才"，拥有强大人力资源的松下公司值得任何企业向它学习，其创始人松下幸之助更是强调："一个天才的企业家总是不失时机地把对职员的培养和训练摆上重要的议事日程。"

企业获取高质量、高素质的人力资源有两个途径，一是从外部招聘；二是对内部员工进行培训，提高员工素质。但是，许多企业往往倾向于外部招聘人才，而有意无意地忽视了内部员工的培养教育，这对企业的长远发展是极其不利的。

因此，从战略高度重视员工培训，对企业人力资源的开发与利用具有十分重要的意义，员工要快速成长，必须不断加强学习，逐步重视培训，关注培训。那么培训有哪些方法呢？如何去评估培训效果呢？培训实施时有什么纪律要求呢？

培训类别

一、岗前培训

根据公司对企业员工的基本要求，制定员工基础培训课程和教材，组织相关培训。岗前培训内容包括：

第一阶段：集中培训

（1）公司介绍与企业文化。

（2）人事行政管理制度。

（3）职业道德、职业心态、服务礼仪。

（4）行业认识和产品知识介绍，公司各类操作系统。

（5）员工常用的工作方法和技能。

第二阶段：用人部门传、帮、带

用人部门根据人力资源管理中心培训部制定的《传、帮、带跟踪表》，进行为期半个月的传、帮、带工作跟踪。

二、在职员工培训

根据各岗位人员必须具备和掌握的与本岗位工作职责直接相关的知识、方法、规定和技能等内容，同新员工所属部门共同制定上岗培训课程和教材，进行员工上岗培训。

1. 换岗员工培训

换岗人员必须进行上岗培训，未经上岗培训和考核合格，只能以实习名义上岗，不得享有正式岗位待遇；经考核合格后，才能正式上岗。

2. 在职培训内容

（1）业务操作部门的培训：公司制度、打字、航班表、货物查询、派送费、中转费、速递查询、国际货物运作、开单、保险、车型、营销。

（2）公共培训：公司最新制度及通知培训。

三、储备干部培训

因公司发展需要，公司每年会选拔有潜力的员工进行储备主管、储备经理、储备区域经理培训，不断提高员工的知识和能力水平，促进员工个人提升和企业进步，为公司发展提供后备管理人才。

1. 培训内容

根据管理干部的不同素质模型，内容主要设置有：

（1）人事行政管理类；

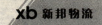
（2）职业心态类；

（3）财务类；

（4）运作管理类；

（5）营销管理类；

（6）通用素质类；

（7）户外拓展类。

2. 培训形式

（1）教师讲授形式；

（2）心智游戏形式；

（3）户外拓展形式。

四、在职干部培训

在职干部培训主要是针对管理人员提高管理素质、技能方面的培训，由培训部负责设置培训课程，并负责执行督导。

1. 培训的类型

（1）电大学历教育；

（2）MBA 培训；

（3）中高层读书看培训影音材料；

（4）高级管理人员外训；

（5）名企考察学习。

2. 培训内容

（1）业务技能提升类培训；

（2）综合管理能力提升类培训；

（3）职业心态类培训；

（4）通用素质类培训。

五、专项推广培训

根据公司在实际运作过程中出现的一些情况，定期或不定期举办各种专项推广培训，争取在短时间内将问题解决，由培训部负责组织，同时为该专项培训提供前期指导。

1. 专项培训特点

专项培训主要是针对提升员工某方面的知识、技能和态度，不定期举行，特点是针对性强、培训目的明确。

2. 培训主要内容

（1）公司最新制度培训；

（2）公司新出台促销方案培训；

（3）如何降低业务差错研讨会；

（4）6S 与服务礼仪推广培训；

（5）标杆管理推广培训；

（6）工作心态与职业道德培训；

（7）安全知识推广培训；

（8）其他应时而生的专项推广培训。

六、内部讲师培训

为充分发挥公司现有人力资源优势，培养及打造一支高素质内部培训讲师队伍，健全公司培训体系，打造学习型组织，公司每年会定期举行内部讲师培训。

1. 讲师类别

内部讲师分为兼职讲师、特邀讲师和专职讲师。

兼职讲师是指获得等级讲师资格证的讲师；特邀讲师是指公司的高层领导（职能部门副总监级以上，事业部总监级以上人员）；专职讲师是指公司培训部任职的讲师，及各事业部（大区）、中心培训负责人。

2. 培训内容

（1）授课语言训练；

（2）教学方法选用训练；

（3）课堂掌控技巧训练与培训课程开发训练；

（4）制作培训讲义与部门内训方法训练。

3. 培训形式

（1）发放培训资料和学习资料给内部讲师自学；

（2）TTT 培训；

（3）成立内部讲师俱乐部，每季度举行一次聚会或学习沙龙。

培训考核

一、培训课程考核

1. 储备干部培训考核

（1）学员培训结束参加论文答辩，论文答辩得分。

（2）学员培训结束参加培训课程的结业考试。

（3）培训课程结束一个月后，培训部将根据学员"培训效果行动计划表"目标的完成情况及其直接上司填写的"培训效果行动计划表"进行评分。

（4）以上三科总分为 100 分，学分排名在前 90％的学员视为合格，颁发毕业证；学分排名后 10％的学员视为不合格，不合格学员不予颁发毕业证。

2. 新员工培训考核

（1）新员工岗前培训结束后，将从打字、开单、课程内容三个方面进行测试，合格者发放结业鉴定书，分配上岗；不合格者给予一次补考机会，如补考仍未通过者将作不予录用处理。

（2）培训考核中，员工必须遵守考核纪律，如有舞弊、抄袭、弄虚作假等违纪行为，考核成绩作不合格处理。

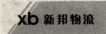

二、培训效果评估

1. 定义

培训评估，即培训效果评估。依据组织目标和需求，运用科学的理论、方法和程序从培训项目中系统地收集描述性和判断性的数据，以确定培训的价值和质量，并进行有效的人力资源开发决策的过程。

2. 培训效果评估模式

公司举行的各类培训，将用柯氏评估模型，也称四级评估模型对培训进行综合评估。主要从以下四个层面进行评估。

（1）反应层评估。反应层评估是指受训人员对培训项目的印象如何，包括对讲师和培训科目、设施、方法、内容、自己收获的大小等方面的看法。反应层评估主要是在培训项目结束时，通过课后反馈表和班级反馈表来收集受训人员对于培训项目的效果和有用性的反应。

（2）学习层评估。学习层评估是测量受训人员对知识、技能、态度等培训内容的理解和掌握程度。学习层评估主要是采用结业考试形式。

（3）行为层评估。行为层评估指在培训结束后的一段时间里，由受训人员的上级、同事、下属或者客户观察他们的行为在培训前后是否发生变化，是否在工作中运用了培训中学到的知识。这个层次的评估主要是通过"培训效果行动计划表"进行评估。

（4）结果层评估。结果层的评估是判断培训是否能给企业的经营成果带来具体而直接的贡献。此层次的评估主要是通过培训后绩效考核结果进行评估。

部门内训方法

在职培训是指在工作场所所进行的员工培训，是将学习与现场工作结合起来，通过指导者有计划地要求和反馈，循序渐进地提高员工的工作能力。营业部可以运用一些培训方法对部门员工进行培训。

一、师徒帮带法

师徒帮带法即师傅带徒弟的方法，其操作步骤如下：

（1）确定师徒帮带关系；

（2）明确学习内容与考核标准；

（3）先传授容易操作的内容，再逐渐加强培训内容的难度；

（4）一般遵循"师讲解—师示范—徒述说—徒操作—师点评—徒小结"的培训过程；

（5）部门经理对徒弟进行考核。

二、授权法

授权法操作步骤如下：

（1）制定出完成项目的时间表及工作标准；

（2）给予下级相应的权限，由其决定处理方法；

（3）确定下级已完全了解要求；

（4）征询下级是否需要提供训练或协助；

（5）制定控制措施，以便跟进下级的工作进度；

（6）通知有关人员关于此次授权的安排事宜。

三、职务代理法

职务代理法操作步骤如下：

（1）交代工作原则和重要事项，期待良好的锻炼效果；

（2）OA 签发职务授权书；

（3）职务代理过程中，若有必要，可以要求受训者提交重要工作事项汇报；

（4）职务代理期满，受训者向上级汇报工作进展情况，解说工作过程中的重大事项；

（5）评估受训者的培训效果。

四、开会法

开会法操作步骤如下：

（1）发布会议通知，告知受训者做好交流准备；

（2）根据议事日程顺序，给予受训者充分表述自己意见的机会；

（3）如果发生与议题无关或深入到不必要的细节上，应及时引导到议题本身；

（4）在会议结束时，对已取得的结果进行概括；

（5）整理会议纪要，报告给全体受训者。

五、协作学习法

协作学习法操作步骤如下：

（1）部门经理向受训者阐述一项共同的学习任务，介绍可能与任务相关的资料信息；

（2）受训者组建学习团队，进行学习角色分工；

（3）在学习团队组织下，各人可独立或协作开展学习；

（4）学习团队向部门经理汇报完成任务的情况；

（5）团队内角色互评，对协作学习的结果进行评价。

培训纪律管理

为进一步规范学员的培训纪律，加强学员的整体素质，提高学员的培训质量，增进学习效果，培训必须遵守相应纪律。

一、出勤管理

（1）员工在培训期间都必须严格遵守考勤制度和规定的学习作息时间，课前签到，不及时签到按缺勤处理。

（2）各类培训原则上不可请假，如参训者因特殊原因不能参训，需按要求请假：

①未能参加培训部组织的培训，由其直接上司在培训前七个工作日内致电培训部相

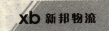

关负责人请假，并为其提交 OA 培训请假工作流，经培训部审批后方可；

②未能参加区域组织的培训，由其直接上司在培训前两个工作日内致电相关培训组织部门，并为其提交 OA 培训请假工作流，经培训组织方审批后方可。

二、课堂纪律

（1）参训者不可以随意走动、接打电话、发短信、打瞌睡、窃窃私语等，如有疑问可向授课老师或工作人员示意，经允许后方可发言，发言前应先自报部门与姓名；

（2）各参训者应认真做好课堂笔记，主动提问和回答问题，积极参与讨论、交流等各项教学活动；

（3）现场培训中，应听从指挥，遵守规定，爱惜财物，精细操作，防止损坏设备或物品；

（4）培训中应注意个人修养，言行得体，遵守社会公德与良好风俗，保持现场卫生。

三、考试纪律

（1）服从考场老师的安排；

（2）考生必须按规定座位坐好，不得擅自调换或挪动座位；

（3）除考试必需的用具外，其他任何无关的东西不得放在桌面上；

（4）试卷字迹不清、图形不明，可举手向监考老师示意，待老师走近后方可开口询问，不得大声喧哗；

（5）考生必须在规定时间内交卷，对故意拖延不交者，监考人有权拒收；

（6）交卷后应立即离开考场，不得以任何借口在考场附近逗留、议论或喧哗；

（7）迟到 20 分钟不得进入考场，开考 20 分钟以后才能交卷；

（8）考试开始后，考生接听电话或未经批准脱离考场或开考后交头接耳、偷看、传递纸条和发生其他有悖于考试公平性且影响恶劣的行为按舞弊论处。

问题思考

1. 公司培训类别有哪些？
2. 部门在职培训方法有哪些？

第四节　绩效管理

故事分享

狮子让一头豹子管理 10 只狼，并负责给他们分发食物。豹子领到肉后，把肉平均分了 11 份，自己要了一份，其他给了 10 只狼。这 10 只狼都感觉自己分得少，便合起伙来跟豹子唱对台戏。

虽然一只狼打不过一只豹子，但对付 10 只狼豹却没办法。豹子灰溜溜地找狮子辞职。狮子说："看我的"。狮子把肉分成 11 份，大小不一，自己先挑了最大的一份，然后傲然对其他狼说："你们自己讨论这些肉怎么分。"

为了争夺到大点的肉，狼群沸腾了，恶狠狠地互相攻击……全然不顾自己连平均的那点肉都没拿到……豹子钦佩地问狮子，这是什么办法？狮子微微一笑："听说过绩效工资吗？"

绩效管理的原则

一、绩效管理的概念

绩效管理是员工和直接上级就完成工作目标、提高工作效率进行的一个双向沟通的过程。在这个过程中，上级与员工在充分沟通的基础上，帮助员工订立绩效发展目标，对员工的工作进行辅导，帮助员工不断实现绩效目标。在绩效管理过程中，直接上级通过科学的手段和工具对员工的绩效进行管理，找出员工绩效的不足，进而制定相应的改进与提升计划，帮助员工改进自我绩效的缺陷和不足，使员工朝更高的绩效目标迈进。

二、绩效考核的目的

（1）通过上级与员工之间就工作职责和提高工作绩效问题所作的持续的双向沟通，帮助管理者和员工不断提高工作质量，促进员工发展，确保个人、部门和公司绩效目标的实现。

（2）通过正确的指导，强化下属已有的正确行为，克服在考核中发现的低效率行为，有效促进员工不断提高和改进工作绩效。

（3）为晋升、薪酬、奖金分配、人事调整、培训与发展等人力资源管理活动提供可靠的决策依据。为员工的职业生涯发展提供公平的机会，使他们始终保持不断发展的能力。

（4）强化管理者的责任意识，不断提高他们的管理艺术和管理技巧，提高组织的管理绩效。

（5）通过对考核结果的合理运用，营造一个激励员工奋发向上的积极心理环境。

三、绩效考核的适用范围

绩效考核适用范围包括公司所有员工，但以下人员除外：试用期员工（试用期员工特指新入职，尚未转正人员）；月度考核时，请假超过 10 天的员工（不含试用期）。

动态的员工绩效考核体系

一、岗位考核办法的变动

每一月度中，各区域绩效专员抽样对所负责区域的员工进行上一月度绩效管理情况

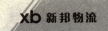

面谈，并将面谈情况汇总或者收集绩效申诉者对绩效管理的申诉意见。下一月度初，绩效管理部依据所收集的直线管理人员和其下属意见，对岗位绩效考核办法做出修正。

二、部门及整体考核办法的变动

每年，绩效管理部将依照公司年度的战略目标的分解情况以及上一年度绩效管理抽样面谈、员工绩效申诉等所收集的意见，对公司各部门各岗位的绩效考核办法做出相应的变更、修正和完善。

同时，绩效管理部将根据公司各部门的要求，帮助其制定符合该部门特色的绩效考核方案。

三、单项考核方案的审核和备案

依照公司运营的实际情况，对各部门提交的单项考核方案进行审核和管理，或协助相关部门制定单项目标的考核方案。

绩效考核管理过程中，各直线管理人员和其下属是绩效管理的主角，绩效管理部只负责对绩效考核管理的运行进行指导和支持，并依照绩效考核的相关制度和流程对各部门的绩效考核管理进行监督。

绩效管理实施过程分工

绩效管理和绩效考核是各级直线管理者不可推卸的责任，绩效管理部负责指导、监督和提供技术方面支持。绩效管理与考核参与各方的责任如表7-1所示。

表7-1　　　　　　　　　绩效管理与考核的职责分工

绩效参与方	职责分工
考核者（被考核者领导）	①依据公司战略，分解KPI指标 ②协助被考核者制定"绩效承诺书" ③对绩效管理进行过程监控 ④记录、检查汇总绩效考核数据（看板） ⑤对被考核者进行绩效面谈与评分 ⑥更新考核项目与指标
被考核者	①与上级共同制定"绩效承诺书" ②执行"绩效承诺书" ③改进工作中KPI指标，提高工作效率 ④提交"绩效改进书" ⑤执行"绩效改进书"
绩效管理部	①协助考核者制定绩效办法，调整考核思路 ②丰富公司KPI指标库 ③监督检查绩效数据 ④绩效奖金计算与发放 ⑤提供绩效分析工具

绩效管理工作流程

绩效管理工作流程如图7-7所示。

数据采集与绩效评定 → 绩效面谈 → 制定"绩效承诺书" → 计划跟进与指导 → 结果汇总与应用

图7-7 绩效管理工作流程

各主要环节的具体要求如图7-8所示。

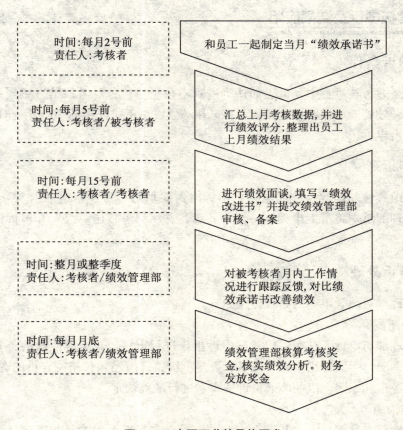

时间：每月2号前 责任人：考核者	和员工一起制定当月"绩效承诺书"
时间：每月5号前 责任人：考核者/被考核者	汇总上月考核数据，并进行绩效评分；整理出员工上月绩效结果
时间：每月15号前 责任人：考核者/考核者	进行绩效面谈，填写"绩效改进书"并提交绩效管理部审核、备案
时间：整月或整季度 责任人：考核者/绩效管理部	对被考核者月内工作情况进行跟踪反馈，对比绩效承诺书改善绩效
时间：每月月底 责任人：考核者/绩效管理部	绩效管理部核算考核奖金，核实绩效分析。财务发放奖金

图7-8 主要环节的具体要求

绩效面谈

在月度结束后，直接上级应与员工进行绩效面谈。绩效面谈是为了肯定成绩，指出不足，提出改进意见和建议，帮助员工制定改进措施并确认本月度考核评分和下月度"绩效承诺书"。

（1）进行绩效面谈前，应准备以下材料（如图7-9所示）：

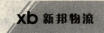

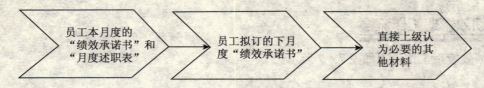

图 7-9　绩效面谈应准备的材料

（2）绩效面谈应选择不受干扰的地点，时间应不少于 15 分钟。

（3）绩效面谈结束时，双方应签字确认。考核评分以直接上级的评分为准，存在分歧时，应在"绩效承诺书"上"备注"栏注明分歧点。

（4）绩效面谈结果应及时汇总绩效管理部处。

绩效考核申诉及结果应用

一、申诉条件

在月度绩效考核过程中，员工如认为受到不公平对待、对考核结果感到不满意，或者对本月度绩效管理工作有重大异议，可以在绩效成绩正式公布的 10 个工作日内，向绩效管理部提出申诉。

二、申诉形式

员工向绩效管理部就考核问题提出申诉时需要填写"考核申诉表"，提交绩效管理部；绩效管理部负责将员工申诉统一记录备案，并将"考核申诉表"和申诉记录提交总经理审批。

三、申诉处理

绩效管理部对绩效申诉的处理程序如下：

1. 调查事实

绩效管理部与申诉人核实后，对其申诉报告进行审核，与申诉涉及的各方面人员核实员工申诉事项。听取员工本人、同事、直接上级、部门经理和相关人员的意见和建议，了解事情的经过和原因，以便能对申诉的事实进行准确认定。

2. 协调沟通

在了解情况、掌握事实的基础上，促进申诉双方当事人的沟通与理解，与申诉双方当事人探讨协商解决的途径。

3. 提出处理意见

在综合各方面意见的情况下，对申诉所涉及事实进行认定，确认在绩效管理中是否有存在违反公司规定的行为，对申诉提出处理建议。

4. 处罚措施

如果申诉事实成立，除给予被投诉人降低考核等级的处罚外，情节严重的还将依据有关制度规定进行处理。

5. 申诉反馈

绩效管理部在申诉评审完成后 2 天内将申诉评审处理结果反馈给申诉人。

6. 落实处理意见

将事实认定结果和申诉处理意见反馈给申诉双方当事人和所在部门经理，并监督落实。

四、绩效考核结果应用

绩效良好的员工可推荐给职业发展规划部，作为晋升、晋级的重要参考依据，但下列情况例外：

（1）一年内考核累计两次 E 等以下者，无晋升、晋级资格并不得参与评选先进；

（2）月度考核连续两次 E 等以下者（60 分以下），公司强制停岗培训。

绩效奖金的发放

一、绩效奖金发放

绩效奖金是在绩效成绩公布后发放。

二、绩效奖金核算流程

绩效奖金的具体核算工作由绩效管理部进行，他们总审核完，经总经理批准后由财务管理中心发放。

三、注意事项

员工在部门起草的"奖金发放申请"工作流审批完成之前离职的，视为自动放弃绩效考核奖励。

四、特殊情况下绩效工资计提的办法

1. 一人多岗

在一人多岗的情况下，无论被考核者兼任多少个岗位，都只按一个岗位所对应的绩效工资进行考核，特别，当被考核者所兼任岗位的绩效工资出现多种不同情况时，依照绩效工资较高的标准进行计提。

2. 晋升、降职、转岗

凡在月度 15 日（含 15 日）前发生的晋升、降职、转岗人员，按晋升、降职、转岗后的绩效奖金标准执行，反之则相反。绩效承诺书的变动亦同。

3. 考核责任转移

被考核者因个人原因脱岗 10 天到一个月以内，需将考核责任转移给他人的，被考核者的绩效工资被取消，接替者的绩效工资按本岗位的标准执行；被考核者因个人原因脱岗一个月以上，需要将考核责任转移给他人的，被考核者的绩效工资被取消；接替者的绩效工资按原被考核者岗位的绩效工资标准执行，接替者本岗位的绩效工资标准被取消。

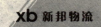

问题思考

1. 现阶段员工的绩效考核就由经理来评分，其公平性是不是有点值得怀疑？

2. 绩效考核项目的设定，能否让员工个人和经理共同制定，这样员工自主性也较高？

3. 部门奖金的分配如对全体人员公开，这样是否会造成内部员工因奖金悬殊太大，心理不平衡？

第五节　薪酬福利

故事分享

主人将货物平均分成两份给驴和骡子。驴看到自己背上的东西和骡子一样多很气愤地说："主人给骡子吃的食物比我多一倍，却让我和他驮负一样重的货物。"走了一段路以后，主人看到驴支撑不住了，就把他身上的货物移一部分到骡子背上去。再走了一段路以后，驴更没有精神了，又把货物移过去一部分。最后驴身上空无一物。这时骡子瞪着驴说："你现在还认为我不该多吃一倍食物吗？"

我"薪"在何处？我何时才能加薪？我符合什么条件才能加薪？我通过什么渠道加薪？我一次加多少薪？离职通过哪些程序？离职如何办理？如何排班？我享有何种假期、福利和补贴？

薪酬管理

一、目的

薪酬管理的目的在于充分发挥薪酬的作用，对员工为公司付出的劳动和做出的绩效给予合理补偿和激励。即：

（1）使薪酬与岗位价值紧密结合；

（2）使薪酬与员工绩效紧密结合；

（3）使薪酬与公司发展的短期收益、中期收益与长期收益有效结合起来。

二、原则

薪酬作为分配价值形式之一，遵循按劳分配、效率优先、兼顾公平及可持续发展的原则。

（1）公平性原则：薪酬以体现工资的外部公平、内部公平和个人公平为导向。

（2）竞争性原则：薪酬以提高市场竞争力和对人才的吸引力为导向。

（3）激励性原则：薪酬以增强工资的激励性为导向，通过活性工资和奖金等激励性工资单元激发员工工作积极性。

（4）经济性原则：薪酬水平须与公司的经济效益和承受能力保持一致。

三、薪酬分配的依据

薪酬分配的主要依据是：贡献、能力和责任，并参考社会平均工资水平和行业平均水平。

四、薪酬体系

根据公司各业务的特点，公司的薪酬体系按经营操作岗、职能岗、财务岗、IT 岗进行了分类。

五、薪酬激励方式

薪酬激励的方式为晋升和晋级。晋级是指对员工在同一薪级上调工资级别的激励机制；晋升是公司根据员工考核、业绩、表现，考察其能力、知识和品格，当达到晋升标准时，将其从原来岗位调整为较高的、承担更大责任的岗位。晋级依据《晋级与薪酬管理规定》执行，晋升依据《新邦物流员工晋升管理规定》执行。

离职工资结算

一、离职程序

（1）员工离职应在 OA 自动化办公系统中，起草离职申请工作流，没有系统权限的，由部门负责人代理起草离职工作流，流程审批完毕方可结算离职工资，流程没有审批完毕，不予结算离职工资。

（2）员工起草离职工作流后，经直接上级（必须是经理级以上）批准后，不需要工作交接的，应停止工作，不需再上班打考勤卡。

（3）员工离职工作流审核完毕后，部门经理应在第一时间通知离职员工领取离职工资。

（4）任何离职员工在领取离职工资前都要正楷填写离职单。

（5）工作流没有审批完毕，部门负责人通知员工到人事行政部门办理离职手续的，参照《奖励与处罚管理规定》相关条款对部门负责人处 100 元/人次罚款。

二、离职的办理

（1）各事业部、中心、区域原则上应独立计算离职员工的工资，离职的员工应在其工作的部门所在的区域人事行政部门办理离职手续并结算工资。

（2）人力资源管理中心、财务管理中心、营销管理中心等总部职能部门的离职工资由职业规划部结算。

（3）各事业部、中心、区域具体情况见《离职办理规定》。

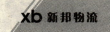

（4）特殊情况离职主要有以下几种情况：

①办理离职有不可抗力（公司辞退、解除劳动合同员工）的特殊情况需当日结算工资的，由部门负责人在 OA 办公系统中起草离职工作流，同时由部门负责人（必须是经理级以上）用纸质离职单办理离职工作流，同每一个离职交接审核部门办理人员核对确认，通过 OA 办公系统邮箱备忘；离职员工应在离职单上签名确认与公司解除劳动关系。不在 OA 办公系统中起草离职工作流的，参照《奖励与处罚管理规定》相关条款对部门负责人处 50 元/人次罚款。

②离职工资在员工任职部门发放，由分部会计执行，分部会计保留离职手续原件。

③部门负责人应将特殊情况下离职员工离职单内部带货到职业规划部，职业规划部列入档案管理。每一特殊情况下离职的员工应有离职员工本人签名的离职单。不提交者，参照《奖励与处罚管理规定》相关条款对部门负责人处 50 元/人次罚款。

（5）特殊人员离职除依据相关规定办理的同时，还应遵循以下规定办理。

①自动离职员工，已严重违反公司规章制度，应当解除劳动合同，由部门负责人在 OA 办公系统中代为起草离职工作流，工作流审批完毕，自动离职员工应交接完在岗工作时未完结事项后，可以结算 80% 的工资；经部门负责人签字同意后，依据第 3 条的具体情况办理离职，员工本人方可到在职时所在部门领取工资。不在 OA 办公系统中起草离职工作流的，参照《奖励与处罚管理规定》相关条款对部门负责人处 50 元/人次罚款。

②跨区域异动人员的离职工资由最后工作部门办理离职手续，结算离职工资。

③经营部门经理级以上人员离职应提交审计报告，由财务管理中心安排专人进行审计，薪酬专员办理时，应回收并保存《审计报告》。

④财务人员，包括但不限于收银员、出纳、分部会计、区域会计、财务经理。应经过审核（由财务管理中心安排专人）方可办理离职。

⑤分拨员、司机、业务员、新邦速递跟车员当月不予结算工资，离职工资在次月按公司正常发放工资日期发放。

⑥员工因违反规定，符合应当解除劳动合同的情况，部门负责人起草退人工作流将员工作退回招聘配置部门处理的，应同时代理员工起草离职工作流，工作流审批完毕后依据第 3 条的具体情况办理离职（各事业部、中心、区域具体情况）。不在 OA 办公系统中起草离职工作流的，参照《奖励与处罚管理规定》相关条款对部门负责人处 50 元/人次罚款。

考勤管理

一、排班管理

（1）每月月底之前必须将职能部门下个月的排班排好。

（2）排班处理操作如下：

①打开 EHR 系统。

②进入考勤管理模块。

③进入排班处理模块。

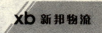

④选择排班月份。

⑤排班按"班组排班"可以对部门员工进行统一排班；按"个人排班"，点个人名称栏可以对个人进行单独排班。

⑥进行班组排班和个人排班时，先按标题栏"修改"，然后可以通过"按指定生成排班"或"按星期快速排班"或"按周快速排班"或在每个日期的下拉菜单中选择班次。

⑦最后点击标题栏的"保存"。

⑧排班完成。

二、发薪日期和支付方式

（1）公司按员工的实际工作天数支付基本工资，绩效工资和提成工资按员工的实际绩效支付。岗位津贴根据岗位价值和实际出勤情况支付。

（2）公司每月 20 日至月底支付上月（自然月）薪资。若付薪日逢休息日、节假日，则提前至最近的一个工作日支付。

三、福利与补贴

（1）各区域营业部门提供职工住房，不住公司宿舍的员工享受住房补贴。

（2）公司视个人的工作需要按公司规定可给予一定的通信补贴。

（3）对因公出差人员给予相关出差补贴。

（4）对月度出满勤的员工公司给予全勤奖。

（5）公司每年组织各类评比活动，对优秀者予以奖励。员工奖金与部门考核业绩挂钩。

（6）公司结合实际情况，为员工办理社会保险或商业性保险（职工意外伤害保险）。

（7）公司组织旅游、娱乐和体育活动。

（8）经理级（含）以上人员，任职期满一年，考驾驶证期间不减薪，报销部分考驾证费。

四、相关假期请假流程

公司现行假期种类有：公休假、法定节日假、年假、婚假、陪产假及哺乳假、事假、病假、工伤假、丧假、有薪年假等。员工请假、休假，应通过 OA 工作流提出申请，经职业规划部审批后，人力资源管理中心总经理有 15 天以下批准权；公司总经理有 15 天以上的批准权。

（1）公休日：公司员工按国家规定可享受公休日。

（2）法定假期：公司按国家公布法定休假天数执行。

（3）年假：员工在公司工作时间满一年可享受有薪年假，有薪年假必须在本年度内休完，过期不补。

（4）婚假：转正后的员工结婚，可享有 3 天带薪婚假，假期必须一次休完。员工必须在婚假结束后一周内提供结婚证明（享受时间在婚姻登记后三个月内），带薪婚假薪资以平均日工资核算计发。

（5）陪产假及哺乳假：公司女员工产假，在公司工作的丈夫享受三天的有薪陪产假。哺乳期的女员工假期（小孩1周岁以内），固定享有每天2小时哺乳时间。

（6）事假：员工请事假需先向直属上级提交OA工作流申请。特殊情况可在上班前15分钟内电话通知直属上级，在得到上级允许后方可请假，并且在休假后马上提交OA工作流补办请假手续，请假天数以1小时为基数起核算工资。

（7）病假：必须在上班前2小时交请假单，看病后补交正规医院病假证明，无证明一律按事假处理。病假半天不扣薪资，病假一天扣除日工资的一半，不扣全勤奖与住房补贴。超过一天之后，扣除全勤奖，扣除所请天数的住房补贴费及日工资。

（8）工伤假：员工因工伤残（根据伤残鉴定等级）、死亡参照国家劳动法规以及公司规定处理，公司为员工购买社保或工伤、意外事故医疗保险，按所投保的规定处理，工伤假按国家规定执行。

（9）丧假：试用期后转正的员工，其亲属（父母，子女，配偶，祖父，祖母，外祖父，外祖母）去世，可享有3天带薪假期。休假结束后，应提供相应的书面证明。

问题思考

1. 薪酬是最重要的激励方式吗？
2. 加薪必然会让员工满意吗？
3. 加薪必然带来营业额的增长吗？

第六节　6S现场管理

故事分享

2009年9月9日公司一客户来公司参观，客户在公司领导的陪同下，参观了总部各个部门，同时参观了A运作部外场，当客户看到员工整洁的工服，统一的装束，外场整齐码放的货物，明确的标识指引，之前对我公司心存疑惑的客户，顿时对我公司的管理赞不绝口，很快达成了合作协议；临行之时，客户向公司领导询问："贵公司是如何长期保证货物的整洁有序，管理状态清清楚楚的?""因为我们公司一直在推行6S现场管理!"

什么是6S现场管理呢？6S如何成了公司最佳的推销员呢？6S针对的对象和目标是什么呢？做好6S管理的步骤与技巧是什么？

6S管理概述

一、起源与发展

6S起源于日本，是对生产现场中人员、环境、机器、物料、方法等生产要素进行有

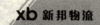

效的管理，是日本企业独特的一种管理方法。1955 年，日本的 5S 的宣传口号为"安全始于整理，终于整顿"。当时只推行了前两个 S，其目的仅为了确保作业空间和安全。后因生产和品质控制的需要而又逐步提出了 3S，也就是清扫、清洁、修养，从而使 5S 的应用空间及适用范围进一步拓展，到了 1986 年，日本关于 5S 的著作逐渐问世，从而对当时的整个现场管理模式起到了冲击的作用，并由此掀起了 5S 管理的热潮。

在第二次世界大战后，日本式企业将 5S 运动作为各项管理工作的基础，推行各种品质管理手法，产品品质得以迅速地提升，奠定了经济大国的地位；在丰田公司的倡导推行下，5S 对于塑造企业的形象、降低成本、准时交货、安全生产、高度的标准化、创造令人心旷神怡的工作场所、现场改善等方面发挥了巨大的作用，取得了令人瞩目的效果，5S 逐渐被各国的管理界认识。随着世界经济的发展，5S 已经成为工厂管理的一股新潮流。

根据企业进一步发展的需要，有的公司在原来 5S 的基础上又增加了安全（Safety）这个要素，形成了"6S"，也有的企业加上节约（Save）、习惯化（Shiukanka）、服务（Service）及坚持（Shikoku），形成了"10S"。但是万变不离其宗，所谓 6S、10S 都是从 5S 里衍生出来的。

二、定义与目的

6S 就是整理（Seiri）、整顿（Seiton）、清扫（Seiso）、清洁（Setketsu）、素养（Shitsukre）、安全（Safety），因前 5 个单词的罗马拼音与"安全"的英文均以"S"开头，故简称为 6S。

6S 的定义与目的如表 7 - 2 所示。

表 7 - 2　　　　　　　　　　　6S 的定义与目的

定　义	目　的
1S　整理：将现场物品区分为有用的和无用的，并将无用的物品清除掉	①腾出空间，空间活用 ②防止误用、误送 ③塑造清爽的工作场所
2S　整顿：合理安排现场物品放置的位置与方法，并进行必要的标志	①工作场所一目了然 ②消除寻找物品的时间，提高效率 ③清除过多的积压物品
3S　清扫：对现场环境进行综合治理，清除工作场所的垃圾、灰尘、污渍及其他污染源，并检查设备、工具使用状态，消除影响员工健康、安全及服务质量的不利因素，使现场达到美观整洁、安全卫生	①消除"脏污"，保持工作场所干净、明亮 ②使设备、工具保持最佳状态
4S　安全：就是消除一切不安全因素，是以上 3S 的保障，也是其目的与成果之一	①通过对隐患发生源的改善和治理，防止安全事故发生 ②创造对人、企业财产没有威胁、隐患的环境，避免安全事故发生

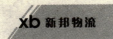

续 表

定 义	目 的
5S 清洁：持续推行整理、整顿、清扫工作，使之制度化、规范化，始终处于受控和持续改进状态	①通过制度化来维持成果 ②维持整洁的工作环境 ③减少意外伤害
6S 素养：就是养成自觉遵守既定事项的习惯	①提升"人的素质"，成为对任何工作都认真的人 ②养成好的习惯，并按规则做事 ③培养自觉自发、积极创新的精神 ④每个人充满活力，营造团队精神

在 6S 的实施推行过程中，很多人常常混淆"整理"与"整顿"、"清扫"与"清洁"等概念，为了使 6S 得以迅速推广传播，我们总结整理了 6S 口诀，具体如下：

6S 释义

整理：要与不要，一留一弃
整顿：科学布局，取用快捷
清扫：清除污垢，美化环境
安全：消除隐患，防患未然
清洁：形成制度，保持成果
素养：彻底贯彻，养成习惯

三、6S 之间的关系

整理、整顿、清扫、安全、清洁、素养这 6 个"S"并不是各自独立，互不相关的。它们之间是一种相辅相成，缺一不可的关系。

整理是整顿的基础，整顿又是整理的巩固，清扫是显现整理、整顿的效果，安全是对人的保护，没有安全就没有幸福可言。而通过清洁（各种规章制度）对四项进行规范。工作的开展与完成，关键是人员，通过人员修养的提高，才能把前 5S 做实，素养提升了，才能通过清洁（各种制度）、对整理、整顿以及清扫、安全的效果进行保持体现。

"整理、整顿、清扫"以空间、时间、物品等"硬环境"为对象，是 6S 中关于现场状况改进提升的三个基本行动。"安全、清洁、素养"主要以制度、行为、习惯等"软环境"为对象，促进 6S 向"形式化—行事化—习惯化"演变。

1. "整理"

"整理"是改进工作现场的源头与开始，在进行整理时，还可以参照一下更具体、更可操作性的分类管理方法，即可将物品区分为"常用、偶尔使用和不使用"三类，然后按以下方法处理。

（1）常用物品安置在现场。

（2）偶尔使用物品放在固定的储存处。

（3）不使用的物品清除或处理掉。

2."整顿"

"整顿"是衔接在整理之后的，在将不需要的东西移开后，对现场进行整顿，包括重新规划与安排，是十分自然的。

3."清扫"

"清扫"最好在整顿之后进行，这三项工作是关联的，有次序的。

4."安全"

"安全"是对原有5S的一个补充。以"工作现场管理要点"这个主题去理解，增加"安全"这个要点是很可取的。安全贯穿于6S管理的每一个细节，6S管理的效果之一归终于安全。安全不仅仅是意识，它是一个系统的管理体系，需要我们按照安全管理体系的要求开展相关工作并持续改进。安全工作常常因为细小的疏忽而酿成大错，因此只强调意识是不够的。

5."清洁"

"清洁"是上述基本行动之外的管理活动，是将运动转化为常规行动，需要将好的办法、需求总结出来，形成管理制度，长期贯彻实施，并不断检查改进。

6."素养"

"素养"，是6S中最独特的一项要素，也是精华所在之处，体现了企业管理中"以人为本"的思想。对于员工来讲，制度是外在的、强制性的。更彻底的保障，是将外在的要求转化为员工主动的、发自内心的行动。也就是变规定、要求为人的意识、习惯，习惯一旦养成，将潜移默化地、长期地影响人们的工作、生活质量。素养是建立在人的意识之中的，提高素养需要进行培训、宣传、制度约束，并有效地运用激励等辅助手段。

推行 6S 的原因

人，都是有理想的。企业内员工的理想，莫过于有良好的工作环境和和谐融洽的管理气氛。6S造就安全、积极、和谐的工作环境，有助于提升员工的品质，从而塑造企业良好的形象，实现共同发展的理想。

在没有推行6S的企业，每个岗位都有可能会出现各种各样不规范或不整洁的现象，如垃圾、污垢、屑沫等满地皆是，工具、纸箱随处摆放，人员、车辆都在狭隘的通道上穿插而行。轻则不容易找到自己要找的东西，浪费大量的时间；重则导致机器破损，如不对其进行有效管理，即使是最先进的设施设备，也会很快加入不良器械、破损物品的行列而等待维修或报废。

员工在这样杂乱无章而又无人管理的环境中工作，有可能影响员工工作热情和工作质量。

对于这样的企业，即使不断地引进其他先进的管理方法也不见得会有什么显著的效果，要想彻底改变这种状况就要从最简单实用的6S开始，从基础抓起。

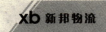

一、6S 的效用

实施 6S 管理为公司带来巨大的好处。一个实施了 6S 管理的公司可以改善其品质、提高效率、降低成本、确保准时交货、确保安全经营运作及保持员工高昂的士气。概括起来讲，推行 6S 最终要达到五大效用，可以归纳为 5 个 S，即 Sales，Saving，Safety，Standardization，Satisfaction。

1. 6S 是最佳推销员（Sales）

（1）被客户称赞为干净整洁的企业，顾客对这样的企业有信心，乐于与之合作，并口碑相传，会有很多人来企业参观学习。

（2）整洁明朗的环境，会使大家希望到这样的企业工作。

2. 6S 是节约家（Saving）

（1）降低很多不必要的材料及工具的浪费，减少"寻找"的浪费，节约很多宝贵的时间。

（2）能降低工时，提高效率。

3. 6S 对安全有保障（Safety）

（1）宽广明亮，视野开阔的工作场所，流、物一目了然。

（2）遵守安全制度，标志明晰，危险处一目了然。

（3）走道明确，不会造成杂乱情形而影响工作的顺畅。

4. 6S 是标准化的推动者（Standardization）

（1）"三定（定点、定容、定量）"、"三要素（场所、方法、标识）"原则规范现场操作。

（2）大家都正确的按照规定执行任务。

（3）程序稳定，带来服务品质稳定，成本受控。

5. 6S 形成令人满意的职场（Satisfaction）

（1）明亮、清洁的工作场所。

（2）员工动手做改善、有成就感。

（3）能造就现场全体人员进行改善的气氛。

总而言之，通过 6S 管理，企业能够健康、稳定、快速的成长，逐渐发展成对地区有贡献和影响力的世界级企业，并且最少达到四个相关方的满意：投资方满意、客户满意、员工满意、社会满意。

二、6S 的目的

6S 的目的如图 7 - 10 所示。

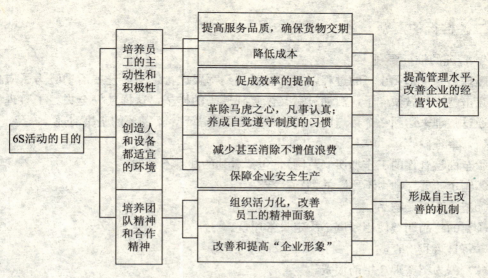

图 7 - 10　6S 的目的

6S 推行步骤与技巧

一、6S 推行步骤

6S 推行步骤如表 7 - 3 所示。

表 7 - 3　　　　　　　　　　　　6S 推行步骤

阶　段	步　骤
准备阶段（P）	第一步：高层承诺/做好准备
	第二步：成立 6S 推行领导小组
	第三步：6S 推行方案
	第四步：宣传造势/教育培训
实施/评估阶段（D/C）	第五步：局部推进： （1）问题诊断 （2）选定样板区 （3）实施改善
	第六步：全面启动： （1）区域责任制 （2）制定评价标准 （3）评价诊断、检查监督和考核
巩固阶段（A）	第七步：维持 6S 管理成果（标准化、制度化）
	第八步：根据整改措施，修订制度，不断进行 PDCA 循环，挑战 6S 活动新目标

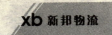

二、推行的要领

1. 整理的推行要领

整理是一个永无止境的过程，每天时时刻刻都要进行，不能开展活动时为了应付检查而突击整理，做做样子，活动过后又恢复到原来的样子，这样就完全失去了整理的意义。通过整理来达到一个重点区分的效果，需要的留下，不需要的坚决清理。

（1）整理内容。

①全面检查你的工作场所（范围），包括看到的和看不到的。

②制定"要"和"不要"的判别基准。

③清除不需要物品。

④要的物品调查使用频度，决定日常用量。

⑤每日自我检查。

（2）因为不整理产生的浪费。

①空间的浪费。

②使用货架或箱柜的浪费。

③物品闲置不能使用折旧的浪费。

④放置处变得窄小。

⑤连不要的东西也要管理的浪费。

⑥保存管理或盘点花时间的浪费。

（3）整理阶段的基本技巧。

①设立样板区。

②定点摄影。

③不要物处理操作规范化、简单化、流程化。

2. 整顿的推行要领

（1）整顿内容。

①前一步骤整理的工作要落实。

②需要物品明确放置场所。

③摆放整齐，有条不紊。

④地板画线定位。

⑤场所、物品标示。

⑥制定废弃物的处理办法。

（2）整顿阶段重点。

①整顿的结果要成为任何人都能立即取出所需东西的状态。

②要站在新人或其他职场工作人员的立场来看，东西要放置整齐、位置明确。

③要想办法使物品能立即取出。

④另外，使用后能容易恢复到原位，没有恢复或误放时能马上知道。

（3）整顿阶段的基本推行技巧。

①放置场所的决定。

②放置方法的决定。

③保管规则的决定（标志、摆放、使用）。

④三定三要素原则。

整顿的"三要素"：场所、方法、标志

整顿的"三定原则"：定点、定容、定量

⑤红牌作战。

3. 清扫的推行要领

（1）清扫的内容。

①建立清扫责任区（室内、外）。

②进行一次大清扫。

③每个地方清洗干净。

④调查污染源，予以杜绝或隔离。

⑤建立清扫基准，作为规范。

（2）清扫目的。

清扫就是使工作现场成为没有垃圾、没有污脏、正常使用的状态，虽然已经整理、整顿过，需要的东西马上就能取得，但是被取出的东西要处在能被使用的状态才行。而达到这样的状态就是清扫的第一目的，尤其目前强调高品质、高效率、高附加值的物流服务行业，更不允许有脏、乱、差现象出现，造成服务品质的下降。

（3）清扫阶段的基本推行技巧。

①6S 区域地图化。

②清扫责任一览化。

③管理看板揭示。

④清扫实施计划。

4. 安全的推行要领

（1）安全内容。

①电源开关、风扇、灯具等损坏及时报修。

②货物码放、物品摆放、悬挂、安装、设置不存在危险状况。

③特殊工位无上岗证严禁上岗。

④正在维修或修理设备要贴上标志。

⑤危险物品、区域、设备、仪器、仪表要特别提示。

（2）安全目的。

保障企业财产安全，保证员工在工作过程中的健康与安全。杜绝事故苗头，避免事故发生。

（3）安全阶段的基本推行要点。

①安全因素的识别。

②安全因素的彻底保证对策，防止发生对策。

5. 清洁的推行要领

（1）清洁内容。

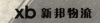

①落实前 4S 工作。

②制定目视管理及看板管理的基准。

③制定 6S 实施办法。

④制定检查方法。

⑤制定奖惩制度，加强执行。

⑥高阶主管经常带头巡查，带动全员重视 6S 管理。

（2）清洁阶段的基本推行技巧。

①实施目视管理。

②6S 工作的制度化（明确的标准、方法）。

③6S 区域清扫责任表。

④员工 6S 日常考核表。

⑤消防器材点检表。

（3）清洁阶段的要求。

①为使人们的眼睛看清楚，各种工具箱尽量不要罩、不要门、不要盖、不上锁。

②制定各种标志牌、示意牌、识别证。

③制定检查表、定期检查表、维持活动成果。

（4）主要推行手段——目视管理。

①目视管理在管理上很简单，是很有效果的一种管理方法。其定义为"一看便知"。

②目视管理要求：

——东西的好坏谁都能明确指出。

——谁都能使用，使用起来很方便。

——谁都能维护，立即可修好。

6. 素养的推行要领

（1）素养内容。

①制定工服、工牌、头饰等识别标准。

②制定公司有关规则、规定。

③制定服务礼仪守则。

④教育训练。

⑤推动各种激励活动。

⑥遵守规章制度。

⑦规范打招呼、礼貌活动。

（2）素养目的。

素养就是教大家养成能遵守所规定的事的习惯，6S 本意是以 5S（整理、整顿、清扫、安全、清洁）为手段完成基本工作，并借以养成良好习惯，最终达成全员"品质"的提升。

（3）素养阶段的基本推行要点。

①自觉遵守规定的习惯。

②自觉维持工作环境整洁明了的习惯。

③文明礼貌习惯。

④职业规范。

⑤语言礼仪。

⑥行为习惯。

7. 将 6S 进行到底

6S 管理一旦开始，不可中途变得含混不清。如果不能贯彻到底，又会形成另外一个污点，而这个污点也会造成公司内保守而僵化的气氛：

"我们公司做什么事情都是半途而费"、"反正不会成功"、"应付应付算了"等。

三、6S 管理推行的原则

自我管理原则：自己的事自己做。

勤俭节约的原则：废物利用。

持之以恒的原则：建立责任制、长期考核、运用 PDCA 进行改善。

四、检查要点

(1) 有没有用途不明之物。

(2) 有没有内容不明之物。

(3) 有没有闲置的资产、物品。

(4) 有没有不要之物。

(5) 工作场所是否存在随便摆放设备、物品。

(6) 有没有乱放个人的东西。

(7) 有没有货物区分、码放不当。

(8) 有没有货物压线、占据安全通道。

(9) 是否有破损、变形的货物包装箱。

(10) 工具、物流设备是否放在指定位置上。

(11) 货物的装卸、移动是否容易。

(12) 货架或箱柜内之物，是否按照标示放置。

(13) 危险物品、区域、设备、仪器仪表等明确标示，灭火器是否定期点检。

(14) 员工桌面、周围是否放有必要以上之物。

(15) 是否有在仓库随意摆放个人、部门物品。

(16) 同一票货物是否散放在几个不同的地方。

问题思考

1. 企业为什么要推行 6S 现场管理？

2. 6S 现场管理的内容是什么？

3. 6S 推行的步骤和技巧是什么？

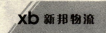

第七节　证照印章管理

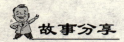 故事分享

　　A营业部原租用档口面积较大，公司要求更换，区域2009年10月选好新档口，11月初部门装修并搬迁新址，未办理变更新址手续。

　　2010年2月4日，B镇工商管理局在检查中发现A营业部经营地点与营业执照地址不一致。责令10日内完成整改，下发整改通知书。

　　2月8日，周一上午A营业部会计到B镇工商大厅办理执照变更，执法专员看到我方提供资料后，明确说明还缺房屋租赁出租方房产证明，并要求受托办理人提供营业执照负责人本人委托证明，委托证明上需要加盖公章及营业执照负责人本人签字。A营业部经理于下午5点拿到出租方房产证明并制作了委托证明。

　　2月9日，部门会计将全部所需资料带齐，将委托申请表填写好并盖好分公司公章前往B工商大厅办理执照变更，执法专员审核证照后，回复：由于子公司营业执照无资金注册，需要由总公司在委托申请表上加盖公司公章才可以办理。行政部门及法务部门已放春节假，而资料盖公章需要相关领导签字，已无法签字、盖章，只能年后办理。

　　2月26日，法务部找到相关领导签字后在委托证明盖章，并当天寄回A营业部，总部营业部开单单号：12345678。当天，B镇工商管理局再次来到A营业部，责问未办理营业地点变更事宜，要求部门经理下周一至工商管理局对没有按责令整改通知书限定时间内办理好营业执照地址变更做解释。

　　3月1日，A营业部经理到工商管理局接受延迟变更询问，并予以签字。

　　3月4日，B镇工商管理局以部门经理被询问记录签字确认为依据，以新址无证经营处以罚款人民币10000元。

　　对行政执法部门的整改书，要高度重视；对不明确的事情，要第一时间反馈给相关职能部门和领导，更不能盲目出具书证与签名。那么证照办理流程是怎样的呢？又应如何管理证照呢？

证照办理与管理

一、定义

　　证照是指由上级主管部门颁发的各类证书、批文等。企业证照是指企业因经营需要，依法向相关国家政府部门、协会组织等机构提出申请，由国家政府部门、协会组织等机构依法审核、颁发的相关经营许可证件。如道路运输经营许可证、营业执照、税务登记证、组织机构代码证、航空运输销售代理许可证、保险兼业代理许可证等。

　　证照管理是指公司为保障合法经营需要，对公司相关经营所需的各类证照依法向政府部门、协会组织等机构进行申请、办理、领取。并在日常管理中进行合法、有效的使用、保管、年审、变更、注销等事项的管理，以保障企业合法、安全的经营。

二、证照办理

（一）证照办理基本原则

（1）新开营业部负责人、部门经理、会计要熟悉公司证照办理与管理的规定，营业部设立的证照办理流程、办理时间、办理费用、所需资料、表格等。

（2）由于各地区政府主管部门的审批流程略有差异，办理过程中应及时咨询当地主管部门，以当地主管部门的要求为准。

（3）事业部所属人力资源部负责管理所辖区域证照的办理、延期、变更、注销；自办证照的由部门经理或会计办理；综合管理部证照办理处进行全公司范围内证照办理的管控和指导。

（4）目前公司在广东、广州、深圳、东莞、上海、北京、山东、福建、南京等地区设有独立的法人公司。所辖区内新开营业部，统一应以所属地区的法人公司作为总公司注册分支机构。

（5）新开营业部证照所记载的分公司负责人按照公司区域划分相应确定，一般以该区域的第一负责人作为新开营业部注册时的分公司负责人。

（6）营业部正式名称由总公司统一命名，即子公司＋××区＋××镇＋××营业部。

例如，在上海新开营业部，则分公司名称应注册为：上海新邦物流有限公司浦东金桥营业部。

（7）公司不办理个体经营营业执照。

（二）注册办理

1. 房屋租赁合同备案

（1）公司新开营业部的场地租赁合同，应以营业部所属的法人公司之名义订立。租赁合同应写明场地地址、面积、用途、租金、押金、管理费或卫生费等其他杂费、结算方式、是否提供发票及发票税金负担方式、修缮责任、违约责任等事项。

（2）新开营业部应选用具备有效产权证明的场地，避免二次承租的情况。签约前应要求业主提供身份证复印件、房产证复印件以及其他有效产权证明，如有必要应核对原件。如出租方为单位法人，则还应要求对方提供营业执照副本复印件、组织机构代码证副本复印件等。

（3）新开营业部应尽量选用具备消防验收合格证明的场地，如场地暂时没有消防证明，应要求业主在规定期限内协助办理。由于城市规划的原因，建议营业部选址最好选择在物流、货运市场内，场地产权证明中的用途应注明是商铺或商住，便于办理营业执照、道路运输经营许可证等。

（4）如新开营业部所在地要求办理房屋租赁合同备案的，则租赁合同应提供一式四份，双方各持一份，租赁管理中心一份，工商登记部门一份。营业部应要求业主在规定期限内提供必要的资料并协助办理备案登记，建议将此要求写入租赁合同，作为合同的组成部分。

（5）新开营业部经理或区域负责人应主动咨询营业部所在地管理部门，了解是否需要办理房屋租赁合同备案手续，并收集办理所需的各种表格、文件。提交房屋租赁合同备案手续所需资料。

2. 营业执照办理

（1）公司原则上要求所有新开营业部在开业之时必须办理分公司营业执照或者已取得分公司设立登记受理通知书，否则不得擅自开业。

（2）新开营业部经理或者区域负责人应主动到当地工商分局咨询、领取分公司设立登记表格、负责人登记表、指定代理或者共同委托代理人的证明等必要的文件资料，并将相关资料寄给所在事业部人力资源部（大区办公室）证照办理专员。

（3）人力资源部证照办理专员应按照公司决议填写分公司设立登记表，备齐营业执照办理所需资料，并取得相关领导签字、公司加盖公章，交付新开营业部的部门经理或者区域负责人，由营业部经理或区域负责人递交当地工商分局。如有需要，人力资源部可根据营业部的要求委派专人前往办理。

（4）当地工商分局要求办理企业名称预先核准，由营业部向当地工商分局递交《企业名称预先核准申请书》。通过后，即可办理营业执照。

（5）营业执照办理所需资料如下：

①公司法定代表人签署的《分公司设立登记申请书》。

②公司签署的《指定代表或者共同委托代理人的证明》及指定代表或委托代理人的身份证复印件（本人签字）；应标明具体委托事项、被委托人的权限、委托期限。

③公司章程、营业执照副本、营业场所及产权证明复印件。

④分公司负责人的任职文件及身份证明复印件。

⑤分公司申请登记的经营范围中有法律、行政法规规定必须在登记前报经批准的项目，提交有关的批准文件或者许可证书复印件或许可证明；分公司的经营范围不得超出公司的经营范围。

3. 组织机构代码证办理

（1）新开营业部的组织机构代码证，要求在领取营业执照后，30日之内办理完毕，取得组织机构代码证之后随即办理国税、地税税务登记证。

（2）组织机构代码证一般是正、副本各一份。IC卡或数字证书，是否需要办理应以各地质监局及分公司的实际要求为准。

（3）新开营业部的经理或区域负责人应主动咨询当地主管的质监局、税务局，领取相关表格以及其他必要的文件寄回人力资源部，也可通知人力资源部备齐办理所需资料。

（4）办理组织机构代码证所需资料如下：

①中华人民共和国组织机构代码申请表；

②营业执照副本、法定代表人（负责人）身份证、经办人身份证复印件、单位公章、主管机构的代码证（限分支机构）。

4. 税务登记证办理

营业执照办理30日内办理完国税、地税登记证，所需提交资料如下：

（1）《税务登记表》（一式二份）；

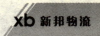

（2）营业执照副本或其他核准执业证件原件及其复印件；

（3）组织机构代码证书副本原件及其复印件；

（4）注册地址及生产、经营地址证明（产权证、租赁协议）原件及其复印件；

（5）公司章程复印件；

（6）有权机关出具的验资报告原件及其复印件（营业执照无注册资金的除外）；

（7）法定代表人（负责人）居民身份证或护照等身份证明资料原件及其复印件；

（8）法定代表人（负责人）正面免冠相片一张［张贴在法定代表人（负责人）居民身份证或护照等身份证明资料复印件的左上角］；

（9）纳税人跨县（市）设立的分支机构办理税务登记时，还须提供总机构的国税税务登记证（副本）复印件及总机构出具的分支机构核算形式、缴税形式证明原件；

（10）委托税务代理还须提供委托代理协议书复印件。

5. 道路运输经营许可证或分公司备案办理

（1）各地工商管理部门以及交通管理部门的要求略有不同，部分地区的工商管理部门可以后置审批，先办理营业执照，但在营业执照经营范围中注明需要持许可证经营的业务必须在取得相应许可之后方可开业，否则依然会遭到处罚；部分地区要求在办理营业执照之前取得道路运输经营许可证。

（2）公司要求所有新开营业部具备办理道路运输经营许可证条件的，则应当办理，以避免引起工商、交通管理部门的行政处罚。因此新开营业部的经理或区域负责人应主动咨询当地工商管理部门、交通管理部门，并联络营业部场地的业主方提供必要的办理资料如场地产权证明、消防验收合格证明等。

（3）办理道路运输经营许可证所需资料如下：

①《道路货物运输经营申请表》；

②负责人、办理人身份证明和委托书；

③现有机动车辆有效的行驶证、车辆技术等级评定资料，或拟购车辆登记表；

④已聘用或拟聘用驾驶员的机动车驾驶证、从业资格证复印件；

⑤安全生产管理制度，包括安全生产责任制度、安全生产业务操作规程、安全生产监督检查制度、驾驶员和车辆安全生产管理制度；

⑥营业执照、代码证、IC卡、数据证书、消防验收合格证明、公司章程复印件。

（三）年检办理

（1）证照年检应当按照国家法律法规与行政许可规定执行。

（2）已设立人力资源部的区域，年检工作由该区域人力资源部负责。

（四）变更办理

（1）证照变更应当按照国家法律法规与行政许可规定执行。

（2）已经以广东新邦、新邦注册的分公司（广东除外），均以广东新邦注册的全资子公司注册所在地为准进行变更，相应变更为广州新邦、深圳新邦、上海新邦、北京新邦、山东新邦、东莞新邦、佛山新邦、福建一邦的分公司。

（3）变更操作应当遵循先易后难原则，已办有道路运输许可证的分公司依据据情变更的原则进行变更办理。

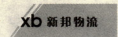

（五）注销办理

（1）证照注销应当按照国家法律法规与行政许可规定执行。

（2）以广东或广州新邦注册的分公司需要注销同时注册新分公司的，经办部门操作时要做好内部衔接，行政许可衔接，先易后难，尤其是同时注销分公司较多的区域应当据情推进，不要盲目地、随意地注销。税务注销由税务规划部负责；自办注销的由部门经理或会计办理；区域未有覆盖的分公司注销由证照管理处督办。

三、证照管理

（1）公司证照由证照管理处统一归口管理，证照所涉及的流程应当经过证照管理处审核（包括房屋租赁合同及其产权证明资料必须符合办证要求，合同备案要求）。

（2）区域人力资源部负责本区域的证照原件、租房合同及其产权证明资料的管理。营业执照、税务登记证、道路运输许可证的正本挂在营业厅墙上，副本、组织机构代码证、IC卡、租房合同及证明资料，放在使用部门的保险柜内。

（3）跨地区、跨省营业部的证照管理，当事部门经理为直接责任人，会计为保管人，区域人力资源部负责管理、监管职责。涉及证照管理者承担连带责任。

（4）证照管理处每旬公布公司证照管理信息，并检查、督办公司如下证照：营业执照，组织机构代码证，国税、地税证（业务由会计主导），道路运输许可证，航空货物销售代理许可证，保险兼业代理许可证（业务由法务部主导）。

（5）证照领取：工商行政管理机关规定，要求所注册的公司法定代表人或负责人亲自领证。当证照受理期限到期时，证照管理部门或证照经办人电话提前2天通知所注册的负责人领证时间，注册的负责人有义务密切配合按时领证。若因领证延误时间引发被行政机关处罚的，公司将对相关责任人按延误执行工作职责予以处罚。

（6）营业执照、税务登记证备案：营业执照登记备案由其区域人力资源部主导、使用部门经理配合到所属地区的工商所登记备案。税务登记备案由其区域财务部主导，使用部门会计配合到所属地区的税务机关登记备案。因延误登记备案被工商、税务机关处罚的，公司将对相关责任人按延误执行工作职责予以处罚。

（7）证照管理系统有：证照管理流程和证照管理系统。便于及时了解、检查、督办公司证照管理信息。所有证照均应提供复印件交总部证照管理处存档留底，如有任何更新或变动应提供变更后的最新版本复印件。

（8）已设立人力资源部的区域，注册、注销变更工作由该区域人力资源部负责；区域没有设立人力资源部的由证照管理处提供分公司所需广东或广州新邦的资料，并指导、督办。为快速处理注册、注销、变更事项，分公司证照原件可以由经办人保管与使用，事情办完后，按规定移交到保管人之手，并予以交接，备案。当事部门经理为直接责任人，涉及部门区域经理为监管人，涉及分管领导承担连带责任。

（9）证照办理流程如图7-11所示。

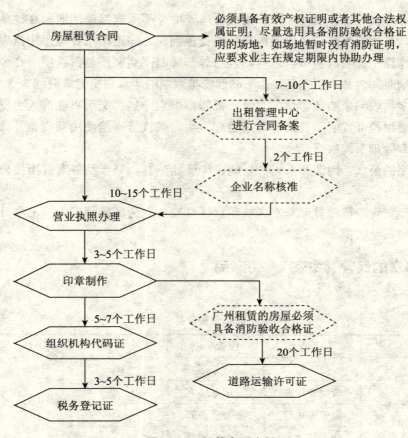

必须具备有效产权证明或者其他合法权属证明；尽量选用具备消防验收合格证明的场地，如场地暂时没有消防证明，应要求业主在规定期限内协助办理

图 7－11　证件办理流程

印章管理

一、基本概念

印章用做印于文件上表示鉴定或签署的文具，一般印章都会先蘸上颜料再印上，不蘸颜料、印上平面后会呈现凹凸的称为钢印，有些是印于蜡或火漆上、信封上的蜡印。制作材质有金属、木头、石头、玉石等。根据刻制印章的种类不同，各地公安机关对刻制印章手续的规定有所不同。

二、印章种类

公章、合同专用章、法人代表章、负责人章、财务专用章、发票专用章、职能部门章、业务专用章、业务操作条章、现金收讫章、到付章、签收返回单章。

三、印章刻章与印章管理系统数据更新

公司所有印章的刻制必须走 OA 印章申请工作流批准，没有申请工作流而自行刻制的印章一律视为私刻印章。

为快速办理代码证、税证，印章刻制可选择由总部采购部或注册所在地刻制。新设立的营业部，名称核准或营业执照提交资料受理同时，即走印章管理工作流申请刻制印章，并在工作流中说明刻制印章名称，是由总部采购部刻制还是由注册所在地刻制。所在地印章刻制时间为 2 个工作日。由采购部安排刻制的印章刻制完成时间为 3 个工作日。证照管理处专员收到采购部印章的当日，视印章类别分别移交于事业部人力资源部（大区办公室）或财税部或资金管理部印章管理人员，或直接寄给使用部门，并做好交接登记，修改印章管理系统数据。

需要备案的公章，因涉及条码，只能在注册地刻制，刻章及备案费用按公安机关公布收费标准执行。

区域印章管理专员每月汇总本区域印章统计表，发送证照管理处，每半月修改一次公司印章管理系统数据。

四、印章的保管（如表 7-4 所示）

表 7-4　　　　　　　　　　　　印章保管分类

法人主体	印章类型	保管单位	保管人	备注
广东新邦物流有限公司	公　章	法务部	—	
	合同专用章	法务部	—	
	财务专用章	资金管理部	—	
	法人代表章	资金管理部	—	
	发票专用章	财税部	—	
广州市新邦物流服务有限公司	公　章	法务部	—	
	合同专用章	法务部	—	
	财务专用章	资金管理部	—	
	法人代表章	资金管理部	—	
	发票专用章	财税部	—	
广东一邦速递服务有限公司	公　章	法务部	—	
	财务专用章	一邦财务部	—	
	法人代表章	一邦财务部	—	
	发票专用章	财税部	—	
深圳市新邦运输服务有限公司	公　章	深圳人力资源部	—	子公司印章管理均采用此模式，依此类推
	合同专用章	深圳人力资源部	—	
	财务专用章	深圳财务部	—	
	法人代表章	深圳财务部	—	
	发票专用章	深圳财务部	—	

续　表

法人主体	印章类型	保管单位	保管人	备注
分公司（营业部）	分公司公章	所属人力资源部	证照管理专员	
	业务专用章	所属人力资源部	区域会计或分部会计	
	财务专用章	所属区域财务部	区域会计或分部会计	
	发票专用章	所属区域财务部	区域会计或分部会计	
	负责人章	所属区域财务部	区域会计或分部会计	
职能部门	职能部门公章	使用部门	由部门分管领导指定专人保管	

注：印章指定专人负责保管，锁进保险柜。印章在受到损毁、被盗时，保管人应迅速向综合管理部证照管理处（区域人力资源部）提交书面报告，综合管理部证照管理处（区域人力资源部）根据情况依本规定补办。印章管理人遇特殊情况外出或请假，应做好交接手续，并经印章管理人直属上级领导指定专人保管。

五、印章使用范围

（1）公章用于涉及公司的合同、协议、出资证明、法津文件、年检申报、税务、工商部门的相关文书等。

（2）合同专用章用于对外投资、合资、合作等单项业务的合同和协议（按照合同管理制度执行）。

（3）发票专用章用于财务管理中心或所属区域财务部开具发票及税法规定的相关范围。

（4）财务专用章用于公司账务结算、银行往来、工资支付及因特殊情况下财税机关、审计机构、工商机关、国家执法机关要求公司使用的情况。

（5）业务专用章主要用于账单、报价单（价格表）、业务类相关证明等。

（6）业务操作条章主要用于业务操作单据等。

六、印章使用

（1）法人公司公章使用：法人公司公章、合同专用章的使用须走 OA "行政类—印章管理—公司印章使用"工作流申请，凭法人代表或授权委托人签字的有效文件交印章保管人盖章。

综合管理部证照管理处（人力资源部）证照办理人员因证件办理需要使用法人公司公章、合同专用章时可直接到印章保管人处登记后交印章保管人盖章。

（2）使用法人公司财务专用章、发票专用章、法人代表章时应填写《使用印章申请单》，经有关人员审核签字批准后由印章保管人盖章。

（3）账务结算、银行往来、工资使用财务专用章工作流：公司出纳开具票据后，会计和印章保管人核对票据与已审批单据无误后盖章。

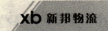

（4）营业部门财务专用章及负责人章使用：由分部会计书面提出申请，经区域会计和所属财务部经理审批后，资料交保管人盖章。

（5）发票专用章使用流程。

①开具发票时：按照公司发票流程办理。

②公司给客户开具汇总发票，客户持发票到税务局认证抵扣，税务局要求提供发货明细做附件时：客户持对方公司开具的公函或介绍信到归口部门，由部门提出书面申请并随同发货明细及对方公函交财务部，经财务部开票员审核，以及财务部经理确认后，由财务部开票员盖章，并返回申请部门。

（6）营业部门公章的使用须走 OA "行政类—印章管理—部门公章使用" 工作流申请。

（7）营业部门业务专用章的使用须走 OA "行政类—印章管理—部门业务章使用" 工作流申请。

（8）公司内部有统一固定格式的资料如代单、托运书、收据、发票、报税表等由经办人填写部门印章审批单，经部门经理审批后可以盖相应的部门印章。

（9）对外证明、公函、赔款、对账单申请及第 8 条款所列资料复印件盖章部门印章的都需要走 OA "行政类—印章管理—部门公章使用" 申请。

（10）职能部门章需经部门经理批准后盖章。

（11）业务操作条章由印章管理责任人盖章。

七、印章借用

（1）法人公司公章的借用须走 OA "行政类—印章管理—公司印章使用" 工作流申请。

（2）营业部门公章的借用须走 OA "行政类—印章管理—部门公章使用" 工作流申请。

（3）营业部门业务专用章的借用须走 OA "行政类—印章管理—部门业务章使用" 工作流申请 "六、印章使用" 的。

（4）营业部门财务专用章及负责人章的借用按 "六、印章使用" 的第 4 条款操作。

（5）营业部门印章（包括营业部门公章、财务专用章、发票专用章及负责人章）借用期为 3 天，如需延长印章借用期的必须再次走工作流申请，并说明需延长天数。

（6）特别规定：对于需要将法人公司公章、法人代表章、负责人章借出到政府部门、银行等办理相关业务时，必须是行政人员与印章借用人两人共同前往。

八、印章破损

（1）印章在正常使用过程中出现破损，应及时由部门经理走 OA 印章申请工作流重新申请刻制，申请时应说明破损原因；如原印章已经在公安部门办理备案手续，应按公安部门有关要求办理相关手续。

（2）属人为原因造成印章破损的，补办费用由责任人承担。破损的印章必须上交综合管理部证照管理处登记。

九、印章遗失或被抢、被盗

（1）印章遗失补办费用由责任人承担。

（2）印章被抢或被盗补办费用必须由责任人申请，经公司领导批准后方可凭有关单据报销。

（3）擅自携带外出发生丢失的，补办费用由责任人承担，并按公司有关制度给予处罚。

十、印章销毁

（1）印章销毁前应先进行登记，销毁时综合管理部证照管理处、法务部、行政部经理必须在现场监督销毁，并在销毁登记记录上签字确认。

（2）彻底销毁印字面，使之不能再次使用。

十一、印章交接

凡持有印章（证照）的部门负责人变动或其保管人变动，离开者及继任者，必须按照《证照、印章、银行资料交接表》进行交接。

（1）要逐项填写印章交接表内容，印章要盖在交接表背面或《印鉴卡》上，交接完毕后，交接表原件保管人、印章管理专员各保存一份。交接表和实际所交接的资料要电子扫描或拍图片，发送证照管理处备案。

（2）离职者未做印章（证照）交接手续的，部门不得结算离职工资。公司内部的异动者与新接任者未做证照（证照）交接手续的分别处以责任人 100 元罚款，并承担因未交接而产生的一切损失责任，其直接上级负连带责任。

（3）经办人完成新设立公司、分公司所有证照注册登记，在一周内即办理（证照）印章交接手续，未及时交接的处以责任者 20 元罚款。

（4）交接中发现异常，及时反馈行政部证照管理处，视情况予以处理，其直接上级负连带责任。

十二、检查机制

（1）本规定有效期内，印章管理人员务必认真学习，恪尽职守。

（2）各区域人力资源部负责人或印章管理专员负责对所属部门印章使用及保管情况，每月底进行一次抽查，抽查要有记录。

（3）综合管理部证照管理处不定期对各部门印章使用及保管情况、系统更新情况进行抽查，并对抽查情况进行通报。

十三、奖惩依据

（1）印章管理人员必须严格执行印章的使用保管规定，在盖印章时，必须核对印章管理工作流审批内容，或所填写的印章申请单内容，如与审批内容不一致的，坚决不予盖章。未经批准擅自在合同、协议、公司文件、对外公函上盖部门公章、业务章、财务专用章等的，立即将当事人退回人力资源部处理。

（2）参照《奖励与处罚管理规定》，印章未按要求进行使用及管理，第一次发现给予责任人警告处分，罚款 5 元，并责成立即整改；第二次发现给予责任人停岗一天处罚，

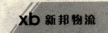

部门经理按延误工作职责处罚 50 元；三次以上（含三次）不规范使用印章及管理的，给予责任人退回人力资源部处理。对构成犯罪的，公司将其移交公安机关依法处理。

1. 营业部证照是否需从营业执照发证日期起 30 天内完成所有证照办理？
2. 道路运输经营许可证是否必须办理？
3. 部门公章、财务专用章等印章是否必须备案？

第八节　安全管理

故事分享

　　森林里住着一群猴子。一天，它们看到一只熟睡的老虎。无聊中，它们打赌：谁能摸摸老虎的胡须，谁就是英雄。其中有一只胆大的猴子，它发现老虎睡得很香，觉得凭自己敏捷的身手，摸一下老虎的胡须是不成问题的。于是，它欣然前去，跳到老虎的旁边，撩起老虎的胡须。猴子们一片喝彩。这时老虎被撩醒了，一睁眼就看到了猴子。一扑，就把猴子咬住了。这只可怜的猴子临死前叹息道："我只知道老虎是什么时候睡着了，却不知道它什么时候醒来呀！"

　　危险就像一只沉睡的老虎，违章的人就像那只自作聪明的猴子。老虎醒来后总是要咬那些无视它的人的。由此可见，安全预防对我们有多么重要，那么该如何进行安全预防呢？发生安全事故后，又该如何处理呢？

工　伤

一、工伤预防

1. 安全法规

（1）《中华人民共和国安全生产法》（以下简称《安全生产法》）（2002 年 6 月 29 日由第九届全国人民代表大会常务委员会第二十八次会议通过，自 2002 年 11 月 1 日起施行）第三条规定："安全生产管理，坚持安全第一、预防为主的方针。"

（2）安全是人类生存与发展活动中永恒的主题，也是当今乃至未来人类社会重点关注的主要问题之一。人类在不断发展进化的同时，也一直与生存发展活动中所存在的安全问题进行着不懈的斗争。当今社会无处不在的各类安全防护装置、管理措施都是人类安全研究的心血结晶。而且随着科学技术的飞速发展，安全问题会变得越来越复杂，越来越多样化，对安全问题的研究也就需要更深入，更具科学性。

2. 工伤安全原则

（1）人本原则。

①在生产生活中必须把人的因素放在首位，体现以人为本的指导思想。

②"以人为本"就是以人为根本，始终把人的地位放在第一，根据人的思想和行为规律，运用各种激励手段，充分发挥人的积极性和创造性，挖掘人的内在潜力。

（2）三不伤害原则。

①三不伤害就是指在生产工作中做到不伤害自己，不伤害他人，不被他人伤害。

②员工的安全是公司正常运行的基础，也是家庭幸福的源泉，有了安全，美好生活才有可能；他人生命与你的一样宝贵，不应该被忽视，保护同事、不伤害他人是你应尽的义务；人的生命是脆弱的，变化的环境蕴涵多种可能失控的风险，你的生命安全不应该由他人来随意伤害，工作中应该做到不被他人伤害。

③三同时原则是指：新建、改建、扩建工程和技术改造工程项目中，其劳动安全卫生设施必须与主体工程同时设计、同时施工、同时投产使用。这一原则要求生产性建设工程项目在投产使用时，必须要有符合国家规定标准的劳动安全卫生设施与之配套使用，使劳动条件符合安全卫生要求。

（3）五同时原则。

①五同时是指：公司领导者在计划、布置、检查、总结、评比生产的时候，同时计划、布置、检查、总结、评比安全工作。

②五同时要求企业把安全生产工作落实到每一个生产组织管理环节中去。五同时使得企业在管理生产的同时必须认真贯彻执行国家安全生产方针、法律法规，建立健全各种安全生产规章制度，如安全生产责任制、安全生产管理的有关制度、安全卫生技术规范、标准、技术措施，各工种安全操作规程等，配置安全管理机构和人员。

（4）预防原则。

①通过有效的管理和技术手段，减少和防止人的不安全行为和物的不安全状态，这就是预防原理。在可能发生人身伤害、设备或设施损坏和环境破坏的场合，事先采取措施，防止事故发生。

②事故的发生主要是由于人的不安全行为和物的不安全状态在同样的时间、同样的地点发生重合，使能量逆流于人体，造成事故的发生。我们控制事故的发生也就是从人和物两个方向入手，通过控制人的不安全行为和物的不安全状态，从而避免安全事故的发生。

3. 工伤安全知识培训

（1）公司有义务对新入职的员工进行工伤安全知识培训，新入职的员工有权利进行工伤安全知识学习。《安全生产法》第五十条规定："职工应当接受安全生产培训和学习，掌握本职工作所需要的安全生产知识，提高安全生产技能，增强事故预防和应急处理能力。"

（2）各部门结合地域分布情况分别由培训部（有培训部的区域）、各区域人力资源部（没有培训部的区域）、各部门经理（不便在人力资源部培训者）对新入职公司的员工进行全面工伤安全知识培训，培训的方式采取脱产的方式进行，培训时间为两个小时，考试的合格率必须达到 100%，第一次考试不合格，进行再次补考，两次考试不合格，退回各区域人事行政部门处理。

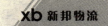

4. 工伤安全培训的主要方式和方法

（1）安全生产培训的主要形式有"三级安全培训""特殊工种培训""经常性的安全宣传培训"等。

（2）由于新入职的员工缺乏安全知识而产生的事故发生率一般为 50% 左右，所以对新入职的员工，要实行入职、部门经理、班组三级培训。部门经理培训每天一次，班组培训每班一次。

（3）特殊工种培训。特殊工种培训指对操作者本人和周围设施的安全有重大危害因素的工种。我公司特殊工种包括但不限于：汽车司机、机动叉车司机、电瓶车司机。由于特种作业人员不同于其他一般工种人员，他们在生产活动中担负着特殊的任务，危险性较大，容易发生重大工伤事故。一旦发生工伤事故，对整个企业的生产就会产生较大的影响，因此必须进行专门的培训和学习。

（4）经常性的工伤安全培训。结合不同部门的具体情况，采取各种形式进行工伤安全培训，如安全活动日、班前班后会、工伤事故现场分析会等。

（5）请假超过一个月的员工、二次入职的员工、变换岗位的员工也要进行工伤安全知识培训和学习。

5. 工伤安全知识培训内容

（1）入职培训。

新员工入职后，首先必须进行入职工伤安全培训，培训学习时间为两个小时。培训内容：

①学习我公司的工伤安全管理体制。

②学习我公司的工作特点及其主要的工作流程。

③学习我公司特别危险的工作状况。

④学习新入职员工的安全生产责任。

⑤学习我公司的典型事故案例和教训。

⑥学习救治受伤员工的急救常识。

⑦学习工伤事故报告的流程。

（2）部门经理培训。

部门经理培训是对部门员工工伤安全意识的强化，包含以下内容但突出部门特点：

①培训本部门的概况，本部门的工作特点、工作流程。

②培训劳动保护用品的着装要求及注意事项。

③组织员工学习本部门工伤事故案例。

④组织员工学习工伤安全文件。

⑤介绍本部门容易出事故的部位和区域。

⑥介绍本部门的安全操作规程和岗位责任。

（3）班组培训。

班组培训是对部门员工工伤安全意识的维护，反复强调，时刻叮嘱。

①培训本部门的概况，本部门的工作特点、工作流程。

②培训劳动保护用品的着装要求及注意事项。

③组织员工学习本部门工伤事故案例。

④组织员工学习工伤安全文件。

⑤介绍本部门容易出事故的部位和区域。

⑥介绍本部门的安全操作规程和岗位责任。

二、工伤应急

1. 工伤急救的重要性

随着社会的发展，在任何活动中随时都有可能发生受伤事故。学习一些简单而正确的现场急救方法，就有可能减少自己或别人的伤残甚至拯救一些人的生命。

现场急救的目的是最大限度地降低死亡率和伤残率，提高伤者愈后的生存质量。

2. 紧急救护的程序

（1）拨打急救电话（120）；

（2）迅速将伤者移至就近安全的地方（部分敏感或要害部位外伤或内伤的人员不可移动，应根据具体情况进行处理，就地急救）；

（3）对其进行必要的急救措施；

（4）快速对伤者进行分类；

（5）先抢救危重者；

（6）优先护送危重者。

3. 现场救护的原则

"三快"原则，即快抢、快救、快送，动作迅速，方法正确。

4. 现场急救基本知识

我公司员工工伤事故多是由创伤导致。创伤是各种致伤因素造成的人体组织损伤和功能障碍。轻者造成体表损伤，引起疼痛或出血；重者导致功能障碍、残疾，甚至死亡。

现场急救基本技术包括：通气、止血、包扎、固定、搬运，为抢救病员生命赢得时间。

（1）通气。保持呼吸道通畅至关重要，是一切救治的基础。头后仰、稳定侧卧、手法清理口腔气道、托颌牵舌、击背。

（2）止血。

①指压法：通常是将中等或较大的动脉压在骨的浅面。此法仅能用于短时间控制动脉血流。应随即使用其他止血法。

②压迫包扎法：常用于一般的伤口出血。注意应将裹伤的无菌面贴向伤口，包扎要松紧适度。

③加垫屈肢法：在肘、膝等侧加垫，关节屈曲，再用三角巾等缚紧固定，可控制关节远侧流血。适用于四肢出血，但已有或疑有骨关节损伤者禁用。

④填塞法：用于肌肉、骨端等渗血。先用1～2层大的无菌纱布铺盖伤口，以纱布条、绷带等其充填其中，外面加压包扎。此法的缺点是止血不够彻底，且增加感染机会。

⑤止血带法：能有效的制止四肢出血。但用后可能引起或加重肢端坏死、急性肾功能不全等并发症，因此主要用于暂不能用其他方法控制的出血。

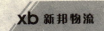

⑥对出血多的伤口应加压包扎，有搏动性或喷涌状动脉出血不止时，暂时可用指压法止血；或在出血肢体伤口的近端扎止血带，上止血带者应有标记，注明时间，并且每20分钟放松一次，以防肢体的缺血、坏死。

（3）包扎。包扎的目的是保护伤口，减少污染、帮助止血。常用方法有绷带包扎法、三角巾包扎法。

（4）固定。骨关节损伤时必须固定制动，目的是减轻疼痛，避免骨折片损伤血管和神经。

（5）搬运。现场救治伤员必须尽快运送。原则是必须在原地进行急救、包扎止血、保持呼吸道通畅、骨折简单固定。

5. 具体部位的急救办法

（1）手外伤。

①不要惊慌，对伤手立即止血，可用干净一点的手绢、毛巾、衣物对伤手包扎止血。伤员可以用另一只手或者由别人对伤手加压并适当抬高。不要用不洁物品包扎伤口，也不要用尼龙线、电线等捆扎伤手的手腕或上臂等部位，那样会造成更大的损害。

②对于断掉的手指或断手，要进行简单处理，可立即将其用干净的布包好，置于一大口保温瓶中，夏天最好在四周放置冰块，切忌将断手或断指与冰块直接接触。

③立即送专科医院治疗，如出血过多，先在就近医院应急处理后，再送专科医院。夏天一般应在4～6小时、春秋6～8小时、冬天8～10小时内得到手术治疗。急诊期内及时、有效的手术，对以后的功能恢复非常重要。

（2）四肢骨折。先简单固定四肢，避免神经血管遭受附加损伤或新的骨折。如有出血，用干净布条、毛巾做暂时性压迫包扎止血，立即送医院。

（3）脊柱损伤。脊柱损伤后应注意保持脊柱的正常弯曲，切忌屈曲，但亦不必过伸，最忌只抬伤病员的两肩与两腿，搬运伤病员时以滚动为宜，仰卧硬板上。颈椎骨折时，应有专人用双手扶持伤病员头部，并可轻轻牵引头部，保持头部中立位，不伸曲，不转动，以免伤及脊髓，发生高位截瘫。

（4）肋骨骨折。肋骨骨折后应平抬，切忌抱患者胸部，以免骨折的肋骨刺破肺，造成血气胸。

（5）头部损伤。头皮损伤一般出血较多，要加压止血。如为颅脑损伤，将患者平放，或将头转向患侧。口、鼻、耳有出血者，不要堵塞。

（6）特殊伤口的处理。

①大而复杂的伤口现场不冲洗、不复位、不乱用药。

②肢体断离伤处理，要用布料包好断肢，外面套一层塑料袋，然后放在另一装满冰块的塑料袋中保存。

③内脏脱出处理。先用大块纱布覆盖在脱出的内脏上，再用纱布卷卷成保护圈，放在脱出的内脏周围，保护圈可用碗或皮带圈代替，再用三角巾包扎。伤员须仰卧位或半卧位，下肢屈曲。

④当有木桩等物刺入体腔或肢体，不宜拔出，等到达医院后，准备手术时再拔出，有时戳入的物体正好刺破血管，可暂时起填塞止血作用，一旦现场拔除，会导致大出血

而来不及抢救。

⑤颅底骨折耳鼻有出血者，现场不冲洗、不堵塞。

（7）急救设备。急救要有急救设备，如三角巾、绷带、急救包、棉垫夹板、担架等。无急救设备时，可用布条、衣服、硬纸板等代用品。

三、工伤理赔

为了保障因工作遭受事故伤害的员工获得医疗救治和经济补偿，促进企业和谐发展，特制定工伤理赔办法。

1. 工伤内容

（1）有下列情形之一的，应当认定为工伤（各参保地方政策有所不同）：

①在工作时间和工作场所内，因工作原因受到事故伤害的；

②工作时间前后在工作场所内，从事与工作有关的预备性或者收尾性工作受到事故伤害的；

③在工作时间和工作场所内，因履行工作职责受到暴力等意外伤害的；

④患职业病的；

⑤因工外出期间，由于工作原因受到伤害或者发生事故下落不明的；

⑥在上下班途中，受到机动车事故伤害的；

⑦法律、行政法规规定应当认定为工伤的其他情形。

（2）有下列情形之一的，视同工伤（各参保地方政策有所不同）：

①在工作时间和工作岗位，突发疾病死亡或者在 48 小时之内经抢救无效死亡的；

②在抢险救灾等维护国家利益、公共利益活动中受到伤害的；

③因工作环境存在有毒有害物质或者在用人单位食堂就餐造成急性中毒而住院抢救治疗，并经县级以上卫生防疫部门验证的；

④由用人单位指派前往国家宣布的疫区工作而感染疫病的；

⑤职工原在军队服役，因战、因公负伤致残，已取得革命伤残军人证，到用人单位后旧伤复发的；

⑥职工有前款①、②、③、④项情形的，按照《工伤保险条例》的有关规定享受工伤保险待遇；职工有前款⑤项情形的，享受除一次性伤残补助金以外的工伤保险待遇。

（3）以下情况不得认定为工伤或者视同工伤（各参保地方政策有所不同）：

①因犯罪或者违反治安管理伤亡的；

②醉酒导致伤亡的；

③自残或者自杀等情形。

2. 工伤登记流程

（1）工伤登记。发生工伤事故时，受伤员工所属部门经理或直接上级必须在事故发生起 24 小时内登录"新邦物流综合信息管理系统"，按照以下顺序操作：输入工号、密码→保险管理→工伤管理→工伤登记→"新增"→填写带红色＊号选项（如出险日期、工伤员工、受伤部位、工伤原因、责任类型、责任部门、责任人、联系人电话、发生场所、治疗医院、治疗方式、治疗费用、治疗日期）→"保存"。不按规定填写者负激励

50 元/起工伤事故。

（2）工伤上报。理赔服务部、职业规划部将直接在工伤系统上监督全公司工伤情况；4 类及以上工伤事故，部门经理或直接上级需在第一时间内通知职业规划部和理赔服务部。

（3）由于没有在规定的时间内报案，造成工伤费用不能报销，给公司造成损失的，工伤费用由部门经理级、区域经理级、大区总监级、事业部总经理级分别承担 25%，工伤费用包括工伤医疗费、工伤一次性伤残补助和工伤补贴等。

（4）发生工伤事故 24 小时内，必须由受伤员工部门经理或直接上级填写《工伤事故报告书》，并提交受伤现场（什么原因导致）、受伤员工（受伤员工本人照）、受伤员工的受伤部位三张图片，通过 OA 发送到职业规划部工伤专员邮箱。没有提交《工伤事故报告书》及图片的，在 OA 工作流中一律退回，并作出负激励。不提交《工伤事故报告书》的负激励 50 元/起，不提交图片的负激励 50 元/起。

3. 工伤认定

（1）员工有《工伤保险条例》第十四条、第十五条规定情形之一的，所在单位应当自事故伤害发生之日或者被诊断、鉴定为职业病之日起 30 日内，向统筹地区（一般指企业注册所在地）劳动保障行政部门提出工伤认定申请。

（2）遇有特殊情况，报请劳动保障行政部门适当延长申请时限。用人单位未在规定的期限内提出工伤认定申请的，受伤害职工或者其直系亲属、工会组织在工伤事故发生之日或者被诊断、鉴定为职业病之日起 1 年内，向统筹地区劳动保障行政部门提出工伤认定申请。

（3）工伤认定由各区域人力资源部门经理办理，具体流程如图 7-12 所示。

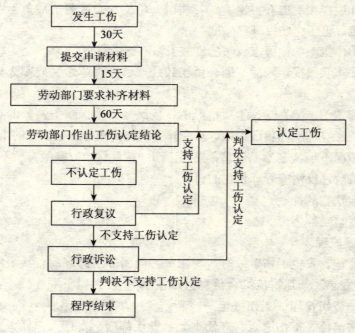

图 7-12　工伤认定办理流程

4. 工伤认定申报材料

申请工伤认定需向劳动保障行政部门提交有关证明材料，一般应提交以下证明材料（各参保地方政策有所不同）：

（1）《工伤认定申请表》（一式四份）；

（2）工伤事故报告：内容包括时间、地点、受伤部位、事发经过、事故原因；

（3）劳动合同书复印件或其他建立劳动关系的有效证明；

（4）医疗机构出具的受伤后诊断证明书或者职业病诊断证明书（或者职业病诊断鉴定书）；

（5）受伤者的身份证复印件，如死亡的死亡证和火化证明或火葬收费发票和户口注销复印件、殓葬证；

（6）用人单位注册登记资料；

（7）受伤时在场工友的证明及其身份证复印件；

（8）交通事故伤害的，提交公安交通管理部门出具的交通事故证明；

（9）受到暴力伤害的，提交公安刑事管理部门或治安管理部门出具的证明；

（10）下落不明的提交司法部门裁定书；

（11）复转军人旧伤复发的，提交本人的《革命伤残军人证》；

（12）见义勇为的提交司法部门的证明材料；

（13）劳动保障部门要求提交的其他证明资料。

5. 劳动能力鉴定（各参保地方政策有所不同）

员工发生工伤，经治疗伤情相对稳定后存在残疾、影响劳动能力的，应当进行劳动能力鉴定。进行劳动能力鉴定提交以下证明资料：

（1）《劳动能力鉴定表》（一般一式三份）；

（2）《工伤认定书》原件及复印件各一份；

（3）身份证复印件；

（4）工伤诊断证明：工伤后在医院就诊的病例资料，首次就诊病历、出院小结、诊断证明及其后所有门诊病历，原件及复印件各一份（门诊病历需复印封面）；

（5）首次就诊及其后复查的 B 超报告单或 X 光报告单、CT 报告单、DR 报告单、MRI 报告单等相关检查报告单，原件及复印件各一份；

（6）手足缺损伤、畸形、烧伤等有外观损害者需提供受伤部位的彩色图片（用相机照的 4R 大小，也可以直接带被鉴定人到劳动能力鉴定部门照相）；

（7）劳动能力鉴定由各区域人力资源部门经理办理，具体流程如图 7-13 所示。

6. 工伤医疗待遇

（1）员工因工作原因受伤的，必须第一时间送往医院救治（尽量前往该员工社保参保地的工伤定点医院）。如在非工伤定点医院抢救、治疗的，在该员工生命体征表现稳定后转院至该员工社保参保地的工伤定点医院治疗。

（2）工伤借支。员工向公司借支治疗的，部门经理或直接上级须指明借支情况即工伤借款。

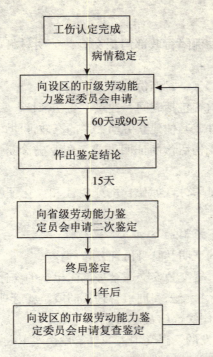

图 7-13　劳动能力鉴定办理流程

（3）受伤员工住院期间，须按社保用药治疗。不按社保用药治疗的，由受伤员工本人承担费用；社保用药不能满足伤情治疗的，可使用非社保用药，非社保用药费用凭票据公司予以报销。

（4）员工治疗工伤所产生费用，符合工伤诊治范围的住院费、医疗费、医药费、辅助器具费等由工伤保险基金支付，工伤保险基金不能支付的由公司支付。

①符合工伤范围且医疗票据齐全的，经理赔服务部审核由公司承担；

②符合工伤范围但医疗票据不齐全（如遗失、被销毁等情况）或者医疗票据不合格导致公司产生损失的，损失部分由受伤员工本人承担。

（5）营养补助的规定是工伤员工住院治疗期间，伙食补助标准为（员工或主管伙食补助标准 35 元/天，经理或区域经理 50 元/天，总监级及以上 70 元/天），期限为 30 天。

（6）陪护补助方面，住院期间根据伤情及医院建议，需要陪护的，对受伤员工的陪护人员给予 30 元/天陪护费，仅限一人陪护。

（7）员工发生工伤后，其直接上级或部门经理应于事故发生后 7 天内打工伤假工作流，所请工伤假日期应根据医疗机构出具的诊断证明书（医嘱）而定；如果假期结束后仍需要住院治疗的，直接上级或部门经理必须在第一次请假时间结束前 3 天内续请假，工伤假期最多为 6 个月。

（8）工伤医疗期待遇根据医疗期限而定。凡工伤休假 6 天（含）内者，视为正常出勤；7 天（含）至 2 个月（含）（自然月就是指每月的 1 日到那个月的月底）之内者扣除全勤奖和奖金；超过 2 个月者，员工按 1000 元/月（若低于广州市最低工资标准，以广

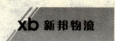

州市最低工资标准为准)、主管级及以上人员按 1500 元/月发放工资待遇(若有变动,以高于员工 500 元为准);工伤医疗期最多为 6 个月(含),具体如表 7-5 所示。

表 7-5　　　　　　　　　　　　　医疗期工资待遇

医疗期	工资待遇
6 天内	正常出勤
7 天至 2 个月	扣除全勤奖和奖金
2 个月至 6 个月	员工 1000 元/月(若低于广州市最低工资标准,以广州市最低工资标准为准)
	主管级及以上人员 1500 元/月(若有变动,以高于员工待遇 500 元为准)

(9)工伤医疗待遇由受伤员工所在区的人事行政部门经理办理。

7. 工伤医疗费用报销(各参保地方政策有所不同)

(1)申请工伤费用报销,应准备以下材料:

①《社会保险医疗待遇申请表》一式一份;

②经认定的《职工工伤认定申请表》复印件和原件或《工伤认定决定书》复印件和原件(原件备查);

③财税部门统一印制的专用收据或发票原件(背面需有工伤员工或家属签名);

④与财税部门印制的专用收据(发票)金额相符的医疗费用明细清单;

⑤门诊病历(包括病历封面)原件和复印件;

⑥出院小结原件和复印件;

⑦工伤员工的身份证复印件。

(2)下列情形需另外提供相应的资料:

①医疗期超过一个月的或因工伤致残者,须提供《工伤员工劳动能力鉴定申请表》原件和复印件,以及劳动能力鉴定部门出具的《劳动能力鉴定结论书》原件和复印件;

②安装或使用辅助器具的需提供经劳动能力鉴定部门审核同意的《工伤职工康复辅助器具申请表》;

③工伤职工到非工伤协议医院就医,工伤当日以后发生的门诊医疗费用、工伤当日起超过七天的住院医疗费用,需提供单位书面申请(写清楚到非工伤协议医院就医的原因);

④申报时工伤职工已经办理退休或为非本市户籍且已办理社保减员的,需提供由社保部门出具的该职工在发生工伤时已参加工伤保险的证明;

⑤工伤职工的社保关系是委托劳务中介机构代理的,需提供书面报告,写明有关情形和接收单位名称、并附委托合同复印件;

⑥如有其他特殊情形则应按政策要求提供相应的资料。

(3)工伤医疗费用报销后,打到公司对公账户上。

(4)工伤医疗费用报销由各区域人事行政部门经理办理。

8. 工伤慰问和受伤员工家属的接待

(1)员工受伤后,相关人员应进行慰问,具体规定如表 7-6 所示:

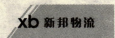

表 7 - 6 工伤慰问

类别 \ 受伤者 慰问者	员 工	班组主管级	部门经理级	区域经理级	大区总监级	费 用
1 类	部门经理级、人事行政部门经理级	部门经理级、人事行政部门经理级	区域经理级、人事行政部门经理级	大区总监级、人事行政部门经理级	人事行政部门经理级、事业部总经理级	20 元
2 类	同 上	同 上	同 上	同 上	同 上	30 元
3 类	同 上	同 上	同 上	同 上	同 上	50 元
4 类	部门经理级、人事行政部门经理级、区域经理级	部门经理级、人事行政部门经理级、区域经理级	区域经理级、人事行政部门经理级、大区总监级	同 上	人事行政总经理级、事业部总经理级	60 元
5 类	同 上	同 上	同 上	同 上	同 上	80 元
6 类	同 上	同 上	同 上	同 上	同 上	100 元
7 类	部门经理级、区域经理级、人事行政部门经理级、大区总监级	部门经理级、区域经理级、人事行政部门经理级、大区总监级	区域经理级、人事行政部门经理级、大区总监级	区域经理级、人事行政部门经理级、大区总监级	同 上	120 元
8 类	同 上	同 上	同 上	同 上	同 上	150 元
9 类	部门经理级、区域经理级、人事行政部门经理级、大区总监级、事业部总经理级、人事行政总经理级、分管常务副总级第一时间处理					高层决定
时 间	自发生工伤之日起一周内，以上相关人员必须进行面对面慰问一次					
分类标准	类别以工伤事故分类标准为准					

（2）受伤员工家属接待，受伤后员工住院治疗的，直接上级或部门经理应在 24 小时之内通知其家属；家属护理受伤员工的，相关慰问人员应向受伤员工家属转达公司对受伤员工的关爱，公司已依法为员工购买保险，受伤员工将依法得到经济补偿，解除受伤员工和家属的后顾之忧。

（3）受伤员工及家属对公司的处理方法有异议，各区域人力资源部门经理要妥善处理，安抚受伤员工及家属，爱惜员工健康，维护公司利益；将工伤矛盾化解在各区域人事行政部门，不得将工伤异议带到公司总部处理，影响公司正常工作。

①总部人力资源管理中心职业规划部有义务向各区域人力资源部门提供信息、政策支持。

②理赔法务部有权利提供法律支持和保障。

③公司总部职能部门员工的工伤事宜，由职业规划部处理。

（4）超出慰问权限或有特殊情况的，职业规划部将情况提请公司高层领导，由公司高层领导决定。

消　防

一、救火应急

火灾是威胁人类安全的重要灾害，为了保护人民财产的安全，国家每年要投入大量的经费用于防火工作。尽管如此，我国每年因火灾造成人员伤亡数量仍然很大，经济损失相当严重。因此一旦发生火灾，救火必须分秒必争。首先要及时扑救，将火灾扑灭在初起阶段，同时应拨打火警电话"119"。报警时一定要讲清楚发生火灾的单位和详细地址和门牌号，高层建筑应讲清第几层着火，还应讲清楚着火的对象、类型和范围及报警本人的姓名。做到及时、准确报警。消防部门在接到报告后，就能迅速调派消防车赶到着火点，并针对燃烧物的性质"对症下药"，及时将火扑灭。

二、灭火的基本方法

燃烧必须同时具备三个条件：可燃物、助燃物和着火源。灭火就是为了破坏已经产生的燃烧条件，只要破坏一个燃烧条件，燃烧就不能发生，火即可熄灭。根据这个基本原理，从灭火实践中，人们总结出了以下几种基本方法。

（1）隔离法：将可燃物从燃烧区中移开或隔离，燃烧就会因为缺少可燃物而停止。

（2）窒息法：阻止或隔绝空气进入燃烧区域或用不燃烧的气体冲淡空气中的含氧量，使燃烧区得不到足够的氧气而熄灭。

（3）冷却法：将灭火剂直接喷射到燃烧物上，把燃烧物的温度降低到燃点以下而终止燃烧。冷却法是灭火的常用方法。

（4）抑制法：这种方法是用干粉灭火器喷向火焰，让灭火剂参与到燃烧反应中去，使燃烧的连锁反应（俗称"燃烧链"）中断，达到灭火的目的。

三、灭火的参与方法

"火光就是命令，火场就是战场。"我们的员工是有文化、有觉悟的青年，在火灾面前，会积极加入灭火队伍。然而，火场常常是人员众多，情况复杂，要迅速地扑灭火灾，就必须统一指挥，协调一致，才能有计划、有步骤、有成效地进行灭火。因此，我们应做到如下几点：

（1）"一切行动听指挥"。为了有效地进行灭火，火场一般都要成立临时指挥机构。企业发生火灾，员工们常常是灭火战斗的积极参加者。在火场上员工们要自觉地听从指挥机构的指挥，是有秩序地进行灭火的关键。

（2）提高警惕，维持秩序，防止坏人乘火场混乱之机，窃取财物，进行破坏活动。

（3）在灭火战斗中，要注意安全，避免不必要的伤亡。火场一般都比较复杂，越是复杂的火场，越要有条不紊，切忌盲目行动。

四、人身体着火处理方法

（1）不能奔跑，要就地打滚。

（2）如果条件允许，可迅速将着火的衣服撕裂脱下，浸入水中，或踩，或用水扑灭。

（3）倘若附近有河流、水池之类，可迅速跳入浅水中，但是，如果人体烧伤面积太大或烧伤程度较深，则不能跳水，防止细菌感染或其他不测。

（4）如果有两个以上的人在场，未着火的人需要镇定、沉着，立即用随手可以拿到的麻袋、衣服、扫帚等朝着火人身上的火点覆盖、扑、掼，或帮他撕下衣服，或将湿麻袋、毛毯把着火人包裹起来。

（5）用水浇灭。但应注意，不宜用灭火器直接往人体上喷射。

五、多层建筑火灾脱险方法

公司的办公楼，大多是多层建筑。员工们工作、学习在这些场所，一旦突然出现火灾，如果没有思想准备可能会惊慌失措。在这种火灾面前，我们要有压倒它的的勇气，要有临危不惧的精神，要有敢于战胜它的胆识。首先是保持清醒的头脑，想办法就地灭火。楼房着火，浓烟往往朝楼梯口通道蔓延，可用湿毛巾捂住嘴、鼻，贴近楼板或者干脆蹲下来走。即使楼梯被火焰封住了，也可以用湿棉被等物作掩护及早迅速地冲出去。如果楼梯确已被火封了，也应冷静想一想是否还有别的楼梯可走；可以借助外窗；利用竹竿滑下来；可利用绳子、皮带等物爬下来。

六、精密仪器设备火灾救援方法

员工们工作的场所，经常进出设备精良的实验室、计算机中心、图书资料室，这些地方发生火灾我们应该怎样去扑灭呢？首先明确不能用水去对付，水虽然可以用来扑灭这类火灾，但是，火扑灭了，仪器、图书、档案同时也损坏了，达不到我们既要灭火又要保护企业集体财产的根本目的。这类火灾，我们常用气体灭火器来扑灭。

七、安全用电

乱拉电线，就是不按照安全用电的有关规定，随便拉设电线，任意增加用电设备，这样做是很危险的。例如，电线拖在地上，可能被硬的东西压破或砸伤、损坏绝缘体；在易燃、易爆场所乱拉电线，缺乏防火、防爆措施；乱拉电线常常要避人耳目，工具材料等条件差，装线往往不用可靠的线夹，而用铁钉或铁丝，结果磨破绝缘，损坏电线；任意增加用电设备形成超负荷，使电线发热等。这些情况多数都能造成短路、产生火花或发热起火，有的还会导致燃烧爆炸，甚至引起触电伤亡事故。为了保证用电安全防止乱拉电线，员工应遵守如下规定：

（1）用电要申请报装，线路设备装好后要经过检验合格，方可通电，临时线路要严格控制，专人负责管理，用后拆除；

（2）采用合格的线路器材和用电设备；

（3）线路和设备要由专业电工安装，一定要符合有关安全规定；为了安全，各员工应自觉遵守这些规定。

八、挪用消防器材是违法行为

（1）消防器材是专用器材，不能用在其他方面。《中华人民共和国消防法》明确规定：消防器材、设备、设施，除抢险救灾外，不得挪作他用。

（2）《中华人民共和国治安管理处罚法》规定："擅自将公用消防设备、消防工具挪作他用的，要受到拘留、罚款或者警告处罚。"挪用消防器材，就是违反治安管理的行为。

九、员工宿舍防火措施

预防宿舍火灾必须做到以下几点：

（1）不乱接电源；

（2）不乱扔烟头；

（3）不躺在床上吸烟；

（4）不在蚊帐内点蜡烛看书；

（5）不焚烧杂物；

（6）不存放易燃易爆物品；

（7）不使用电炉等大功率电热设备；

（8）不擅自使用煤炉、煤油炉、液化器灶具等可能引发火灾的器具；

（9）要人走灯关。嗅到电线胶皮糊味，要及时报告，采取措施；

（10）台灯不要靠近纸张、衣物、枕头、被褥和蚊帐。

应急事件处理标准流程

一、工伤事故应急处置

工伤事故应急处置流程，如图 7-14 所示。

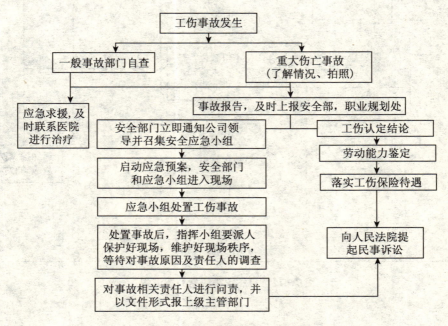

图 7-14　工伤事故应急处置流程

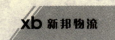
二、自然灾害应急处置

自然灾害应急处置流程，如图 7-15 所示。

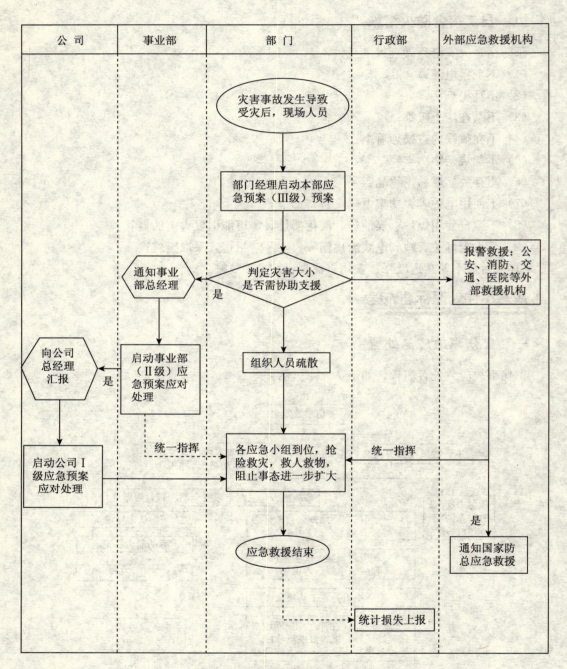

图 7-15　自然灾害应急处置流程

三、消防应急处置

消防应急处置流程，如图 7 - 16 所示。

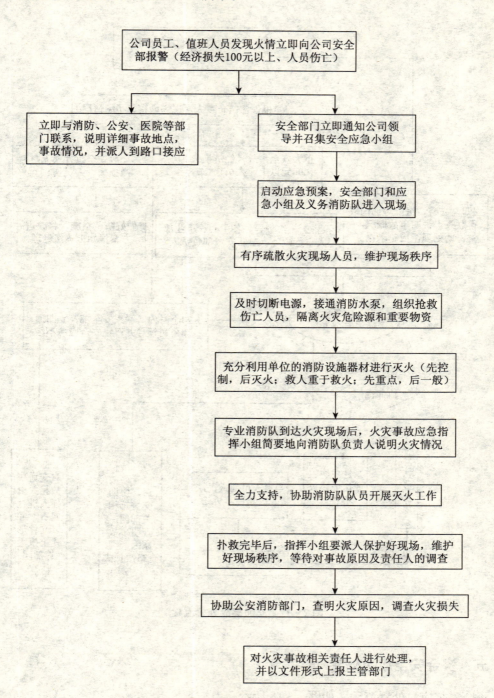

公司员工、值班人员发现火情立即向公司安全部报警（经济损失100元以上、人员伤亡）

立即与消防、公安、医院等部门联系，说明详细事故地点，事故情况，并派人到路口接应

安全部门立即通知公司领导并召集安全应急小组

启动应急预案，安全部门和应急小组及义务消防队进入现场

有序疏散火灾现场人员，维护现场秩序

及时切断电源，接通消防水泵，组织抢救伤亡人员，隔离火灾危险源和重要物资

充分利用单位的消防设施器材进行灭火（先控制，后灭火；救人重于救火；先重点，后一般）

专业消防队到达火灾现场后，火灾事故应急指挥小组简要地向消防队负责人说明火灾情况

全力支持，协助消防队队员开展灭火工作

扑救完毕后，指挥小组要派人保护好现场，维护好现场秩序，等待对事故原因及责任人的调查

协助公安消防部门，查明火灾原因，调查火灾损失

对火灾事故相关责任人进行处理，并以文件形式上报主管部门

图 7 - 16　消防应急处置流程

四、交通事故处置

交通事故处置流程，如图 7 - 17 所示。

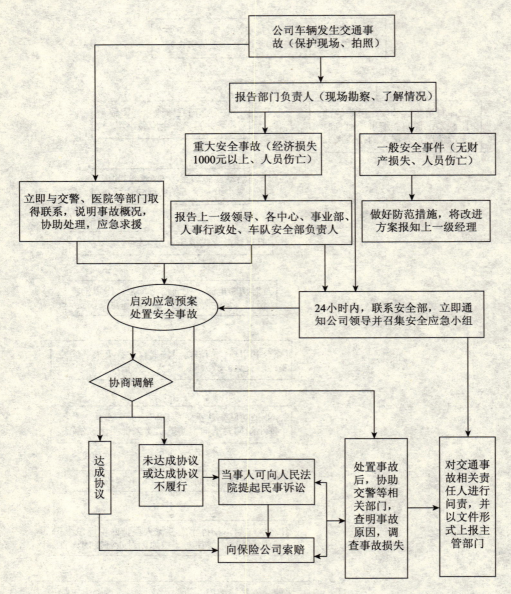

图 7 - 17 交通事故处置流程

五、资金安全应急处置

资金安全应急处置流程，如图 7 - 18 所示。

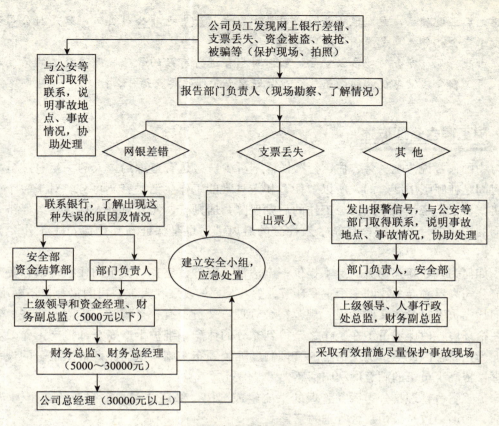

图 7 - 18　资金安全应急处置流程

问题思考

1. 火灾现场急救的基本技术包括哪些？
2. 灭火的基本方法有哪些？
3. 哪些情况不能认定为工伤？
4. 如何防止员工宿舍发生火灾？

第九节　员工宿舍管理

故事分享

2009 年 11 月 12 日晚 10：00 左右，新邦物流行政部收到急电，反映 A 运作部外场员工在员工宿舍煤气中毒，生死不明。行政部立即驱车赶往事发现场，到达现场后发现警察已经对现场进行了封锁，中毒人员已经确认死亡。"员工宿舍位于居民楼内，有十几人居住，公司对宿舍有严格的管理要求，怎么还出现这样的事情呢？"行政部张经理深感困惑，后经过确认，案发现场并非公司员工宿舍，死者也非公司员工，只是与公司租赁的员工宿舍相邻，真是虚惊一场！

由此可见，宿舍管理多么重要，如何对宿舍进行有效的管理，保障员工的休息和安全？员工宿舍经常忽视的问题是什么？做好宿舍管理的要点是什么？

员工宿舍管理概述

中国人常说"吃、穿、住、行"样样不可少，这是有道理的。人的一生有三分之一的时间是在睡眠中度过的，所以"住"和人日常的工作生活是密不可分。对于一个公司来讲，员工宿舍是关系到员工工作的后勤保障，居则安，尤其对进入社会不久经济基础薄弱的毕业生，员工宿舍是其融入社会的避风港，也是保证新邦物流员工工作生活的"家"。

如何为入职新邦物流的员工提供一个清洁、宁静、整齐、安全的住宿环境，是新邦物流公司高层领导关注的一个重要环节；随着公司的发展壮大，公司的宿舍也不断增多，如何加强员工宿舍的文明建设，规范宿舍管理，使员工有一个清洁、宁静、整齐、安全的住宿环境，以保证员工在工作之余得到充分的休息，维护生产安全和提高工作效益显得尤为重要，因此关于员工宿舍的管理制度陆续颁布实施，从而保证员工宿舍的规范化管理，提高了员工的满意度和归宿感。

员工宿舍管理是公司后勤管理的重要组成部门，保证公司员工宿舍的安全、宁静、舒适、和谐一致是公司宿舍管理的宗旨。

员工宿舍管理的内容

一、宿舍的入住和搬离

1. 公司集体宿舍（含运作中心、车队管理中心、培训部等宿舍）

各事业部（含区域）人力资源部根据人员需要，合理安排符合住宿标准的人员入住和搬离宿舍，及时将入住信息和搬离信息反馈给宿舍费用申请人。

2. 各营业部门员工宿舍

各部门经理根据部门人员需要，合理安排符合住宿标准的人员入住和搬离宿舍，及时将入住信息和搬离信息反馈给部门宿舍费用申请人。

二、住宿标准及具体要求

1. 住宿标准

（1）患有传染病者，有吸毒、赌博等不良行为者不得入住宿舍。

（2）所有宿舍（同一单元）必须男女分房间住宿，新添加的床铺必须使用公司统一配置的双层床。

（3）宿舍 6S 要求：住宿员工床上用品叠放整齐，衣物等生活日用品摆放规范，不得因放置个人用品占用床位而造成浪费。洗漱用具放在脸盆内，脸盆应放在床下两侧，毛巾可叠好挂在床头。地面干净，鞋子放在床下，摆成一线。床梯下方对着的地面处为上铺员工的放鞋处，远离床梯的为下铺员工放鞋处。桌上摆放物品要求摆放整齐，桌面要求保持干净，无灰尘。宿舍内不得乱挂衣物，干燥衣物自行收齐并叠好放衣柜内，洗晒衣物必须到指定位置晾晒。

2. 具体要求

（1）加强卫生管理，每个宿舍推选一人作为宿舍管理员，负责本宿舍日常管理，由所有住宿人员轮流打扫卫生。

（2）禁止在走廊堆放垃圾，禁止将剩饭菜倒入厕所或者洗手盆，所有室内垃圾由该室住宿人员每日倒至室外垃圾堆（桶）。

（3）员工不得在宿舍内大声喧哗，电视、音响的音量不得开得过大，有人休息时，住宿人员回宿舍时应保持安静，以免妨碍他人休息。

（4）宿舍内各类设施损坏要及时报批修补，由部门经理通知房东或工程处进行维修，宿舍内各类设施（含公用设施）损坏产生的费用由责任人照价赔偿，如无法确定具体责任人则由本宿舍住宿的员工平均承担赔偿责任。

（5）未经许可，任何人不得擅自调换房间、床位；如需更换，由本人向各事业部（含区域）人力资源部或部门经理提交纸质申请，同意后，方可更换。

（6）私人物品必须妥善保管，如丢失公司概不负责。

（7）宿舍卫生间必须保持墙壁、洁具干净，无异味，不得堵塞下水道。

（8）宿舍内严禁张贴带色情的图片，严禁阅览黄色书籍和播放黄色图像、录像等，宿舍内不准乱写、乱画、乱接电线和乱拉绳索。

（9）不得开常明灯睡觉，做到随手关灯、关电、关水，非遇紧急情况或未经安全部允许，任何人不得开启消防设备。

（10）禁止在宿舍内使用热得快、电炉、电饭锅、电热毯等大功率电器，不准私接电线；禁止在宿舍里做饭，使用明火取暖照明（如燃酒精炉、点蜡烛、煤油灯等）；禁止在宿舍抽烟。

（11）禁止在员工宿舍范围内存放危险品（如易燃易爆品等）、饲养宠物等。提高警惕，做好防火、防盗等防范工作，严防火灾、被盗事故的发生，发现安全隐患，及时向管理人员或有关部门报告，要敢于同不良现象作斗争。

（12）入住宿舍人员，在住宿期间，有特殊情况不回宿舍者，必须向宿舍管理员或部门经理说明情况；不得无故夜不归宿。不准私自带客进宿舍，不准留客住宿。

（13）如遇应急事件，应有序撤离，保持道路畅通，不挤压、不堵道，并要迅速报告有关领导。

（14）严格执行公司相关安全管理制度，正确安装和安全使用相关设施设备，特别是煤气设备。

（15）禁止在宿舍内从事赌博、吸毒、嫖娼等违法活动。

（16）员工离职时，须到宿舍管理员处办理相关手续，交还钥匙等公用物品，及时将入住信息和搬离信息反馈给部门宿舍费用申请人。

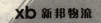

员工宿舍管理及奖罚措施

（1）行政部联合安全处负责全公司的宿舍管理工作。

（2）公司集体宿舍，各事业部（含区域）负责人为宿舍管理第一责任人，各事业部（含区域）人力资源部为所辖区域宿舍管理第一执行人，负责宿舍管理工作；按宿舍管理规定对所辖区域宿舍的行使监督检查权。

（3）各营业部门员工宿舍，部门经理为宿舍管理第一责任人，全面负责部门住宿人员的宿舍管理工作，拥有纠正违反宿舍管理规定员工的权力。

（4）宿舍管理纳入到绩效考核，具体按公司绩效考核制度执行。

（5）对以上要求事项有触犯者，一经发现核实，按公司相关制度进行处罚。对下列行为一经查实立即解除劳动合同：情节严重者移交司法部门依法处理：偷盗他人物品者；赌博、聚众斗殴者；私藏凶器、易燃、易爆等危险物品者；有吸毒或者藏有毒品者；传播淫秽书刊、音像制品者。

（6）对在宿舍管理中有突出贡献的部门和人员，依据公司相关制度进行奖励。

 问题思考

1. 企业为什么要进行员工宿舍管理？
2. 员工宿舍管理的内容是什么？
3. 宿舍管理的奖罚措施是什么？

第十节　党组织关系

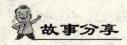 故事分享

偶尔在其他办公室，听到两个人的对话，一个说"入党太复杂了，时间也久，我即使符合条件也不会去入党"，另一个说"简单，太简单了，只要我想，我可以一年之内成为党员呢！"

从小就爱唱"没有共产党，就没有新中国"的歌，可是对党的认识却总像隔着一层薄雾。共产党在我心中一直是一种朦朦胧胧的形象，但又是高大而神圣的。那入党有什么条件呢？入党程序是怎么样的呢？党团关系如何转接呢？

组织关系转接

一、党员组织关系转接的情况

（1）党员因工作单位发生变化，外出学习或工作时间在六个月以上且地点比较固定

的应按规定转移党员正式组织关系；

（2）外出时间在六个月以内的或外出时间较长但暂时无法转移组织关系的，应使用《流动党员活动证》；

（3）短期外出参加会议、学习进修等，应开具党员证明信。

第一种情况应按接转组织关系的范围逐级接转，后两种情况可直接交至所在单位党组织。

二、党员组织关系的办理人

（1）如无特殊情况，党员组织关系一般要求本人亲自办理。

（2）如集体转移，可由支部委员统一办理，但需出具有关证明并附党员名册。

三、党员组织关系介绍信填写要求

（1）开具党员组织关系介绍信必须使用钢笔或签字笔。

（2）开具党员组织关系介绍信必须注明党费交到哪个月和有效期。

（3）有效期的填写一般为本市五天，省内七天，外省可再适当延长，但最长不得超过三个月。

四、特殊情况的党员组织关系的办理

（1）党员应按期及时办理党员组织关系的转移，未按规定办理好党员组织关系而在新单位交纳党费和参加组织生活，一律视作无效。

（2）对过期的党员组织关系介绍信要弄清原因，分清责任，并对责任人和当事人进行批评后由接受单位党组织给予办理。

（3）对于无正当理由超期六个月以上，也未参加组织生活或交纳党费的，按《党章》规定作自行脱党处理。

（4）不慎造成介绍信丢失的，由当事人出具有关的证明材料，由原开出单位补办，并通知接收单位党组织原件作废。

五、党员组织关系属地化管理

（1）复退军人、大学生、退休职工干部及其他人员的党员组织关系接转原则，已落实单位的可直接转往所在单位党组织；暂时未落实单位的，可将党员组织关系转到本人居住地或户口所在地以及爱人、父母的户口所在地的街道、乡镇党组织。

（2）应届毕业生已在市人才中心办理人事档案挂靠的，也可将组织关系转到市人才中心。

六、党员组织关系接转程序

1. 转入

从外地转入公司的党员，要持党员组织关系介绍信来市委组织部办公室办理接转，经组织部转往单位所属党委，再转到新单位。

2. 转出

从公司转往外地的，由所在党支部开出党员组织关系证明到所属党委，再由党委开出党员组织关系介绍信，经市委组织部转移至所去单位党组织。

入党条件和程序

一、入党条件

年满十八岁的中国工人、农民、军人、知识分子和其他革命分子，承认党的纲领和章程，愿意参加党的一个组织并在其中积极工作、执行党的决议和按期交纳党费的，可以申请加入中国共产党。

二、入党程序

发展党员工作是党的基层组织建设的重要组成部分，在组织发展过程中必须遵循"坚持标准、保证质量、改善结构、慎重发展"的方针，按照党员发展工作的程序，认真履行手续。程序如下：

1. 自愿提出入党申请

要求入党的同志自愿向所在单位党组织提出书面申请，申请主要写对党的认识、入党动机和本人主要表现。党组织接到申请后，应派人与申请入党人谈话，进行入党教育和鼓励。

2. 确定入党积极分子

入党申请人经党小组（共青团组织）推荐、支委会审查同意后，便确定为入党积极分子。党支部将入党积极分子报上级党委备案，同意后下发《入党积极分子考察登记表》，指定两名正式党员作为入党积极分子的培养联系人。

3. 进入考察期

考察期一年以上，自党支部确定其为入党积极分子之日算起。党支部每半年要对要求入党的积极分子进行一次考察，每次考察情况要填入入党积极分子考察表（填写考察意见时，要真实、具体、准确，既要写出优点，也要写出缺点）。防止平时无记录，入党前闭门造车、突击编写的现象。要注意掌握表中时间顺序即工作顺序。

4. 确定发展对象

要求入党的积极分子经过一年以上培养教育后，在听取党小组、培养联系人和党内外群众意见的基础上，经支委会或支部大会讨论，决定近期发展的入党积极分子，可列为发展对象，并要求其本人写出自传（内容主要写本人简历、家庭主要成员及主要社会关系的政治历史情况以及自己的现实表现情况等）。

5. 短期培训

基层党委要对发展对象进行短期集中培训，时间一般5～7天（或不少于40个学时），主要学习《中国共产党章程》、《关于党内政治生活的若干准则》、邓小平理论等文件。中组部组织编写的《入党教材》可作为学习辅导材料。未经培训的（除个别特殊情况外）不能发展入党。

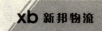

6. 政治审查

审查发展对象本人对党的路线、方针、政策的态度，在政治历史和重大政治斗争中（特别是"文革"和动乱）的表现。动乱期间在校的中专学历以上的学生入党时一定要到该校取得当时政治表现证明材料。

审查发展对象直系亲属和关系密切的主要社会关系的政治情况。

对发展对象自传中反映出的情况及上述审查内容要形成综合性的政审材料和结论意见。

7. 确定入党介绍人

入党介绍人由两名正式党员担任，一般由培养联系人担任，也可由发展对象约请，或由党组织指定。

入党介绍人的主要任务是：

（1）向被介绍人解释党的纲领、章程，阐明党员的条件、义务和权利，认真了解被介绍人的入党动机、政治觉悟、思想品质、工作表现、经历等情况，如实向党组织汇报。不能采取马马虎虎的态度，更不能有意隐瞒和歪曲事实真相。

（2）指导被介绍人填写《入党志愿书》，并认真填写自己的意见（填写入党介绍人意见时，不要简单地以"提希望"的形式代替写缺点，而应实事求是地对被介绍人的政治觉悟、思想品质、工作表现和其他方面的情况作出全面评价，并表明自己对其能否入党的态度）。向支部大会负责地介绍被介绍人情况。

（3）被介绍人批准为预备党员以后，应继续对他进行教育帮助，使他按期转为正式党员。

8. 填写《入党志愿书》

发展对象填写《入党志愿书》，须经上级党组织同意，在入党介绍人的指导下，用钢笔或毛笔填写。并要求其填写时要忠诚老实、实事求是，不得有任何隐瞒和伪造。字迹要清楚，不得涂改。对《入党志愿书》上有的项目没有内容可填时，应注明"无"。在"对党还有哪些需要说明的问题"一栏，主要填写需要向党说明，而其他栏目中不能填写的问题，或对某些栏目需要补充说明的问题。如亲友中被停职、拘留审讯等，现在尚无结论和处理的问题。

9. 支委会审查并征求党内外群众意见

召开支委会，严格审查发展对象填写的《入党志愿书》和有关材料、经支委集体讨论认为发展对象合格和手续完备后，即提交支部大会进行讨论。

党支部派一至两名正式党员召开座谈会，听取党内外群众对发展对象的意见。

记录整理表内评定意见反映要求真实。除表内情况还应附一份完整的群众座谈会原始记录（参加人员必须签名）。

10. 召开支部大会

程序：

（1）申请入党人汇报对党的认识、入党动机、本人履历、现实表现以及向组织说明的其他问题；

（2）党小组和介绍人介绍入党人的主要情况，并对其能否入党表明意见；

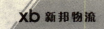

（3）支委会报告对申请入党人审议情况；

（4）与会党员充分发表意见，对申请入党人能否入党进行讨论；

（5）申请入党人对大会讨论情况表明自己的态度；

（6）采取举手或无记名投票的方式进行表决。

注意事项：

（1）到会有表决权的正式党员达到应到会的正式党员半数以上；

（2）申请入党人及其入党介绍人必须参加支部大会；

（3）讨论两个以上的人入党时，必须逐个讨论和表决；

（4）支部决议应及时填写在《入党志愿书》上，决议内容包括申请人的优缺点，应写明应到和实到有表决权的正式党员数、表决结果及日期；

（5）及时将《入党志愿书》、申请书、自传、政审材料、培养教育（如《党章》学习小组情况、学校党校学习结业证书、思想汇报）和考察材料、学生的学习成绩报党委审批。

11. 上级党组织派专人同申请人谈话，作进一步考察

在审批接收新党员前，上级党组织要派专人同申请人谈话，作进一步的考察。谈话前，组织员要对支部报来的入党材料进行审查，看材料是否齐全，手续是否完备（查看支部记录），并采取座谈或个别谈心的方式，听取党内外人员对入党申请人的反映。谈话中，主要了解被谈话人的入党动机，对党的认识和对党的基本知识的掌握情况，征求其对党需要说明的问题，帮助其提高对党的认识，指出努力的方向。谈话后，及时如实地将谈话人的意见填入《入党志愿书》，并向党委汇报谈话情况。

12. 党委审批

党委审批要及时，必须在支部上报的接受预备党员决议三个月内审批，如遇特殊情况可适当延长审批时间，但不得超过六个月。凡无故超过规定时间而未予审批的，应追究有关人员的责任。

党委审批必须坚持集体讨论，不能个人说了算，更不能以党政联席会的形式讨论审批党员，党委审批的意见要填写在《入党志愿书》上，注明预备期的起止时间，并通知报批的党支部。

13. 支部向本人发出入党通知书

党支部接到上级党委入党审批通知后，应及时通知本人并在党员大会上宣布。党支部应将上级党委批准的预备党员编入党支部活动，告诉其交纳党费的时间、规定等。

14. 入党宣誓

预备党员必须面对党旗进行宣誓。举行入党宣誓仪式的时间，应尽可能在上级党组织批准预备党员后及时举行［一般由基层党委或党支部（总支）组织进行］。有些党支部为了使入党宣誓仪式更有纪念意义，采取在党的生日集中举行入党宣誓仪式的办法，也是可以的。

入党宣誓仪式的程序：

（1）宣布仪式开始，奏《国际歌》；

（2）党组织负责人致辞；

（3）宣布参加宣誓的新党员和领誓、监誓人名单；

（4）新党员宣誓；

（5）新党员代表向党表示决心；

（6）党总支部（支部）负责人或上级党组织负责人讲话；

（7）奏国歌，宣布仪式结束。

15. 预备期的培养考察

预备期为一年，从支部大会通过预备党员之日算起。党组织通过听取本人汇报、个别谈心、集中培训、介绍人帮助等方式，对预备党员进行教育和考察，发现问题及时同本人谈话。预备党员要自觉地接受党组织的教育和考察，经常向党组织汇报思想和工作情况，每半年要向支部书面汇报思想和工作一次。

16. 预备期满

如果考察合格，则可以转正。手续如下：

（1）本人在预备期满前适当时候向支部提出书面转正申请；

（2）党小组提出意见；

（3）党支部征求党内外群众意见；

（4）支委会审查；

（5）支部大会讨论、表决通过；

（6）上级党委审批。

党委对党支部上报的接收预备党员的决议，必须在三个月内审批，并通知报批的党支部。

如果考察不合格，可以延长预备期或取消预备党员资格。

对预备期满后不完全具备条件或犯有一定的错误，但还没有完全丧失预备党员条件，并且本人决心努力改正错误的，可延长预备期。延长时间最长不超过一年，最短不能少于半年。延长预备期必须经过支部大会讨论作出决议，填入《入党志愿书》，报上级党委。延长预备期期满后，由党支部根据其是否具备党员条件作出转为正式党员或取消预备党员资格的决议并报上级党委审批。对在预备期内不能履行党员义务，确定不具备党员条件或犯有严重错误或延长预备期后经过教育考察已不具备党员条件的，应取消预备党员资格。取消预备党员资格必须经过支部大会讨论通过，支部大会决议填入《入党志愿书》报上级党委审批。

预备党员转正后，应将其《入党志愿书》、入党和转正申请书、自传、政审材料、教育考察材料等及时存入本人档案中。

问题思考

1. 如何将你的组织关系转入公司党支部？

2. 入党需要具备哪些条件？

3. 入党期间需要提交哪些材料？

4. 预备期有多久？预备期间如何履行党员职责？

第八章　财务工作指引

 **本章内容**

- ◆ 财务管理中心主要部门职责
- ◆ 费用报销
- ◆ 税务工作
- ◆ 现金盘点
- ◆ 日常办公系统操作
- ◆ 车辆成本录入、审核与检查
- ◆ 应收账款
- ◆ 成本核对

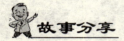 **故事分享**

　　营业部门是公司飞速发展的基础，那么营业部门的财务工作也是至关重要的。分部会计在处理部门日常事务的同时，所担任的角色不仅仅是服务于营业部门的一名会计，更重要的也是监督和管理部门各项财务工作的一名财务管理人员，这样对我们的分部会计的最基本的要求就是能熟练掌握分部会计的工作内容和工作方法。作为一名分部会计，我们应当怎么去做好日常的工作呢？我们应该如何去监控部门各项费用的合理性和真实性呢？学习完这一章，将让我们的工作得心应手。

第一节　财务管理中心主要部门职责

财务管理中心主要部门职责

一、销售及账款部

（1）营业部门应收账款指标的制定以及每月指标考核。

（2）代收货款的审核、核销以及退款。

（3）到付款的审核及异常到付款的核销。

（4）客户佣金的审核。

（5）评估公司欠款客户等级，防范经营风险。

（6）公司应收账款制度的建立以及监督。

（7）欠款客户资格审核。

（8）对营业部门申请的发票进行审核。

（9）对理赔和非理赔工作流审批及单据真实性与合理性的审核。

（10）对营业部门会计人员的账款知识进行培训与指导。

二、资金结算部

（1）货币资金安全管理制度及相关文件的编制。

（2）梳理资金支付流程，完善资金管理工作。

（3）加强资金风险防范，提出方案、参与研讨、修订并发文执行。

（4）负责审核与结算公司的收入、成本、费用。

（5）负责总部及分部的资金、账户管理。

（6）公司资金计划预算、资金归集及统一调度。

（7）现金流量表编制和分析，为公司决策提供可供参考的信息。

（8）指导、监督和管理各区域总部出纳、二级机构出纳、分部出纳（收银员）的工作。

（9）办理退代收货款、各类往来款、押金管理等业务。

（10）办理公司车辆融资租赁业务及配合公司融资相关事宜。

（11）资金管控重点项目工作的推动与跟进。

（12）组织培训在岗出纳员、收银员的专业知识，提高队伍总体业务水平。

（13）挖掘员工潜能，做好出纳员储备，根据分部需要输送人才。

（14）为公司的长远发展作资金规划，参与资金运作分析。

三、核算管理部

（1）根据公司管理要求，结合 2006 年版会计准则、审计准则，编写公司会计核算政策、制度和 PPT，并组织培训。

（2）根据各业务系统（NIS、AIS、OA、E3，下同）财务原始数据取数特点和内控管理要求，审核、评价各业务系统对接程序的合理性、有效性和合规性，与其他相关部门讨论、制定、梳理会计核算流程制度和 PPT，并组织培训。

（3）根据公司内部管理、上市公司要求，监管设计、编写财务个别报表、管理报表公式，监管设计、编写、修改、维护合并报表、网络报表公式，并编写成制度和 PPT。

（4）根据已完成总账处理的账套，监管各事业部计算、导出、发布个别报表、合并报表，核对 NC 账套、UFO 报表的一致性，确保账表、表表相符。

（5）组织、监管各部门财务、管理报表的核对，定版报表；根据公司要求打印、装订、提交纸质报表；整理、保管初稿、定版电子报表。

（6）和相关部门研究、讨论，制定汽运成本、空运成本、配送成本、速递成本制度和流程；制定合理、有效的内部结算转移价格；制定关联交易业务的核算处理制度和流程。

（7）审核、审批各事业部及其他相关部门有关核算实施细则和流程的有效性和合理性。

（8）监管各事业部总账、资产管理模块日常业务及月末账务处理。

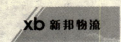

四、仓储部

（1）分类保管物资（含相关单据），做足物资整理、防潮、防腐、防爆、防火、防偷等措施，登记与管理台账及记录卡，做到账物单卡表相符。

（2）依计划与订单验收物资，开具"收料单"及确保有相关人员签名，通知相关部门领取物资；并依经批准的审批工作流及时足额发放物资与储运。

（3）每月末进行物资定期与不定期自盘点，及配合公司盘点，并提交"月份物资进用存报表"。

（4）参与供应商考核、评审。

五、资产核算管理部

（1）定期审查供应链及物资管理的相关制度与流程的有效性并优化。

（2）审查并监督物资采购计划的必要性和可能性、物资资源利用充分性、功能与质量、批量的经济性。

（3）参与并监督供应商评选、考核、评审、开发、更换。

（4）直购定价及招标事项。

（5）审查并监督物资采购计划、合同订单、入库与发票、领用、使用等单据过程合规合法性，及执行情况。

（6）进行物资入库价值与应付账款、领用与成本费用等会计核算，分析与考核汇报。

（7）应付账款预算、支付申请、定期与不定期对账、应付账户清理。

六、税务规划部

（1）税务管理与指导。

（2）税账报表的出具。

（3）纳税申报等税务信息指导。

（4）发票的开具与税金分配。

（5）其他与税务相关信息的提供与咨询。

（6）房租采购工作流审批。

（7）涉外财务信息提供与审核。

（8）对营业部门会计人员税务工作的指导与培训。

七、成本控制部

（1）确定成本目标、优化成本管理的相关制度、流程。

（2）对成本项目进行动态跟踪并实施有效的控制。

（3）对重要的成本事项进行调研、提出有效的改进建议。

（4）协助职能部门对业务活动进行优化，以节约成本，实现成本目标。

（5）对预算及成本计划执行情况进行分析，为管理层提供决策依据。

（6）组织相关部门进行成本分析，解决管理层关注的成本问题。

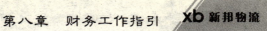

（7）成本预算、分析等数据采集，管理报表的系统化。

八、费用控制部

（1）确定年度费用控制目标、优化费用控制管理的相关制度、规定、流程。

（2）对所有的费用工作流审核从紧、从严，完善各流程审批环节，提高审批时效。

（3）对人工、房租、装修、广告费等项目控制立项研究并制定相关费用标准。

（4）制定费用控制的相关培训，协助各预算主体对各部分费用控制进行优化，以节约费用，实现利润最大化。

（5）对费用预算执行情况、对实际产生费用进行分析，为管理层提供决策依据。

（6）费用预算、分析等数据采集，管理报表的系统化。

（7）费用预算科学化、合理化，提高准确性。

九、事业线财务部

（1）对公司各事业部工作的监督、协调。

（2）对接各个事业部工作，对事业部各项工作进行汇总后汇报给上级领导。

（3）公司政策的上传下达。

（4）分部会计及财务管理中心人员的招聘工作。

（5）编写相关教材，对财务人员进行培训及工作指导。

（6）各种管理报表的建立及其后续工作的跟进和完善。

十、研究分析部

（1）分析财务资料和会计报表，了解公司当前经营状态。

（2）为决策机构提供决策支持，确保工作的有效推进。

（3）保障公司各部门工作规范化、标准化开展，并使其符合 ISO 质量体系要求。

问题思考

1. 财务管理中心主要有哪些职能部门？这些职能部门的职责是什么？
2. 对于工作中遇到的财务问题，如何更快找到解决方案？

第二节　日常办公系统操作

故事分享

在公司 200 多个营业部门的会计（兼职收银员）当中，有些人工作开展的非常好，工作轻松，有些人工作条理不清且非常累。对于做的好的会计人员我们做过相关的调查，在调查中发现一个共同点：一个好的财务人员必须具备的就是细心、耐心和良好的沟通能力，最重要的就是对自己的工作有一个好的规划和安排。对于每件事情他们知道怎么去做，对于每天的工作他们知道要做什么。工作计划对于我们的日常工作是非常重要的，具有一定的指导性意义，有助于我们明确自己做了什么。所以说工作需要有计划地进行。会计日常工作有哪些呢？

日常办公系统操作

一、设置收银员

设置收银员的系统操作流程是：NIS 系统→系统设置→设置收银员→会计日期（选择当天日期）→选择收银员→保存。

二、收银系统

在 NIS 主界面的"收银系统"可见 3 个部分：收据录入、客户还款、还款查询。

1. 收据录入

收据录入的系统操作流程是：NIS→收银系统→添加收据→删除收银员→选择会计日期为收据开具日期→添加→将收据中相关信息录入系统→保存。

注意：

（1）"收据类型"的证明是指：该款项已经体现在 NIS 的代单金额中，只是起到一个证明的作用，如果所开的代单中没有体现该金额就可以根据实际情况选择收据类型。比如：客户大件货物放在仓库超过 5 天，给我们补的仓储费用，在 NIS 系统里面不能体现，收据类型选择"补其他费用"，付款方式为现金。

（2）当录入单号收入时，备注必须录入代单号。

2. 客户还款

当收到欠款客户还款时，操作流程如下：NIS→收银系统→客户还款→选择客户名称→选择付款方式（收现金或汇款对私账户时：现金；收支票或汇款对公账户时：支票，勿选择其他方式）→输入还款金额→添加。

3. 还款查询

当客户还款后，可通过如下流程：NIS→收银系统→还款查询→选择还款日期，客户可查询到这段时间内客户的还款情况。

三、资金管理模块

1. 填写每日结余

填写每日结余的系统操作流程是：NIS→资金管理→每日结余→选择当天日期→修改→输入当前的收入或支出等→保存（会计每日下班之前检查部门资金，超过部门备用金的部分需要立即存入公司账户，每天 9：00 之前填写前一天的每日结余）。

2. 登记货币资金日记账

登记货币资金日记账的系统操作流程是：NIS→资金管理→货币资金日记账→根据

实际情况，选择相对应的类别，分别登记收入、支出（每天填写）。

四、出、进港报表打印与审核

1. 打印出港明细表

打印出港明细表：NIS→财务系统→代单销售日报表→选择会计日期（只能一天）→查询→打印。

打印出港总表：NIS→财务系统→收银系统→选择日期→删除收银员→预览报表→当天出港代单与明细表核对无误后做收银确认→生成凭证→生成报表（需要等5分钟左右后才能生成凭证和打印出港报表）→打印（如有支票或POS机刷卡收入需写缴款单，摘要注明支票出票人等明细，刷卡的要备注刷卡单号和金额）。

以上的明细表和汇总表要一同上缴财务审核。

2. 进港报表

进港报表流程是：NIS→进港系统→收银确收→选择要交账的收银日期→查询→预览→按照顺序整理好当期的出仓单，确认无误后→收银确认→生成凭证→打印（需要等5分钟左右后才能生成进港报表）。

3. 出港单据审核

按出港代单报表顺序整齐排列代单财务联（注：无款收或作废代单需两联上交），检查无误后将货运单左上角用订书机装订，如果有收据，需将收据放在货运单上面一起装订。金额有手动更改的必须部门经理签字。

4. 进港单据审核

按进港报表的顺序整齐排列出仓单黄联，核对金额，如有改动需部门经理签字，左上角用订书机装订。

五、到达货处理

1. 收银确认

收银确认的系统操作流程是：NIS→进港系统→收银确收→查询（输入代单号）→核对相关信息无误→收银确认（此操作要谨慎，一但收银确认则自己就无权限更改了，到达货物无异常必须在一个工作日内进行收银确认）。有异常的要及时提交异常到付核销工作流。

确认之前需核对以下信息：①核对实收金额（即送货费＋其他费用＋到付运费＋代收货款），签收人和付款方式；②针对月结欠款客户，其付款方式为"欠款"，需要特别注意客户名称。

2. 未收银检查

未收银检查的系统操作流程是：NIS→进港系统→收银确收→高级查询→货物状态（已签收）收银确认（未签收），确保有每一票正常签收货物收银确认。

六、到账公布模块

部门营业收入存入公司指定账号后在系统做确认，操作如下：NIS系统→资金管理→到账公布→输入汇款账号、金额→查询，核对户名、到账日期、到账金额无误后勾

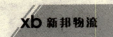
选→分部确认→增加→选择付款方式/摘要→保存→打印签名与报表上交（区分：汇款到对公账户的交账时做支票交账，汇款对私人账户的做现金交账）。

七、交账操作

分部会计需对每天的报表收入、已审批完毕的费用和成本上交总部财务。交账清单如表 8-1 所示。

表 8-1　　　　　　　　　　　　　　××营业部×月×日交账清单

交账日期	凭证号	内容	收入金额	支出金额	现金余额	流程号	应交支票	已交支票	应交银联	已交银联	应交汇款	已交汇款	余额
		×月×日余额											0
													0
													0
													0
													0
													0
													0

财务审核：　　　　　　　　　　部门经理：　　　　　　　　　　分部会计：

交账日期一栏填写当天上缴报表的最后一天报表的会计日期（比如说 2 月 25 日交账，交报表有 23 日、24 日的报表，交账日期就填写 2 月 24 日）；凭证号一栏填入各交账报表生成的凭证号；内容填写收入、支出项目名称；收入金额栏填入当天报表（包括出港报表、进港报表和其他收入）的现金收入金额；支出金额栏填入已审批完毕的费用、成本、押金、上交营业款等支出；流程号填入费用相对应的流程号；应交支票一栏填入当天上缴报表体现的支票金额；已交支票填入当天已经上交的支票金额。当天交账表打印出来，一式两份，部门经理、会计签名，连同报表一起上交财务。

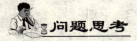问题思考

1. 什么是进港？什么是出港？
2. 有到付款的货物客户要求返货，不支付到付款时，财务操作应如何处理？

第三节　费用报销

故事分享

每月 23 日左右，费用控制部会将各个部门的工资表发到部门会计手上进行核对，核对无误的就可以走流程申请工资了。某部门的会计因为责任心不强，收到工资表后不及时地跟部门的员工核对相关信息，延误了工资申请的时效，引起了部门同事的极大不满，

同时受到了公司的处罚。有时候不仅仅是工资，部门的各种费用也是需要及时地去申报的。对于我们手上的工作，我们要及时、准确地执行下去，那么公司费用有哪些呢？如何报销呢？

费用的分类与介绍

分部会计要对当天发生的费用及时打工作流报销，交通费与办公费统一打工作流报销的时间为：每月 10 日、20 日、27 日和次月的 3 日。工作流走完后凭发票报销，并同时使用新版的费用报销总表。将报销单据按顺序排序，依次为费用报销总表、费用报销单、相关发票、工作流，将工作流号和凭证号标注在费用报销总表的右上角。

费用共分为办公费、维修费、业务招待费、劳务费、差旅费、房租费、水电费、通信费、交通费。

一、办公费

办公费是指因日常工作的需要而购买的办公用品及其他办公性质的消耗，如采购部门饮用水费、邮寄费、快递费、因工作需要非公司统一订购的办公室清洁卫生所需的用品等。本月发生的该项费用在该月的 20～23 日递交工作流，23 日以后发生的该项费用入下个月，工作流完毕以后方可报销。

二、维修费

对部门的固定资产进行维修，使其可以正常使用，并可以增加其的使用年限。该项费用发生后在三天内递交该项费用工作流，工作流完毕后方可报销。

三、业务费

业务费是指公司因日常的经营活动需要而发生的招待业务往来单位或有关部门的费用，不得用于与本公司经营无关的活动，该项费用必须取得饭店用的专用定额发票，发生后在三天内必须递交工作流，工作流完毕后方可报销。招待费用报销中要写明餐馆名称，该客户的业务量及平均毛利水平，如果是招待新开发客户要写明潜在业务量和估计毛利水平。

四、劳务费

指部门外请搬运工费用，发生后在三天内递交工作流，工作流中写明当地收费标准、货物体积、重量和支付标准。

五、差旅费

当部门人员出差后（本省以外），有出差补助报销发生的车船票、机票费、住宿费、出差补助等费用。发生后三天内起草工作流。

六、房租费

房租费由营业部门档口租金、宿舍租金及开发票税金、物业管理费、卫生费组成（摘要：月份、地址、租金金额）。每月 25 日开始递交工作流，下月 1 日前报销完毕。

七、水电费

水电费是指各部门营业办公用的水费、电费（摘要：月份，水、电多少，不含员工个人承担的宿舍水电费）。写明报销时间、上期读数、本期读数、本期发生数、水电费单价。

八、通信费

通信费是指部门固定电话费、电脑部分配短信费及其他补贴通信费、集群网、宽带网费、部门通信设施摊销等，每月 6～8 日起草工作流，起草工作流是在电信的网上营业厅下载话费清单明细并上传附件，如无法提供电子档请去电话运营商打印本部门的通信明细记录，扫描后作为附件提报。

九、交通费

交通费是指部门在省内办理与公司有关事项的交通费，每月 10 日、20 日、27 日递交工作流，27 日以后发生的下月 3 日前起草，工作流完毕后方可报销。

报销单的填写如图 8-1 所示。

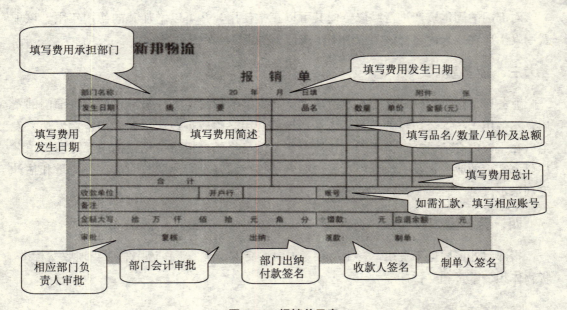

图 8-1　报销单示意

图 8-1 中加注部分为必填项。

取得相应报销凭证后在 OA 系统中起草报销工作流。

起草工作流时注意以下几点：

（1）支付地如是部门付款，选择本部门，如需财务部付款，选择相应的财务部。

（2）费用类型：根据要报销的费用选择。

（3）是否借支：如有借款流程选择"是"，否则选"否"。

（4）浏览：添加费用。

（5）审批意见处注明：此项费用指标××元，本月已发生××元，结余××元。

待工作流审批完毕即可报销费用，报销单据（按粘贴从上到下的顺序）：费用报销模板→费用报销单→报销凭证（收据、发票等，房租需提供发票）→审批完毕的工作流。

粘贴时要注意：单据左上角对齐粘贴，右上角写上流程号、凭证号。凭证号的查询方法如下：NIS→权限管理→NC 数据中心→NC 中间表凭证→选择制单日期、生成凭证部门（也可在批次号处输入流程号）→查询。

佣　金

佣金又称回扣，共分为汽运到付回扣、空运到付回扣、欠款客户回扣和现金回扣。

一、佣金的申请

进入 NIS→查询系统→业务费申请→选择要申请的会计期间→同时选择"未申请"和"未退"的条件→查询，对未亏本的正常回扣勾选→保存。对于亏本回扣，找出亏本原因是否正常，通过 OA 工作流→财务类→纯资金类→折扣（让）支付申请支退。

二、佣金的审核

（1）汽运到付回扣：公司自有网点，到达部门收银确认后系统自动审批；

（2）空运到付回扣：到达空运网点正常签收后，与总调查询部联系审批；

（3）欠款客户回扣：正常回款后找财务管理中心会计核算部进行审批；

（4）现金回扣：可开单直接支付。

三、佣金的支退

佣金的支退操作流程是：NIS 查询系统→业务费申请→输入代单号查询（灰色：可以正常退款；红色：表示亏本，补齐亏损后，作收据收入，填写支付证明单支付；白色：未审核）。颜色为灰色的可正常退款，点击"生成凭证"后填写支付证明单，客户在货运单客户联和支付证明单上签字即可。

四、报销单据

佣金的报销单据按不同类别进行不同处理。

（1）汽运或空运到付佣金（按粘贴顺序从上到下）：客户佣金申请审批明细表＋到付运费支付证明单（客户本人签字，签名必须和代单上的名字相符）＋代单客户联原件。

（2）欠款佣金：支付证明单（客户本人签字）＋客户佣金申请审批明细表。

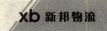

（3）现金佣金：客户、经理在财务联上签字确认实收金额即可。

在处理佣金报销单据时应注意：单据左上角对齐粘贴，并写入凭证号；如果客户原单丢失，可让客户提供证明并签字确认，经部门经理签字、区域经理签字、会计签字后方可报销。

代收货款

一、代收货款的申请

申请代收货款的系统操作流程是：NIS 财务系统→代收货款管理→付款申请→选择会计日期→未申请或未审核→查询→核对客户名称、银行账号、代收金额、查询是否需要委托书，以上各项确认无误勾选后，点击"付款申请"，若以各项有误可通过"修改退款资料"进行修改。

二、代收货款的审核

代收货款的审核流程是由到达部门收银确收→代收货款专员审核→退款确认（汇款/现金）。

三、代收货款的支付及报销单据

关于代收货款的支付及报销单据的管理与处理可按下面的途径进行学习及查询。OA→文件查询栏→"关于规范代收货款业务的管理规定"。

此处的注意事项是单据左上角对齐粘贴，并写入凭证号；如果客户原件丢失，可打印代单白单加盖公章，经部门经理签字、区域经理签字、会计签字后方可报销；代收货款应及时跟踪，保证退款时效。

借支申请

一、借款的凭证种类

新版借支单。

二、借款申请

无论因公借款还是因私借款必须先递交借支工作流，流程批准后方可报销，特殊情况除外。

三、借支单的填写

借支单一式两联，本人填写单据，字迹必须清晰工整，不能有涂改，书写完整，工作流完成后由经理签字方可允许借支。借支时两联要同时上缴，借支单上要写明还款日期。

借支工作流需本人提交，因私借支仅限尚未转正的新员工，额度不能超过本人未领工资的 50％，最高额度不能超过 500 元。员工归还借款需在工资中扣除的，要注明"工资中扣除"。

1. 退客户的代收货款操作流程是怎样的？
2. 退代收货款需要客户提供哪些手续？

第四节 车辆成本录入、审核与检查

故事分享

公司进行财务清查的时候，发现有些部门存在着车辆成本报销不及时的现象，有些部门外租车发生费用三个多月，但是还是没有走工作流申请报销。车辆成本的录入及审核必须及时操作，那么如何审核车辆成本呢？

车型与用车类型

一、车辆类型

1. 干线车

干线车是指公司自有车辆，每天从广州运作部带货到部门，并用于部门送货、接货。部门不需当天支付租车费，月底公司统一结算。车辆成本分为固定成本及司机签单成本。

2. 临时外租车

临时外租车指的是外部车辆，用车完毕后需要支付租车费。

3. 整车

整车是指用一辆车不经过运作部，直接从出发地到目的地。如从番禺到长沙的运输线路原本是番禺—运作部—长沙，但整车的路线是番禺—长沙。

二、用车类型定义

1. 送货上门

送货上门指部门干线车去送货。

2. 上门接货

上门接货指部门干线车出去接货，分两种情况：

（1）上门接货：指收取接货费；

（2）免费接货：指不收取接货费。

3. 短途干线

短途干线指部门干线车拉货到运作部。

4. 机动短途干线

机动短途干线指除部门固定干线车以外的其他车辆（如整合车、外租车）拉货到广州运作部。

5. 注意事项

（1）车队签单成本需在第二天 12：00 前准确录入系统并审核，检查是否有漏录或录错，审核完之后会流到各区所属车队统计员核实，如没问题，此单将不能再更改；如车队核实有误，则车队可以退回，并会注明退回原因，同时会自动撤销会计审核，部门也会收到 NIS 系统短信提醒及时更改。

（2）必须保证各项车辆成本录入正确（包括签单编号、车牌号码、车辆类型、车辆用途、司机工号、司机姓名、租车费、用车日期、证件号码、联系电话、车辆吨位、千米数、起止地点、起止时间）。

注意：外租车不需录入司机工号，但是需录入调车号，及工作流提交的及时性。（第二天 12：00 前）

（3）部门请外租车必须提前半个小时在调车系统调车，调度审批通过后，方可请车。

具体操作：进入调车系统（http：//121.9.243.140：8888/cis/）—输入用户名登录—调度管理—部门调车申请—新建—填写相关资料—新增—保存—确认。

（4）用车时间段必须录入准确的起止时间点，以便分析部门用车时间规律。

（5）当车辆类型为临时外租车或车队签单时，路桥费填写项为灰色。车队签单产生的路桥费在车队统一报销。临时外租车不产生路桥费（或路桥费已包含在外租车成本中）。

车辆的配载

一、获取签单编号的流程

获取签单编号的流程是：NIS 财务系统→用车费用管理→签单打印→获取签单编号→打印。

二、各类车辆用途成本录入条件的查找方法

（1）送货上门（查找送货编号）：NIS→进港系统→配车成本管理，选择配载时间为前一天的日期，点击"查询"。核对这票货是否是该车去送货的，并且记录下"送货编号"。

（2）上门接货：NIS 的财务系统→用车费用管理→接货资料管理，选择"会计日期"为前一天日期，点击"查询"。主要核对收货方式和签单编号是否正确。如果不正确，点击左下角"修改"并进行修改，后点击"保存"。签单编号按电子签单编号录入，日期跟电子签单上面的日期要保持一致。

（3）短途干线/机动短途干线：NIS→制单系统→部门交接单→查询→选择日期，点

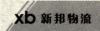

击后面"交接单号"后"确认",点击"确认"之后会出现相关信息,记录下该车辆短途干线的"交接单号"如图8-2所示。

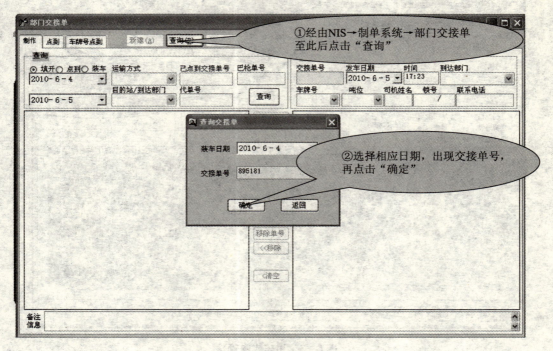

图8-2　部门交接单

三、车辆的配载

上门接货按签单编号或代单号录入;送货上门按送货编号或代单号录入;短途干线及其他车辆成本按交接单号或代单号录入。

四、车辆配载操作说明

NIS的财务系统→用车费用管理→车辆配载→选择该车"车辆用途",如果同一辆车发生上门接货、短途干线、送货上门三种业务,则选择"混合用车"→输入签单编号或送货编号或交接单号,后点击"查询"→填写相关信息→保存。

注意事项:签单编号、车牌号码、司机工号、司机姓名、租车费、用车日期要填写准确。如图8-3所示。

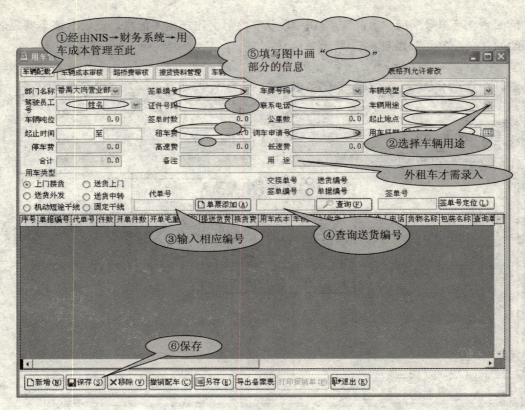

图 8-3　用车成本管理

五、车辆成本审核

车辆成本的审核在 NIS 系统下的财务系统中用车费用管理的"车辆成本审核"模块完成。

（1）将车辆签单编号输入，查询。

（2）检查金额是否录入系统，系统金额与签单金额是否相符，签单千米数、时间数是否录入系统，录入系统的数据是否与登记的数据相符。

（3）车辆成本会按照一定的标准自动分摊到每一代单。

（4）部门会计审核无误后，点击会计审核。该车辆配载和成本审核就完成了。

（5）外租车审核具体操作如下：

①临时外租车审核（外租车不能和其他车辆类型（车队签单、包车等）一起审核报销，因为只有外租车成本需要报销且能生成到 OA 工作流中，其他车辆类型不需要报销且不能生成到 OA 工作流）。

A. 财务系统→用车费用管理→车辆成本审核→选择用车日期（不是会计日期）→选择车辆类型（临时外租车）→查询→核对相关信息；

B. 备注信息→确认无误后点击"会计审核"→系统自动生成 OA 工作流。每一代单的相关车辆成本只允许报销一次，严禁重复报销。

②部门会计备注要点：

上门接货：本次上门接货营业额×元，毛利×元，接货收入×元，接货成本×元。毛利率×％。车辆成本率×％。

送货上门：当天派送票数×票，自有车送×票，外租车送×票。送货毛利率×％。车辆成本率×％。

短途干线：当天出港营业额×元，毛利×元。用车成本×元（外租车＋签单成本）。车辆成本率×％。（有上门接货和短途干线的混合用车，备注短途干线相关内容。）

六、临时外租车报销单据

按从上到下粘贴的顺序：费用报销表→报销单→付款证明→工作流。

七、部门财务与车队对账

在 3 天内核对车辆成本，用 IE 浏览器登录 http：//121.9.243.140：8888/cis/系统（新邦 CIS 车辆信息管理系统）→输入部门账号用户名称和密码进入系统→签单管理→NIS 签单→输入手工单号（即签单编号）→查询→核对相关信息是否准确。

问题思考

1. 公司的车辆类型有哪些？
2. 车辆用途分为哪几类，如何区分？

第五节　税务工作

故事分享

某部门因为部门会计工作失职，到了报税的时间了不去税务局申报纳税，导致被税局罚款 200 元。由于是会计的原因，由部门会计承担该笔费用。纳税申报是部门工作的重要组成部分，申报的及时性和准确性也是我们能正确把握的。那么国税与地税如何申报呢？

国税、地税与个人所得税的申报

一、国税的申报

（1）上门申报，按季度申报，每一季度结束之后的第一个月 20 日之前申报完毕。

（2）需要提交的材料：

①国家税务局纳税申报资料封面，国税局领取两份；

②企业所得税月（季）度预缴纳税申报表（A 类），国税局领取一式两份；

③中华人民共和国企业所得税汇总纳税分支机构分配表，总部给的分配表；

④资产负债表，网上下载；

⑤利润表，网上下载；

⑥工资情况表。

以上材料装订成册，填好相关资料，盖好公章，装订成册，把③、④、⑤再复印一份，与①、②装订成册，一份自己留底，一份上缴国税局留底。

二、地税的申报

（1）材料由总部每月 15 日之前提供，材料包括工资表、凭证汇总表、凭证汇总表、利润表、资产负债表、税种及税率（如表 8 - 2 所示）。

表 8 - 2 　　　　　　　　　　　税种及税率

税　种	税　率（%）
营业税（运输）	5
城建税	5
教育费附加	3
堤围费	0.1

（2）登录综合税的申报网址。以中山 A 营业部为例，进入界面中山地税网上办税系统 http：//etax. zstax. gov. cn/xtgl/login. do？ method＝Logout，如图 8 - 4 所示。

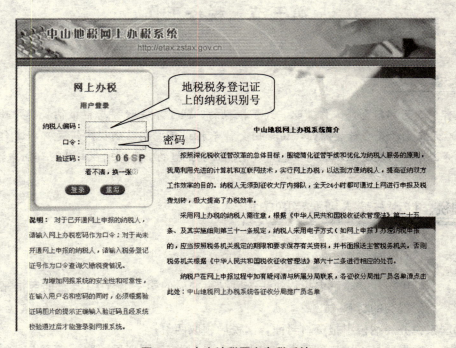

图 8 - 4　中山地税网上办税系统

点击"登录"→纳税申报→综合纳税申报表→纳税申报情况（如图8-5所示）。

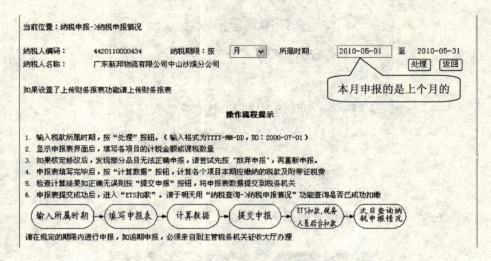

图8-5 纳税申报情况

点击"处理"→综合纳税申报表（如图8-6所示）。

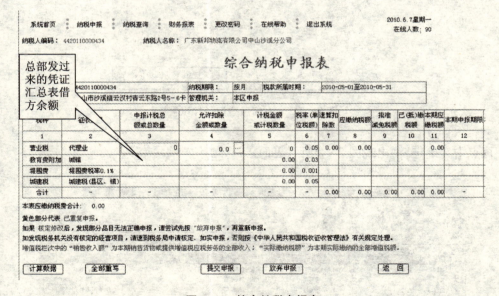

图8-6 综合纳税申报表

点击"计算数据"→提交申报→ETS扣款→确定。

三、个人所得税的申报（以中山A营业部为例）

1. 报盘文件的生成

点击"个人所得税申报"进入界面（如图8-7所示），并登录。

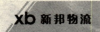

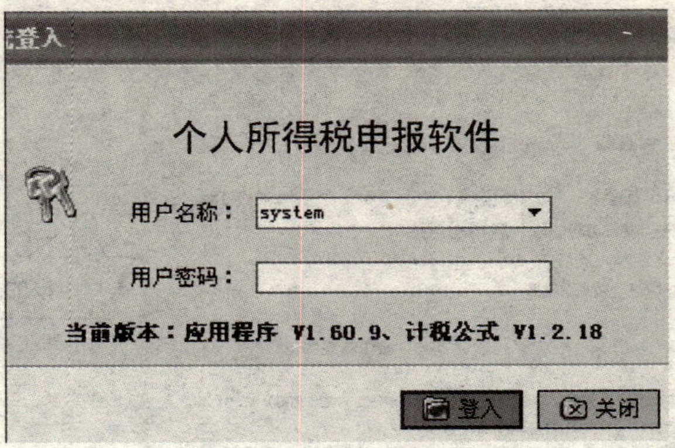

图 8-7　个人所得税申报软件

点击"登入"进入"个人信息登记条件设置"界面（如图 8-8 所示）。

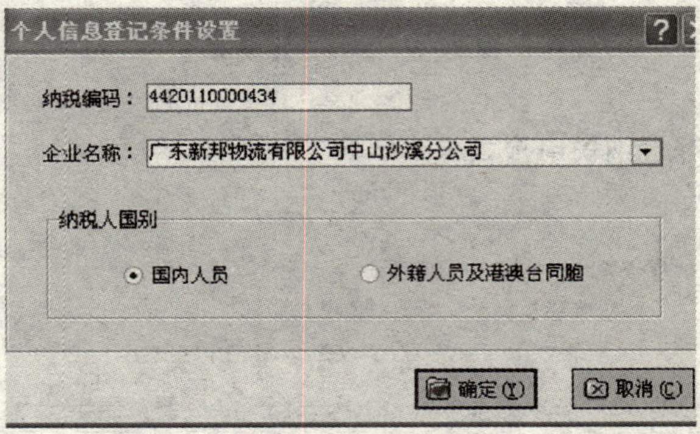

图 8-8　个人信息登记条件设置

再点击"确定"，出现图 8-9 所示界面。

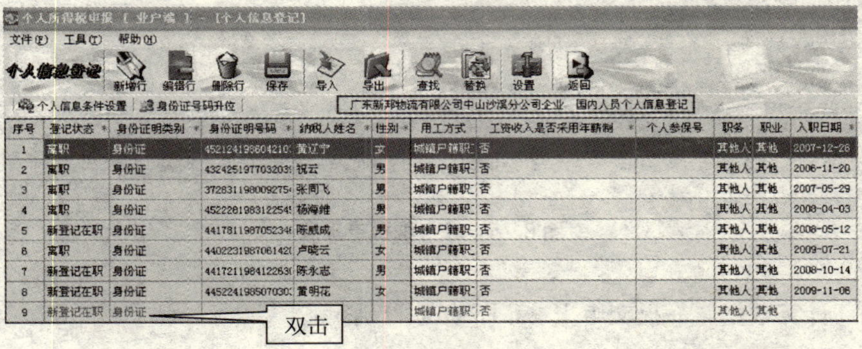

图 8-9　个人信息登记

点击"新增行"，出现了第 9 行。双击第 9 行后出现图 8-10 所示界面。

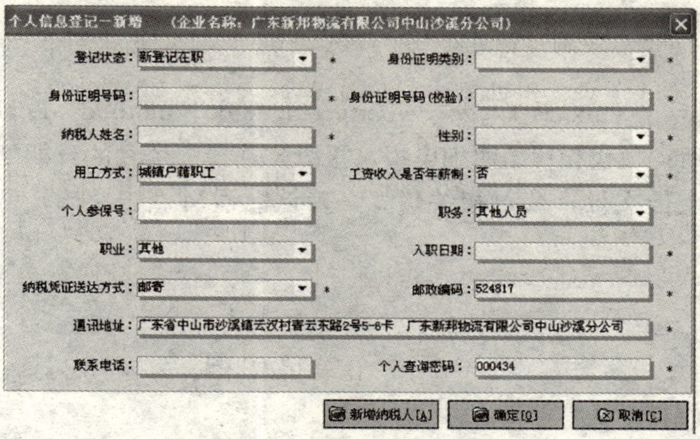

图 8-10 新增人员的个人信息登记

点击"新增纳税人"并根据总部发过来的工资表填写带"＊"的信息，最后点击
"确定"。

2. 个人所得税报盘文件管理

点击"报盘文件管理"→进入"选择报盘企业"界面（如图 8-11 所示）→点击
"确定"，进入图 8-12 所示界面。

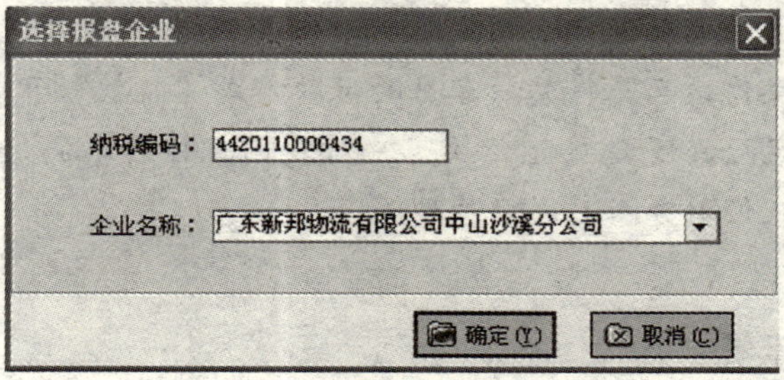

图 8-11 选择报盘企业

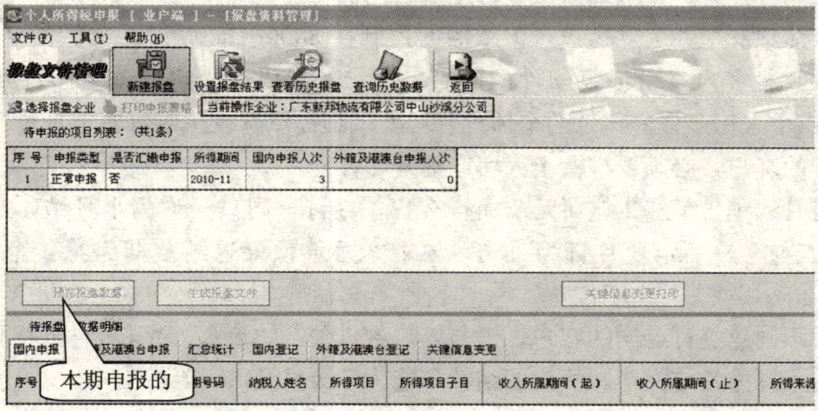

图 8-12 报盘资料管理

点击"新建报盘"→预览报盘数据→生成报盘文件。

3. 申报

登录网站 http：//etax. zstax. gov. cn/xtgl/login. do? method＝Logout，选择纳税申报，选择 A 个人所得税代扣代缴明细申报（报盘）选择上个月的日期处理，填写申报总人数、总金额，上传文件，核对相关信息，确认无误后点击"确定"，进而进行 ETS 扣款。

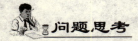

问题思考

1. 地税申报的程序是怎么样的？
2. 营业部门申报的常见税种有哪几种？

第六节　应收账款

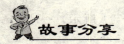

故事分享

应收账款是分部会计工作的一个重要模块，应收账款的催收进度会影响到部门的绩效考核奖金的多少和工资发放时间。当欠款客户超期或者是超额之后，某些营业部门不采取正规延期增额的操作，而是将欠款客户的付款方式"欠款"开为"到付"，这样给我们的资金安全带来了风险，还会引起欠款客户对我们工作的不满。那么如果欠款客户超期超额了，那么需要我们财务人员怎么处理呢？

欠款客户法律手续

所有合作欠款的客户都必须签订合同或协议，要求欠款客户合作 3 天后先签订协议，若有意向长期合作者，可继续洽谈签订运输合同。

对于个体户及个人欠款客户，欠款额度控制在 3000～5000 元，欠款类型为 7 天结。签订协议及收集客户身份证复印件的同时，要求其提供个人房产证复印件及现在住址（对未能提供个人房产证复印件的个体户，可要求其提供营业执照等其他证件复印件，但对个人炒货的客户，必须要求有个人房产证复印件）。

（1）对月均销售额≤20000 元及同行客户，签订合同只允许为半月结，最长结款期为 20 天；若与客户一定要签订为月结，要求本月款项最迟结款期为第二个月 10 日前结清。

（2）对不同意签订合同的客户，可与客户签订欠款协议书（授权委托声明），要求在合作之日起一周内签订完毕，协议的结款只能为 7 天结及 15 天结。

（3）对于不签订合同、协议的欠款客户，要求部门经理、区域经理及分管总监对客户进一步评估，并递交书面申请，由大区总经理、副总经理、财务总监签字交销售及账款部备案。

对于以上各类欠款客户，都必须收集客户的营业执照复印件或身份证复印件。

对　账

根据欠款方式进行对账（月结、半月结、7 天结）。

对账单制作流程是：NIS→财务系统→对账表→客户对账→选择对账会计期间→查询→导出明细→按要求制作对账单（如图 8－13 所示）。

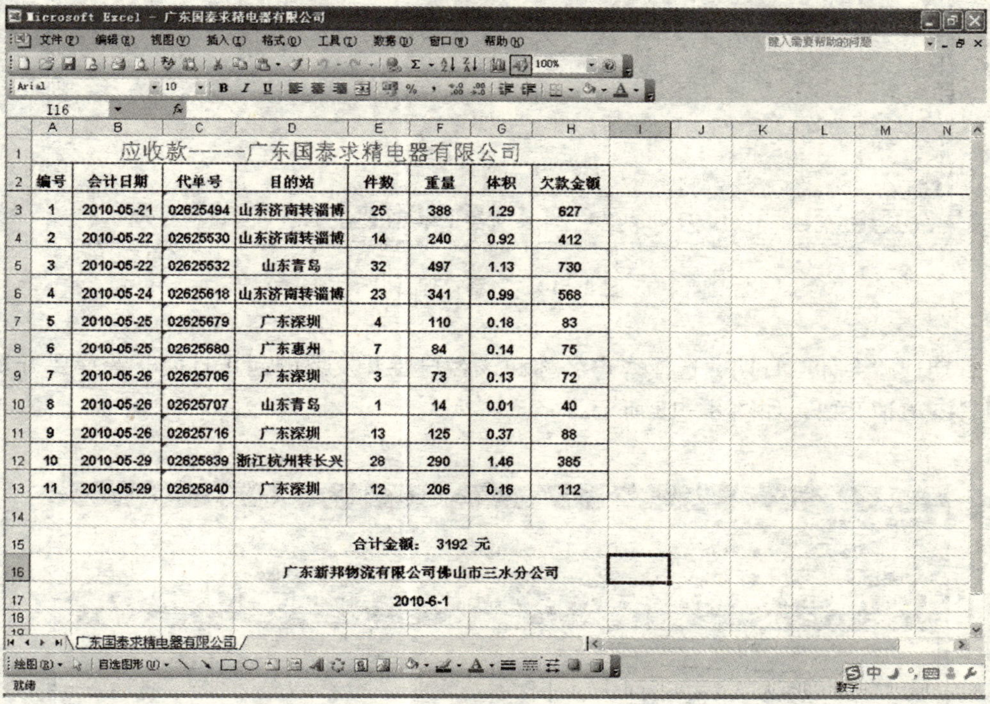

应收款------广东国泰求精电器有限公司

编号	会计日期	代单号	目的站	件数	重量	体积	欠款金额
1	2010-05-21	02625494	山东济南转淄博	25	388	1.29	627
2	2010-05-22	02625530	山东济南转淄博	14	240	0.92	412
3	2010-05-22	02625532	山东青岛	32	497	1.13	730
4	2010-05-24	02625618	山东济南转淄博	23	341	0.99	568
5	2010-05-25	02625679	广东深圳	4	110	0.18	83
6	2010-05-25	02625680	广东惠州	7	84	0.14	75
7	2010-05-26	02625706	广东深圳	3	73	0.13	72
8	2010-05-26	02625707	山东青岛	1	14	0.01	40
9	2010-05-26	02625716	广东深圳	13	125	0.37	88
10	2010-05-29	02625839	浙江杭州转长兴	28	290	1.46	385
11	2010-05-29	02625840	广东深圳	12	206	0.16	112

合计金额：3192 元

广东新邦物流有限公司佛山市三水分公司

2010-6-1

图 8－13　对账单示意

打印对账单，传真给客户，并打电话核实是否已收到。提醒客户尽快做好对账工作，并及时跟进时效。每月 5 日前对好账，10 日前开好发票，发票开好后及时送去给客户，保证应收账款按时回收，财务人员每月对账、开票与结款一定要做到“051015”，即 5 日前对账，10 日前开发票，15 日前结款。

发票申请

如需申请发票，按以下流程进行：NIS→财务系统→发票管理→发票查询，出现图 8－14所示界面。

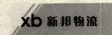

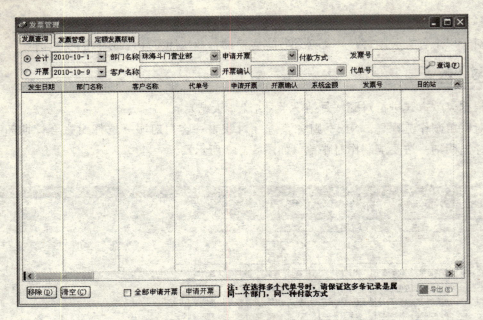

图 8-14　发票管理（a）

日期选"会计"日期→选择客户名称和该客户要开发票的起止日期→选择要开发票的单号→申请开票，如图 8-15 所示。

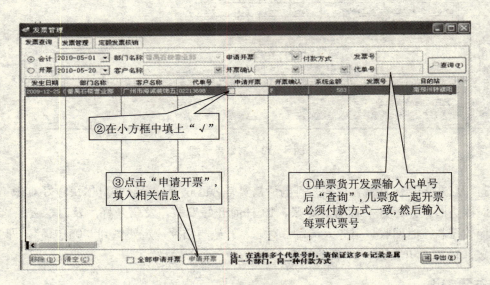

②在小方框中填上"√"

③点击"申请开票"，填入相关信息

①单票货开发票输入代单号后"查询"，几票货一起开票必须付款方式一致，然后输入每票代票号

图 8-15　发票管理（b）

开具发票时要注意：开票单位与受票方一致；开票金额与会计应收金额一致（开票金额＝重量×千米数×单位运价）。说明付款方式，备注运输方式及需备注的事项→确定→进入发票管理→核对发票信息→勾选→确认无误后"部门通过"，及时跟踪财税部开票情况，收到发票后及时交给客户。

欠款客户信用期限与额度

一、欠款客户权限的开通

欠款客户权限的开通流程是：NIS→系统设置→设置欠款客户→按需要准确输入信息后保存。

（1）部门经理可开通额度 5000 元，期限 15 天，额度可调增至 20000 元，期限可延长 10 天（每客户每月一次）。

（2）区域经理可调整 7 天结或 15 天结客户延期 10 天，增最高额度 20000 元；30 天结客户可调整最长期限 15 天，最高额度 100000 元的权限。

（3）60 天结客户无延期延额权限。

（4）其客户无协议、无合同或合同、协议已过期，此权限禁止使用。

二、超期超额的查看

超期超额的查看流程是：NIS→财务系统→应收账款报表→累计汇总表（如图 8-16 所示）。

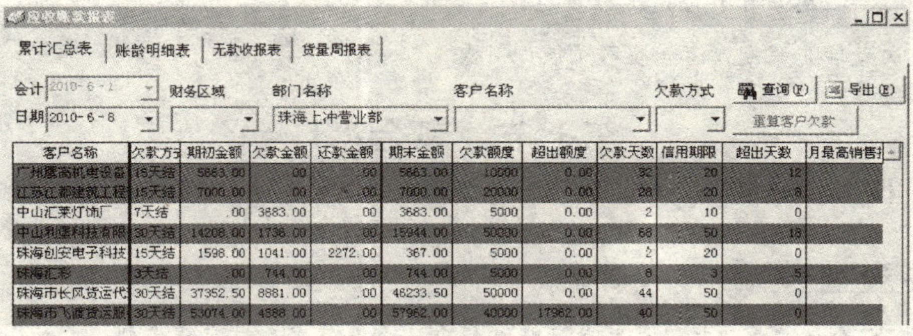

客户名称	欠款方式	期初金额	欠款金额	还款金额	期末金额	欠款额度	超出额度	欠款天数	信用期限	超出天数	月最高销售
广州鹰高机电设备	15天结	5863.00	.00	.00	5663.00	10000	0.00	32	20	12	
江苏江都建筑工程	15天结	7000.00	.00	.00	7000.00	20000	0.00	28	20	8	
中山汇莱灯饰有	7天结	.00	3683.00	.00	3683.00	5000	0.00	2	10	0	
中山邦捷科技有限	30天结	14208.00	1736.00	.00	15944.00	50000	0.00	68	50	18	
珠海创安电子科技	15天结	1598.00	1041.00	2272.00	367.00	5000	0.00	2	20	0	
珠海汇彩	3天结	.00	744.00	.00	744.00	5000	0.00	8	3	5	
珠海市长风货运代	30天结	37352.50	8881.00	.00	46233.50	50000	0.00	44	50	0	
珠海市飞度货运服	30天结	53074.00	4388.00	.00	57962.00	40000	17962.00	40	50		

图 8-16　应收账款报表

图 8-16 中浅色底纹表示客户已超期或者已超额，处理方法：

（1）系统延期或延额；

（2）进行工作流延期或延额与收款增加临时期限与临时额度操作，流程是：NIS→系统设置→设置欠款客户→查询出要修改的客户→修改→调整临时限额或延期天数/日期→保存（注：临时期限的调整只能操作一次，操作要谨慎）。

三、相关规定

（1）同一客户同一月内申请次数超过两次者，可视为此客户信誉度较差，应收账款部不受理第三次申请。

（2）因对账差异未及时处理导致超期的客户，应收账款部只给予受理延期三天的期

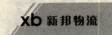

限，要求在此期间内处理完毕，并根据超期欠款控制的处罚规定计算处罚，同时对分部会计当月绩效考核进行扣罚 2 分。

（3）无合同、无协议欠款客户只给予受理延期三天的期限，要求在此期间内必须签订完毕，否则取消欠款权限。

（4）7 天结、15 天结，60 天结客户不受理延期工作流申请，但客户超出信用额度可以走工作流申请。

（5）超期欠款控制及奖罚明细：

①欠款金额在 1 万元以下的（包含 1 万元），每逾期 1 天按 5 元/天计；

②欠款金额在 1 万元以上，3 万元以下的（包含 3 万元），每逾期 1 天按 10 元/天计；

③欠款金额在 3 万元以上，5 万元以下的（包含 5 万元），每逾期 1 天按 15 元/天计；

④欠款金额在 5 万元以上，7 万元以下的（包含 7 万元），每逾期 1 天按 20 元/天计；

⑤欠款金额在 7 万元以上，10 万元以下的（包含 10 万元），每逾期 1 天按 25 元/天计；

⑥欠款金额在 10 万元以上的，每逾期 1 天按 50 元/天计。

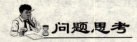 问题思考

1. 如何新增欠款客户？
2. 欠款客户超期或者是超额了该如何操作？

第七节　现金盘点

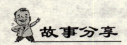 故事分享

某部门会计（兼职收银员）在交账过程中从来没有发生过交账差错，向他请教工作"零"差错的经验的时候，他告诉我们："我的秘诀就是每天晚上下班前做现金盘点表。"现金盘点表能最直观的告诉我们每天的工作是否有差错，这既是一个盘点的过程，又是一个工作自查的过程。那么如何分析盘点表呢？

盘点表分析

盘点表的制作主要是为了账实相平，达到检测账目正确与否的目的。盘点表主要分为资金盘点明细表和资金盘点报告表。

一、资金盘点明细表

资金盘点明细表如图 8 - 17 所示。

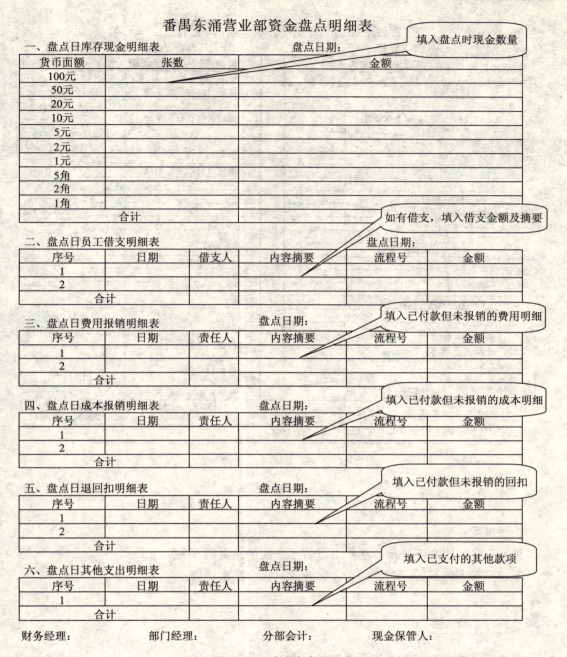

图 8-17 资金盘点明细表

二、资金盘点报告表

资金盘点报表如图 8-18 所示。

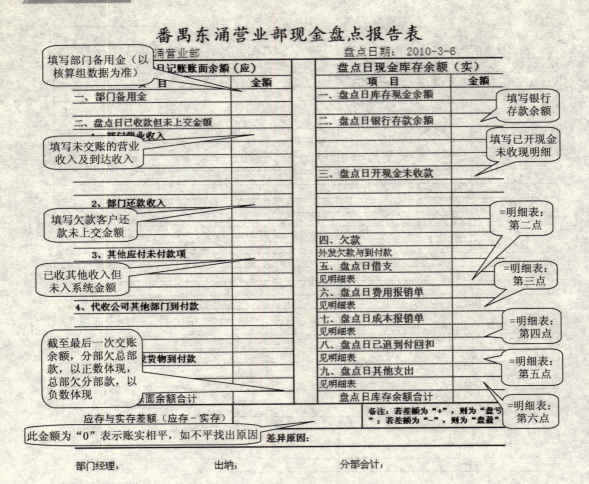

图 8-18　盘点报告表

注意事项：

盘点表经常出来不平衡，影响盘点表不平衡的主要因素有以下几点：

①收据录入错误；②多收、少收营业款；③交账出错等。

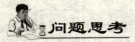

问题思考

影响现金盘点表左右两边不平衡的因素有哪些？

第八节　成本核对

故事分享

每月总部财务部都会给各营业部发送成本和费用的初始数据，这些数据都需要部门会计认真核对。某些部门的会计因为工作技能掌握不熟练，不会真正核对成本数据，导致部门的成本不准确，严重影响了公司财务数据的准确性，对公司领导的决策产生干扰。那么如何审核空运成本和汽运成本呢？

空运、汽运成本核对

一、空运成本核对

1. 步骤

NIS 系统→财务系统→部门利润表→选择"空运"选项，查看保险费用、重量、是否漏票，一般都与系统金额一致。

2. 操作费用的计算

空运操作费用＝（总额－成本）×0.2（目前在成本核对表上体现，但利润表中会删除）。

3. 成本核对

首先找出亏损金额，用红色括号标记，在 NIS 系统查询→选择正单查询→看航班底价，按普货价格结算成本；要求熟练使用公式：VLOOKUP 函数；利润＝金额－成本－操作费用。

二、汽运成本核对

1. 城际配送的核对

（1）操作步骤：NIS→财务系统→部门利润表→城际配送→选择核对会计期间→查找。

（2）操作费用的提取，从 NIS 进港系统－省内城际配送中开单部门选本部门，日期选当月 1 日到 30 日或 31 日，导出数据中到达部门为本部门和汽运外发部的不提取操作费。

（3）操作费补贴：从 NIS 进港系统－省内城际配送中到达部门选本部门，日期选当月 1 日到 30 日或 31 日，导出数据中开单部门为本部门的不补贴操作费。

（4）到达部门操作费补贴与运作中心操作费补贴之和为提取数（此数已在城际配送成本表反映）；方法按重量×0.12 元/千克，或按体积×24 元/立方米，两者取大数）。到达部门操作费补贴一栏合计数则为到达部门操作费补贴数。

（5）查看毛利亏损的单号，核对代收货款、回扣金额，用 VLOOKUP 即可。

2. 偏线成本的核对

（1）操作步骤：NIS→财务系统→部门利润总表→配货方式专快偏→导出数据→配载方式选择广州汽运外发部（删除国际货运、国际快递）。

（2）核对代收货款、回扣、送货费用、操作费用、部门最终毛利是否有出入，之后运用公式 VLOOKUP 每票核对找出差异所在，发现问题。

（3）汽运偏线按公司公布的偏线结算价格，结算开单部门成本；实际偏线成本由运作中心承担。（结算价格请在 NIS 系统按 F2 查询）偏线实际外发产生的送货费，入开单部门送货费用。

（4）偏线操作费＝重量×0.06 或体积×12（两者取数值最大的为操作费）；

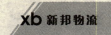

最低一票不小于 2 元，最高一票不高于 300 元。

3. 专快线和整车成本的核对

（1）操作步骤：NIS→财务系统→部门利润总表→配货方式专快偏→导出数据→删除配载部门为广州汽运外发部。

（2）核对送货费用、回扣、代收货款金额并用公式查看是否少票，一般都可以与系统核对无差异，专线一级城市最低一票 10 元，快线一级城市最低一票 15 元，凡中转城市最低一票在 NIS 公铁提货点里查询按 F2 键。

（3）结算成本＝重量×重量费率或体积×体积费率（二者取大为运作部结算成本）；专、快线操作费＝重量×0.12 或体积×24（两者取数值最大的为操作费）。

最低一票不小于 3 元，最高一票不高于 450 元；

整车（开单部门和到达部门均为本部门的导出数据即可）。

4. 操作费用核对（省外）

（1）省外操作费提取

在 NIS 进港系统的内部结算中开单部门选本部门，日期选当月 1 日到 30 日或 31 日，导出数据后把到达部门为本部门的删除，到达部门操作费补贴与运作中心操作费补贴两栏合计数为提取数（仅适用于省外各营业部）。

（2）省外操作费补贴

在 NIS 进港系统的内部结算中到达部门选本部门，日期选当月 1 日到 30 日或 31 日，导出数据后把开单部门为本部门的删除，即到达部门操作费补贴一栏的合计数据为补贴数。

注：大车直送提取开单部门操作费，但不补贴给点到部门操作费，整车不提取开单部门操作费也不补贴点到部门操作费。

5. 汽运送货费用核对

派送收入是开单部门划给到达部门的送货费。

到达部门从 NIS 进港系统收银确认中导出本月数据，首先选择自动筛选，删除开单部门和到达部门都是本部门的单号，然后在中转成本一栏选择"0"，取预付费用的合计数，预付费用合计数为本部门当月派送收入。

注：大车直送与整车不补贴送货费。

发票税金核对

财务系统→发票管理→开票确认选择"已确认"→导出数据→删除开票确认 2 中体现为"取消开票"的金额，虚开部分为正值累加，3.5％为开发票税金，虚开部分加计 10％。

例：系统金额为 1000 元，开票为 1500 元，其中 500 元为虚开，成本则为：$1500 \times 3.5\% + 500 \times 10\% = 102.5$（元）。

问题思考

1. 空运、汽运成本如何核对？

2. 操作费是怎么计算出来的？

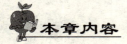

第九章　空港配送业务指南

本章内容

◆ 空港配送事业部介绍　　　　◆ 空港配送信息系统

◆ 运作品质管理

故事分享

2010 年从 5 月 19 日到 5 月 25 日，负责广州 A 公司的外场接货员，因事请假一周。因事业部外场人手紧张，不能有效安排人员代替该接货员进行提货。小李在得知此情况后，主动接手每日接货工作。客户把货物交给我们，空港配送事业部是怎么操作这些货物？怎么跟踪货物信息的呢？

第一节　空港配送事业部介绍

故事分享

空港配送事业部目前是华南区域第一大空港配送服务商，合作的客户多达 200 多家。那么什么是空港配送？空港配送业务都是在做一些什么业务呢？目前我们在市场上的影响力怎样呢？

空港配送事业部简介

新邦物流于 2003 年 6 月成立空运配送中心，伴随公司不断的壮大与发展，公司积极变革采用事业部制管理模式。于 2009 年 11 月成立空港配送事业部。空港配送事业部有三大分拨配送中心，分别是广州配送中心、深圳配送中心和东莞配送中心，其中仓库、分拨场地近 4000 多平方米，各种配送服务车辆有 100 多辆，年吞吐货物量达 15 万吨左右。目前已成为广州国际机场最大客户，可优先通过绿色通道提取货物，货物运输派送 GPS 全程定位，实现"可视化"物流派送。为客户提供全方位、满意的服务。

空港配送事业部配送网点已覆盖广州、深圳、番禺、增城、从化、南海、佛山、顺德、中山、江门、珠海、东莞、三水、四会、高明、惠州、潮阳、陆丰、普宁、澄海、河源、香港等地区，30多个配送网点覆盖珠三角，派送无处不到。

空港配送事业部员工工作踏踏实实，不断创新，与时俱进。秉承新邦的战略思想："以提升运作质量为中心，以提升员工满意度和客户满意度为两个基本点"。实现网络化、信息化、智能化的物流派送服务平台，打造"华南派送第一品牌"！

空港配送事业部的服务范围与优势

一、主营产品服务简介

1. 市内自提

市内自提是货物到达后以短信或电话的形式通知收货人前来提货，提货采用身份证识别仪核对客户资料，确保货物安全。

2. 市内送货

市内送货是货物到达后，提前预约客户，在客户规定的时间内将货物送达客户指定点，并将货物安全正确签收。

3. 专车派送服务

专车派送服务是以货不落地方式，从机场出车将货物送至客户手中，以精准的送货时效满足客户的个性化需求。

4. 冷链冷藏

冷链冷藏是物流过程全程全智能调控保证温度，精准的时效让客户放心，可配送速冻食品、疫苗、药品等，满足多种冷藏需求。

二、产品服务优势

（1）货物可实现同城（广州白云区、天河区、深圳机场、深圳华强北）自提，快捷方便，不加价。

（2）广州市内派送可实现当日航班当日派送完毕，珠三角地区次日派送完毕。

（3）中国香港直通车，通关简捷、手续方便，18：00前航班次日到港配送完毕。

（4）精准专车派送，提前提货、准点到达，为客户缩短时间差距。

（5）冷链冷藏派送，专业的设备、技术帮客户实现陆地移动冷库。

（6）出港返货让客户收发货物足不出户。

问题思考

1. 空港配送的优势主要有哪些？

2. 在汽运业务日渐发展的大环境下，如何做好空港配送的业务？

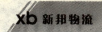

第二节 空港配送信息系统

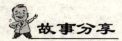 故事分享

　　物流的发展必然向着信息化方向前进，一张桌子、一台电话的小物流公司已成为过去，想要在现代物流行业中有所发展，大力发展公司的信息化系统才能让其立于不败之地。空港配送柜台输单员日常最烦的一件事情就是电话繁忙，在输单的同时频频受到电话的干扰。这是因为当代理传真后，就会打电话过来确认传真是否收到，致使输单员无法专心工作。一位运管高层领导在得知这情况后，仅仅是在系统的一个界面中增加了一个"传真确认"功能，只要输单员把代理名称输入窗口，点击"传真确认"，系统即自动发送传真确认短信给代理，而无须代理频繁地打电话过来询问，这既减轻了输单员的烦恼，又提高了客户满意度。

　　2010 年 6 月 5 日经空港配送运作管理部审查，发现配送单号为 12345678 的一票货物，共 15 件货，原本客户收货地址为广州，但由于客户在货物到达期间人在佛山，故其电话告知客服员货物需中转佛山收货。此票货物只需在 AIS 系统"服务管理"中进行更改申请，即把客户收货地址从广州更改为佛山，此货物在晚上就会被中转至佛山，但由于客服员忙碌，而疏忽了此事，结果货物去向未更改，致使第二天派专车送货，无端增加了公司费用。

　　仅仅是由于一时忙碌，忘记了一件我们本该马上去做的事情，而对公司造成了浪费！是我们的记忆差呢？还是我们的责任心问题？这值得深思。

AIS 系统配送管理

　　配送管理下拉子菜单包含了货物从机场提货进港到中转外发出港的所有系统操作界面。其子菜单分为：传真录入、入库管理、出库管理、收银管理、服务管理和综合查询。

　　1. 传真录入

　　"传真录入"为整个货物流通第一操作步骤，即把发货代理的每一票货物的相关信息（收货人姓名、地址，货物重量、件数等）输入到系统数据库中，以便之后所有环节依据这些数据信息进行操作。传真录入界面如图 9-1 所示。

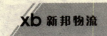

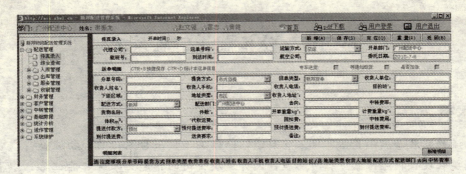

图 9-1　传真录入界面

2. 入库管理

入库管理下拉子菜单又包括：提货入库、返货管理、库存管理、部门交接确认。

（1）提货入库

货物进港后，需在配送中心柜台处进行点到入库操作，即在"提货入库"中对进港货物进行逐一点到，以表示货物已经到达仓库。操作界面如图 9-2 所示。

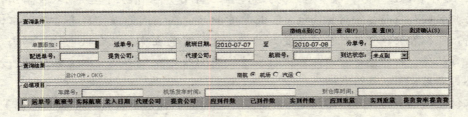

图 9-2　提货入库操作界面

（2）返货管理

返货管理包括：送货返货、中转返货。当市内送货、中转货物遇到客户拒不收货等情况时，货物返回仓库时，需进行返货管理，做"返单入库"的操作，确保对货物的跟踪管理。操作界面如图 9-3 所示。

图 9-3　返货管理操作界面

（3）部门交接确认

"部门交接确认"这一模块用于广、深对流货物的交接确认，简单步骤为：进入收货作业单模块。正确输入实配交接单号。点击查询，出现对流货物到达明细。确认无误后，点击到货确认，完成交接。若遇货差，可人工到货确认，确保信息的准确性。操作界面如图 9-4 所示。

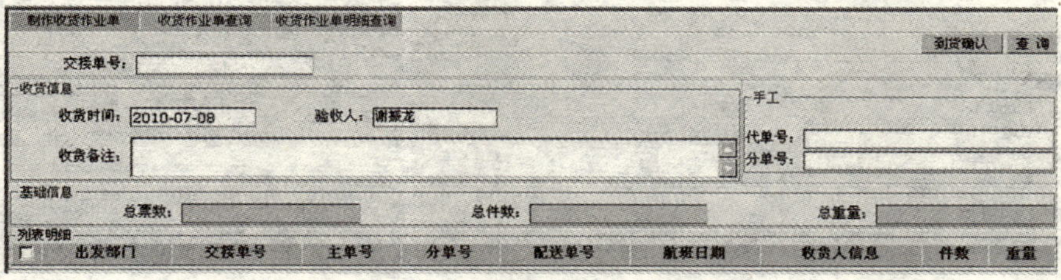

图 9-4　部门交接确认操作界面

3. 出库管理

出库管理包括五大模块：中转管理、送货管理、自提签收、外发管理和部门交接制作。

（1）中转管理

中转管理模块主要用于中转货物的中转单制作、查询及配车打印以及中转相关信息的打印。操作界面如图 9-5 所示。

图 9-5　中转管理操作界面

（2）送货管理

送货管理包含送货单制作、送货单查询、送货单明细查询、送货汇总查询。当广州市内送货、深圳市内送货的货物需完成送货单的开单打印后，方可进行配送。操作界面如图 9-6 所示。

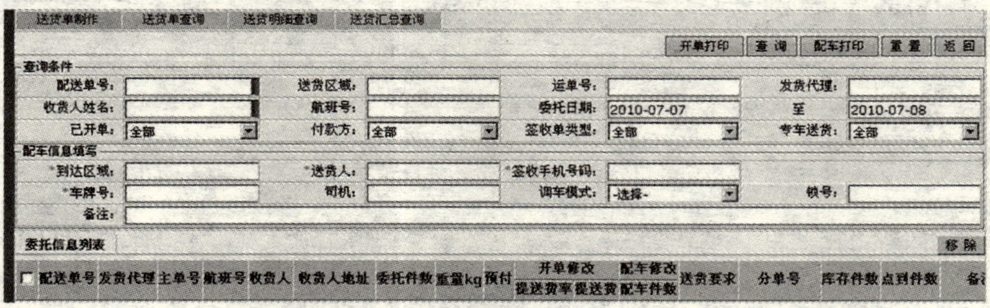

图 9-6　送货管理操作界面

（3）提货签收

"提货签收"为自提货物的开单，由收银员负责自提货物的开单打印，并收取相应的费用。操作界面如图9-7所示。

图9-7 提货签收操作界面

（4）外发管理

外发管理包含外发单制作、外发单查询、外发明细查询、外发汇总统计。主要针对于外发货物的出港管理。操作界面如图9-8所示。

图9-8 外发管理操作界面

（5）部门交接制作

"部门交接制作"为系统一个比较重要模块。是整个广、深货物交接单制作系统。部门交接制作是指，对流货物出库单的制作，这个模块具备出库操作的所有功能。即预配单的制作、实配单的制作、对流货物预估查询、实配单查询、单票撤销、单票添加。操作界面如图9-9所示。

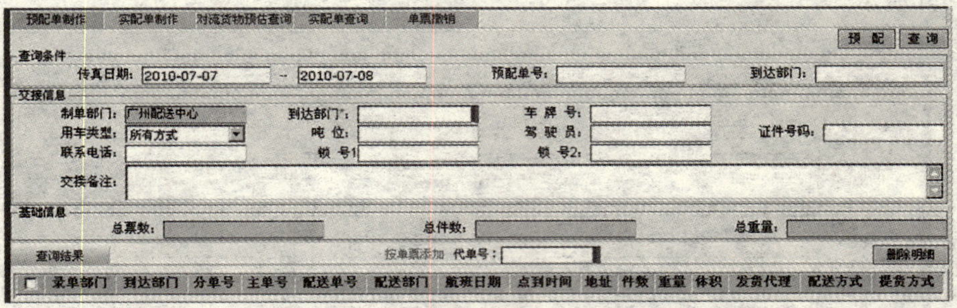

图9-9 部门交接制作操作界面

4. 收银管理

收银为整个物流的最后环节，当这一环节结束后，则发货代理的货物在我公司的整个流程就此结束。收银管理包括：收银确认、返单收银、收银上交和收银处理。

5. 服务管理

服务管理为货物跟踪管理，其子菜单包含：通知预约、代理超重处理、异常处理、回单管理、差错管理、更改申请、少货处理、品名处理。其中重要的两个模块为"异常处理"和"回单管理"。异常处理是对货物在整个物流过程中发生异常情况的一个反馈，以便相关责任人即使处理货物异常，保证货物准时、完好无损地送到客户手中。回单管理主要有两个模块：回单确认和回单寄出。

1. 配送管理包括哪几大模块？
2. 部门交接制作所包含的功能模块有哪些？

第三节　运作品质管理

故事分享

2010 年 3 月 4 日 A 公司运作管理部审查，发现配送单号为"12345678"的货物，共 3 件，在客户来提货时却找不到货。经核实发现，在一天前由于收银员的粗心大意，错把此票货物让配送单号为"12345687"的客户提走。虽然经过努力，从客户处要了货物回来，但由于时效的延误，客户拒付"12345678"的提货费，并断绝与公司的业务往来，致使公司利益大大受损！

对于物流行业，时效就是客户，对于时效都不能保证的公司，客户会选择吗？那么如何更好地进行时效管理呢？

时效管理

一、机场提货

1. 机场封单

单航班或阶段性航班的提货物量能一次性装满车，装载时效为 30 分钟；如果不够满车则可继续等待，但继续等货时间最长不超过 60 分钟，60 分钟后车辆必须封单，并做返回配送中心的准备。

2. 机场发车

在货物装载完毕后，提货员与司机确认发车时间，并由提货员在交接单上注明发车时间。一切手续交接完毕后，提货员需监督司机及时发车。

二、配送中心操作

1. 跟货员打卡、单据交接

车辆到达配送中心后，司机应及时把交接单（三联中的一联）交予跟货员，跟货员及时打车辆到达卡，并在车辆到达后的 30 分钟内完成货物的点到工作。

2. 外场卸货

车辆到达后，装卸组负责卸货。2 吨车卸货时效为 20 分钟；3 吨车卸货时效为 30 分钟。

3. 仓管员对单入库

车辆到达后，司机把交接单（三联中的一联）交予仓管员，仓管员凭借交接单及货物清单按单点货，在货物件数确认无误的情况下，及时安排货物入库。

4. 在库货物配载

中转、外发、市内送货分别由中转员、外发员、市内送货员进行货物配载。

5. 外场装车

市内送货由市内送货员找货装车，外发货物则由外发送货员找货装车，中转货物则是由分拨员按单找货，协助中转代理找到货物，中转代理独自把货物拉至装车库位，并进行装车。

6. 配送中心发车

中转代理货物装载完毕后，代理依据预配单到柜台中转员处办理实配单，在实配单制作、交接完毕后，实行打卡出发，且出发时间须在我公司规定的时效内。

三、车辆运行

（1）代理车辆必须按标准进行时效运行，在规定时间内到达网点。

（2）出现坏车、道路堵塞等异常情况及时反馈至渠道部。

四、偏线外发

偏线外发货物由外发送货员进行外发，外发运行时效参照外发公司的时效标准。且外发货物由渠道部外发网管员负责跟踪、管理。

五、终端到达

代理网点必须在车辆到达后及时进行打卡点到，并在我公司规定的时效内通知客户自提或对需市内送货货物进行配车送货。

六、客户签收

客户签收后，中转、外发代理须让客户在签收单上正确的签字，并在我公司规定的时效内返回签收单至我公司。而我公司则在客户要求时效内把原件签单返回发货客户处。

签收单管理

一、签收单类型

签收单是货物信息流体现之一，签收单有效管理是规避风险、保证货物安全送达的重要手段和依据。签收单回收工作实际上是一个逆向的物流过程。

签收单为客户在收到货时，须在上面签字以示收到货物的凭证。签收单分为原件签收单、传真签收单、新邦签收单。

原件签收单为随货物一起走货至客户签收的单据，在客户签字确认后，我公司需把签收单原件寄回给发货方的单据。

传真签收单为随货物一起走货至客户签收的单据，在客户签字确认后，我公司需把签收单传真至发货方的单据。

新邦签收单为客户收到我公司交予的货物的凭证。

原件签收单、传真签收单与新邦签收单的区别：

原件签收单和传真签收单为发货方确认客户收到货物，并作为商业结款的单据。而新邦签收单仅为客户收到货物的凭证。

二、签收单时效

签收时效为我公司收到货物到客户签收，且我公司人员在信息系统中录入签收时间为止。

（1）签收时效

签收时效项目包括：准时签收率、延时签收率、未签收率。

返单时效为签收单离开我公司到客户签收准确无误后，签收单返回我公司，且我公司人员录入回单确认为止。

准时签收率：准时签收的票数占运行总票数的比例，即准时签收率＝准时签收票数/运行总票数。

延时签收率：延时签收的票数占运行总票数的比例，即延时签收率＝延时签收票数/运行总票数。

未签收率：未签收的票数占运行总票数的比例，即未签收率＝未签收票数/运行总票数。

签收、返单时效考核项目包括：市内送货、珠三角中转，广东省内外发。

（2）时效要求

市内配送的必须在当日时效内派送完毕，在当日时效内正常签收，并要求客户按照要求填写签收回单信息，送货员必须在当日把签收回单返回配送中心，并在系统录入签收信息和回单返回信息。

珠三角中转代理中转签收时效与回单返回时效：二级城市必须是在当日派送完毕，当日必须签收，回单返回时效为送货当晚，中转代理必须在签收当日的早上8点钟以前在EDI中录入已经签收信息；偏远地区的中转货物必须在送货的次日进行签收，回单返

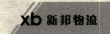

回时效为三天。

省内外发签收时效与回单返回时效：二级城市的货物签收时效为 2 天，回单必须在 7 天内返回：三级城市签收时效为 3 天，回单返回时效为 10 天，四级城市签收时效为 4 天，回单返回时效为 12 天，自提货物依照上述时效顺延 1 天。

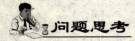问题思考

1. 签收单有哪几种？
2. 签收单、返单时效有哪些要求？

第十章　车队业务管理

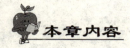
本章内容

> ◆ 驾驶员招聘与培养　　　　　◆ 车辆运作管理
>
> ◆ 车队安全管理　　　　　　　◆ 车辆维修管理

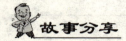
故事分享

　　2010 年 7 月 28 日—8 月 1 日是上海世博会广东活动周。广东省政府通过综合考察后，最终选择确定由我公司负责广东活动周的相关设备器材、展览物品的运输。考虑到广东活动周所使用的设备器材和展览物品比较精贵，稍有不慎就可能破损，而且对时效的要求很高。一旦延误了时效，影响的不仅仅是公司的名誉，而是整个上海世博会广东活动周的正常开展。为此公司制订了详细的物流方案，车队则根据公司的物流方案，对此次运输进行了周密的部署。首先安排车队综合素质最强、自入职以来从未发生过任何事故的六名驾驶员负责本次运输；并安排了安全部、维修部向驾驶员讲解行车安全和平稳驾驶技巧，以保证运输物品的安全；同时派出了一名管理人员跟车，以处理突发状况。最后，在车队全体员工的共同努力下，这批设备器材和展览物品按公司向政府承诺的时效要求安全到达，无一损坏。作为一个有责任感的企业，我公司也为上海世博广东活动周的顺利召开贡献了一份力量。而这整个过程当中，少不了车队的付出，可见车队在公司整个物流运输中的重要地位。那么怎么去管理车队呢？

第一节　驾驶员招聘与培养

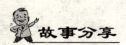
故事分享

　　2009 年 11 月，车队驾驶员张某驾驶车辆发生交通事故，车队安全部在处理事故的过程中，发现张某表现畏畏缩缩，行为不正常，故提高警惕，在检查其驾驶证时发现驾驶证的初领年份是 2007 年，这是不符合公司要求的，公司要求驾龄必须满三年以上（以驾驶证初领日期为准），张某的驾驶证根本就不符合公司要求，但他是怎么应聘进来的

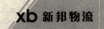
呢？经调查，原来张某使用假证报名得以蒙混过关，并通过了考试入职公司。那么驾驶员招聘有什么标准呢？

驾驶员招聘条件与流程

一、驾驶员招聘条件

物流公司的驾驶员作为一种技术工种，承接着公司的各项货物的运输业务，保障了公司货物流通，是公司运作的最基层的保障人员之一。

1. 证件是否符合要求

驾驶证、从业资格证类型是否符合驾驶条件，证件是否齐全（身份证、驾驶证、从业资格证、体检证明）。驾照与准驾车型对照关系如表 10－1 所示。

表 10－1　　　　　　　　　　驾照与准驾车型对照

准驾车型	代号	准驾的车辆	准予驾驶的其他准驾车型
大型客车	A1	大型载客汽车	A3、B1、B2、C1、C2、C3、C4、Ⅱ
牵引车	A2	重型、中型全挂、半挂汽车列车	B1、B2、C1、C2、C3、C4、Ⅱ
城市公交车	A3	核载 10 人以上的城市公共汽车	C1、C2、C3、C4
中型客车	B1	中型载客汽车（含核载 10 人以上，19 人以下的城市公共汽车）	C1、C2、C3、C4、Ⅱ
大型货车	B2	重型、中型载货汽车；大、重、中型专项作业车	
小型汽车	C1	小型、微型载客汽车以及轻型、微型载货汽车、轻、小、微型专项作业车	C2、C3、C4
小型自动挡汽车	C2	小型、微型自动挡载客汽车以及轻型、微型自动挡载货汽车	
低速载货汽车	C3	低速载货汽车（原四轮农用运输车）	C4
三轮汽车	C4	三轮汽车（原三轮农用运输车）	
普通三轮摩托车	D	发动机排量大于 50ml 或者最大设计车速大于 50km/h 的三轮摩托车	E、F
普通二轮摩托车	E	发动机排量大于 50ml 或者最大设计车速大于 50km/h 的二轮摩托车	F
轻便摩托车	F	发动机排量小于等于 50ml，最大设计车速小于等于 50km/h 的摩托车	
轮式自行机械车	M	轮式自行机械车	
无轨电车	N	无轨电车	
有轨电车	P	有轨电车	

驾驶员从业资格证的类型有以下几种：道路旅客运输、道路货物运输、危货运输等，各种类型资格证只能驾驶相对应的车辆。

2. 综合素质审核

（1）检测身体条件：双目视力是否达到 5.0 以上；是否色盲；是否高血压；身高是否符合要求；有无不良嗜好；

（2）通过问话询问心态以及心理素质是否良好、能否吃苦耐劳；

（3）考核应聘者基本车辆维修保养、道路安全知识。

3. 驾驶技术考核

应聘驾驶员应具备通过道路考试、倒桩考试、理论测试的能力。

二、驾驶员招聘

驾驶员招聘流程如图 10-1 所示。

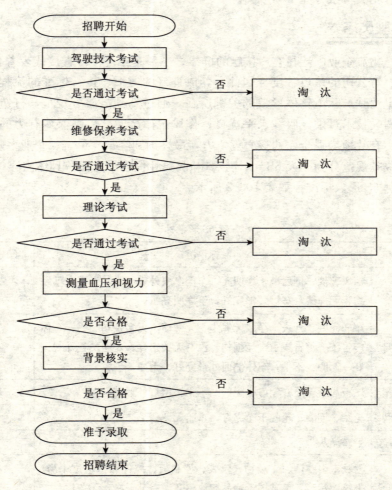

图 10-1　驾驶员招聘流程

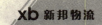

（1）车队管理人员检查证件，询问并登记应聘人员基本信息；

（2）车队管理人员对驾驶员进行考试，考试内容包括理论考试、桩考、路考等；

（3）车队管理人员对考试合格者进行视力、血压等测试以及背景核实。

三、驾驶员培训

驾驶员培训从时间上可分为：入职培训和日常培训；按培训内容可分为：服务礼仪培训、车队运作知识培训、安全及维修等专业知识培训和停岗培训。

（1）入职培训：培训的内容包括公司文化、公司制度、服务礼仪培训、车队运作知识培训、安全及维修等专业知识培训。

（2）日常培训：服务礼仪培训、车队运作知识培训、安全及维修等专业知识培训、案例分析。

此外，停岗培训是指对发生交通事故或违反公司相关规定的员工进行停岗培训，停岗结束并通过相关考试方能重新上岗。

优秀驾驶员培养

驾驶员是物流企业广泛与客户接触的群体之一，其一言一行直接代表着公司的形象，且决定着客户对公司的认可程度。因此，养成良好的习惯、执行标准的流程、注重严谨的细节是决定驾驶员队伍整体形象的关键所在，通过驾驶员服务规范，打造出一支思想品德合格、驾驶技术过硬、服务水平优良、作风纪律严明、后勤保障有力的优秀的驾驶员队伍，切实有效地增强企业的核心竞争力，最终达到客户、员工、企业多赢的目的。

驾驶员服务规范分为个人 6S、车辆 6S 和服务礼仪三个方面，具体内容包括：

（1）车辆 6S 形象标准，如表 10-2 所示。

表 10-2　　　　　　　　　　　车辆 6S 形象标准

序号	项目	标准	评分比例（%）
1	车头	挡风玻璃、倒后镜干净明亮，车门车头外表干净，无多余粘贴物，无掉漆，车灯外形完好，干净明亮	20
2	车身	车厢完好、外表干净、无泥尘、无污渍、无多余粘贴物；车体广告统一符合要求、无损伤、没有无关字样；左右护栏外观完好、无凹凸不平；车体侧面外形完好、干净	20
3	车尾	尾板与后保险杠完好、无凹凸不平；尾灯外形完好	20
4	轮毂	轮胎、钢圈、轮毂干净完好，车胎无硬伤	10
5	油箱盖	干净无灰尘	10
6	驾驶室	驾驶室内整洁、无杂物，仪表、控制板、控件和指示灯干净，坐椅无污渍、无破损，物品摆放整齐，后卧干净、无杂物	10
7	车厢	车厢无裂缝、无漏洞；车厢内无杂物、无垃圾，维持干净	10

(2) 服务礼仪标准，如表 10 - 3 所示。

表 10 - 3　　　　　　　　　　服务礼仪标准

序号	项 目		标 准	评分比例（%）
1	表情规范	眼神	自然注视对方眉骨与鼻梁三角区；头顶、胸部、腹部、臀部、大腿都是禁区，特别是对于异性尤其要避免；不斜视，不挤眉弄眼	10
2		神态	微笑自然、亲切，与对方保持正视，亦不可大笑狂笑	10
3	举止规范	坐姿	入座、起座时不可用力过猛，不抖腿，不跷二郎腿，在车上就座时，不把脚放在方向盘上	5
4		站姿	稳健的站姿：避免倚靠，不将手插进裤兜	5
5		走姿	走路要身正，平稳，切忌东张西望、身体摇摆、脚拖着地面走	5
6		握手	伸出右手，两足立正，微微颤动 2～3 次，3～5 秒为宜。握手的次序：长者先、上级先、女子先、主人先	5
7	行车规范	驾驶	遵章守纪、礼让行人、文明驾驶	10
8		礼貌	不得向驾驶室外扔垃圾	10
9		鸣笛	尽量不在人行道附近或者人群较多时大声鸣笛	10
10	语言礼仪	语言	与人相见说"您好"，问人姓氏说"贵姓"，求人帮忙说"麻烦您"，向人询问说"请问"，得人帮助说"谢谢"，无法满足说"抱歉"，言行不妥说"对不起"，临分别时说"再见"	20
11	其 他		不在客户禁烟处吸烟，尽量避免在驾驶室内吸烟	10

(3) 个人 6S 形象标准，如表 10 - 4 所示。

表 10 - 4　　　　　　　　　　个人 6S 形象标准

序号	项目	标 准	评分比例（%）
1	发型	不染发，不剃光头；前不挡额；侧不触耳；后不及领	20
2	面部	不留胡须	20
3	工牌	挂于胸前、正面朝外，不遮藏、涂改；工牌内不放其他杂物	20
4	服装	工服整洁，上衣系至第二颗扣，下摆扎在裤子里	20
5	鞋袜	鞋面整洁，不穿拖鞋	20

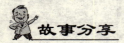

问题思考

1. 如何制订驾驶员招聘计划?
2. 驾驶员服务规范包含哪几个方面?

第二节　车辆运作管理

故事分享

　　7月26日晚上9：30，一组驾驶员李师傅驾驶粤 S1234 跑深圳 A 营业部干线，在部门装好货物，准备发车时，无法联系上司机，部门通知当班负责车辆调派的管理人员无法联系司机，要求管理人员尽快协助处理，管理人员接到通知后立即联系司机，发现司机电话一直在通话中或无人接听，在多次联系司机无果情况下，当班负责车辆调派的管理人员立即通知该司机直接领导进行跟踪处理，一直到晚上11：00。在此一个半小时内都无法联系到司机本人，期间行政部门和督导部门也一直在调查联系该司机，最后深圳车辆调派人员在考虑到影响货物时效的前提下，另行安排车辆装货发车，而车辆粤 S1234 车最终放空返回广州，造成车辆资源浪费，运输成本增加。那么如何进行车辆管理呢?

车辆运作管理

一、基本概念

　　运作，泛指将投入转化为产出的过程。

　　运作管理是企业日常管理活动的一个重要组成部分，它是指对产品制造和提供服务过程中各种运作活动的计划、协调和控制。其核心在于对生产系统进行有效管理，可以从两方面进行理解:

　　(1) 对服务和产品进行高绩效的设计;

　　(2) 获取资源，同时对员工、设备、设施、资源分配、工作方法等构成要素进行计划、协调和控制，把资源投入变为产出。

　　运作管理有狭义与广义之分，前者以运作过程为对象，着重研究如何对运作过程进行有效地管理。后者以运作系统的设计、构建及其运行为对象，实行全方位的综合性管理。

　　车辆运作管理主要是指车队的日常管理，是车队运作过程中车辆运作计划、车辆调派、车辆成本控制等一系列活动。

二、新车验收、交接

　　1. 新车的验收

　　新车采购验收时，主要是核对车辆信息、检查是否漏油漏气、电气系统是否正常、车内设施是否齐全、备胎随车工具是否齐备、设备螺丝是否松动、相关购车凭证（购车发票、保险卡、"三包"服务卡、是否有说明书和其他相关资料）。

　　2. 车辆的内部交接使用

　　新车的验收、交接是指各车队负责接收、管理、使用由公司采购部门交付的车辆。接收车辆后，车队负责人应指定人员办理车辆的《交强险》、《行驶证》、《道路运输证》等车辆营运所需的必备证件、手续。《机动车辆登记证书》、《购车发票》、《保险凭证》等重要资料交由公司理赔服务部保管（随证件、手续除外）。车辆《行驶证》、《保险卡》、《道路运输证》等证件要随车，由当班司机保管，并建立车辆证件交接制度，做好车辆证件资料的交接登记。另外，车辆及车辆相关证件的定期检测、审验、报废等均严格按照国家相关法律法规执行，此项工作一般由车队的安全部门负责跟进落实。

三、车辆运输业务界定及流程

　　按车辆运输距离的长短来分，车队车辆运输业务主要分为三种：一是短途运输派送业务；二是省内长途干线运输业务；三是省外长途干线运输业务。

　　1. 短途运输派送业务

　　短途运输派送业务是指市内或以部门、各车队为中心辐射不超过 100 千米，为客户接送货的业务。具体流程如下：

　　（1）司机上班打卡、找车组经理（车队长）领取证件包、检查车况正常后待命，如车况异常则报修。

　　（2）司机接受调度出车命令后前往目的地（用车部门）执行运输任务。

　　（3）装卸货物时按用车部门指定的位置停靠好车辆，司机在用车部门接（送）货的过程中，负责监督、核对装货数量。

　　（4）完成任务后，找用车部门人员签署运费单，并报告调度任务已完成。

　　（5）再次接受调度命令执行任务或收车返回车队。

　　（6）完成运输任务后至下班前作车辆检查、报销费用。

　　（7）车况异常，则报修；车况正常，则将车停好后下班。

　　（8）司机要将出发、到达目的地的时间和完成任务的时间、地点和运输过程中的异常情况实时向调度汇报。

　　2. 省内长途干线运输业务

　　省内长途干线运输业务是指从运作部至各营业部门运输"城际配送"类货物的业务。具体流程如下：

　　（1）司机上班打卡、找车组经理（车队长）领取证件包、检查车况正常后待命，如车况异常则报修。

　　（2）按装卸货部门指示的位置停靠好车辆后，在车上或车辆装货处待命。

　　（3）货物装车完毕后，去指定部门领取货物相关单据和一次性锁，由发锁部门锁好一次性锁，关好车门，锁上车厢门大锁后，打卡出发。

　　（4）货物运抵目的部门后，打到达卡，将货物相关单据交给目的部门柜台人员，柜台人员验锁完毕，开启一次性锁，司机开启车厢门大锁并打开车门。

（5）装卸货物时按用车部门指定的位置停靠好车辆，司机在用车部门接（送）货的过程中，负责监督、核对装货数量。

（6）在目的部门将发往分拨中心的货物装车完毕后，向目的部门领取货物相关单据和一次性锁，由发锁部门锁好一次性锁，关好车门，锁上车厢门大锁后，打卡出发。

（7）抵达货物分拨中心后，向指定部门提交货物相关单据（货物交接清单），打到达卡后，将车辆停靠在货物分拨中心指定位置卸货。

（8）司机下班前作车辆检查、报销费用。

（9）司机要将运输过程中的异常情况实时向调度汇报。

3. 省外长途干线运输业务

省外长途干线运输业务是指从运作部至省外运作部运输"省际配送"类货物的业务。

（1）车辆安排

①车辆每天的出车由省际长途部经理进行安排。省际长途部车辆从省外终端返回广州时，驾驶员电话或短信汇报省际长途部经理，并汇报车辆是否异常，当车辆无异常，省际长途部经理提前半天知会请车部门，由请车部门合理进行安排。如果车辆有异常，需进行维修，或者需进行年审/季审等，则省际长途部经理通知请车部门停车。

②车辆到达省外终端，部门提出接货或者送货要求时，需经省际长途部经理批准，没有省际长途部经理批准，驾驶员不得私自出外接送货。

③省际长途车辆需要年审或季审时，由省际长途部经理安排驾驶员执行任务。

具体流程如图10-2所示：

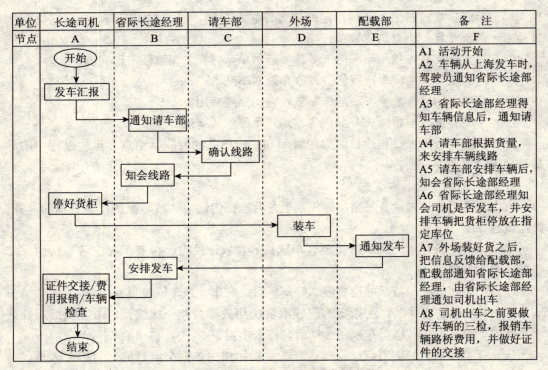

图 10-2　省际长途干线运输车辆安排

（2）车辆维修

①长途部车辆要定期进行保养，天龙车每 20000 千米换一次机油，每 40000 千米做一次四轮保养，省际长途部经理负责登记保养时千米数，并及时安排车辆保养；备注：机油格，空气格每 20000 千米换一次，柴油格每 40000 千米换一次，油水分离器，齿轮油每 50000 千米换一次。

②车辆运行途中出现故障的，能自行处理的驾驶员应快速处理，不能处理的应立即通知省际长途部经理，由省际长途部经理通知服务站，并督促其尽快赶赴现场处理。

③考虑到天龙车运营实际情况，每月要求服务站对车辆进行一次全面检查。

④长途部挂车每趟收车后需进行检查，这项工作由车队维修部负责，每天派人对在运作部场内挂车进行检查。

具体流程如图 10‐3 所示：

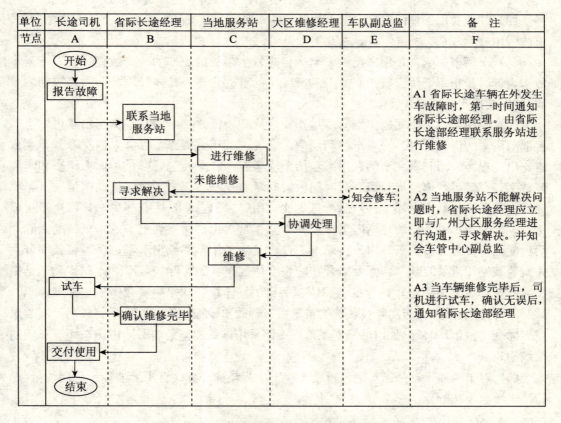

图 10‐3　省际长途干线运输车辆维修

车辆数据及运用

车辆总体的运营和运作情况如何体现？如何建立科学的管理手段？这依靠的是各项运营数据，通过对各项运营数据进行深度分析，发现问题，解决问题，进而建立科学的管理方法、管理手段、管理模式。

一、车辆数据的基本分类

车辆数据按数据类型来分，主要包括两大类，一是成本类数据，二是运作质量类数据。其中成本类数据主要分为固定成本（如年审费、养路费、年票、车船税、营运费、营运证季审费、保险费、折旧月租费、司机工资、尾板折旧费、空调折旧费、GPS 管理费等）和变动成本（油费、路桥费、维修费、其他费用），运作质量类数据主要有车辆事故率（可分为万千米事故率、百万千米事故率等）、车辆利用率、百千米油耗等。

二、基础数据的概念及计算方法

（1）油费，指车辆加油所产生的费用。油费＝加油量×用油单价。

（2）维修费，指车辆进行维修时产生的费用。维修费＝配件费×数量＋人工费。

（3）其他费用，如因发生安全事故造成的车辆，物品损坏、人员伤亡等产生的费用。事故费用较为复杂，标准不一，在此不作说明。

（4）车辆事故率，是用来反映车辆运行时发生事故的比率的一个数据。以万千米事故率为例，是指车辆每运行 10000 千米所发生的事故比率，具体计算公司为：周期内事故数/周期内千米数×10000。

（5）利用率，车辆利用率是衡量运作质量管理指标之一，通过车辆利用率可以了解各部门用车的饱和情况，提升车辆利用率，合理调配车辆资源，可以大幅度降低车辆成本支出，提高公司利润。车辆利用率包括车辆运行率、车辆完好率、车辆工作率和车辆装载率。车辆运行率是指车辆运行时间占时间基数比率，用来了解车辆动态情况；车辆完好率是指统计期内完好车日与总车日之比，用以表示总车日内有多少车日可用于运输工作；车辆工作率是指统计期内工作车日与总车日之比，用于表示车队总车日的实际利用程度，即实际有多少车日用于路线上工作，又称工作车率或出车率；车辆装载率分为体积装载率和重量装载率，两者结合才能综合体现车辆的实际装载率。体积装载率是指实际的货物装载体积占车辆标准装载体积的比例，体积装载率＝实载体积÷标准体积×100％。重量装载率是指实际装载货物重量占车辆载重限额的比例，重量装载率＝实载重量÷标准重量×100％。公司可根据侧重点不同采用体积和重量的不同占比来衡量车辆的装载率。

（6）百千米油耗，是指车辆每行驶 100 千米所耗油升数。百千米油耗＝总用油量/总行驶千米数×100。

【实例】

2009 年 7 月 8 日，司机吴某驾驶 5 吨车辆粤 B1234 跑深圳某营业部，当天 6：30 打卡出发，到油站加油，登记当时千米数为 3865 千米，加油量 35 升，油价为 6.01 元/升。加油结束后，继续行驶，直到部门。2009 年 7 月 9 日凌晨 2：10，该车回到运作部，司机吴某跟下一班司机张某交接之后下班。张某于 7 月 9 日早上出车，到油站加油，登记当时千米数为 4003 千米，加油量为 30 升，油价为 6.01 元/升。用 GPS 导出 7 月 8 日

0：00—7月9日0：00运行时间为7时，运行基数为19小时。

由以上信息可以算出：

(1) 7月9日车辆粤B×××××百千米油耗为：30÷（4003－3865）×100＝21.74（升）

(2) 7月9日加油的费用为：30×6.01＝180.3（元）

(3) 7月9日车辆粤B×××××车辆利用运行率为7÷19×100％＝36.84％

三、数据的运用及意义

以上各项数据综合起来主要是为了体现公司车辆的总的运营状况，其目的不是为了赚取收入而是控制成本。通过油费、维修费、安全事故费用等作为变动成本，体现了其有可控性。随着车辆的运作必然会发生，但可以通过考核或其他的方式进行控制。

运作质量类数据则综合反映了车辆的整体运作情况，车辆的万千米事故率直接反映了车辆安全运行的情况。而车辆利用率，从字面理解，即为车辆的利用率情况，车辆利用得是否合理，单从运行率或是工作率去衡量是不够的，必须从运行率、工作率、完好率、装载率四个方面着手。百千米油耗，反映了车辆实际用油情况，在给定标准的前提下，根据车辆实际的油耗情况，可知此车辆整体的运行、性能情况，能从中推断出驾驶员驾驶技术的高低以及是否存在驾驶员偷油的情况。

运营和运作是紧密联系的，运营的好坏或是运作的好坏都直接影响一个公司的整体发展，只有通过两者结合并达到最优才能达到最终控制成本的目的。

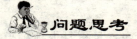

问题思考

1. 车辆营运所需的必备证件有哪些？
2. 车队车辆运输业务分几个模块？
3. 车队基本数据有哪些？
4. 建立各项运营数据的意义何在？

第三节　车队安全管理

故事分享

2010年4月5日，华南车队深圳分队司机付某在深圳区域驾驶2吨车送货回车队的途中，行至107国道上追尾于一正常行驶的拖挂车尾部，造成车辆严重受损，驾驶员付某受重伤的重大交通事故。事后安全部通过GPS核实，付某在发生事故时的车速直接从63千米/小时变为0。经过安全部门调查得知，驾驶员付某因睡眠时间不足，在开车的过程中打瞌睡，导致事故的发生。驾驶员其职业属于高危行业，对车辆性能是否完好，要清晰明了。那么如何对车辆进行安全管理呢？

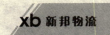

车队资料信息

基本概念如下:

车队资料信息包括驾驶员信息档案和车辆信息档案。驾驶员信息档案包括驾驶员的身份证、驾驶证及体检回执、从业资格证等有效证件的电子扫描件和复印件;车辆信息档案包括车辆的购置附加税、登记证书、行驶证、营运证及季审卡、保险单、年票等原始资料,车辆年审、季审和综合审及保险、年票有效期的电子档案系统。

(1) 各车队要建立车辆人员证件资料档案(复印件、扫描件、综合管理系统数据录入),建档及资料更新第一责任人为各车队长,各车队长或车组经理要将车辆人员的信息更新情况(包括但不限于车辆年审、季审,驾驶员身体条件证明回执等信息)实时录入到"新邦物流综合管理信息系统"内,由车队安全部门、行政部负责对档案进行归口管理。

(2) 司机资料信息管理:新司机入职时由行政部将司机的身份证、驾驶证、道路运输从业资格证、驾驶员身体条件证明回执(体检回执)等证件进行扫描,同时将复印件存档,各车队要建立本部门司机档案,司机的资料信息变更或更新时,部门负责人要在相关系统内进行更新,同时上报行政部。

(3) 随车证件管理:出车前,当班司机必须检查随车证件的完好、齐全、有效情况,且当班司机必须将证件包挂置在皮带上,证件交接时,该车辆所属部门负责人(车队长或车组经理)必须监督证件的完好、齐全、有效情况,同时建立交接记录,且将记录保存三个月,因当班司机自身原因导致的证件类相关罚款由司机自己承担,证件如出现遗失等情况,原则上按末位责任制查找相关责任人。

(4) 资料信息安全:车队应当设立车辆人员资料档案备份 U 盘,且每月更新维护一次。

车辆性能安全

(1) 各车队应建立车况检查登记制度(见表 10-5),并将相关记录保存三个月,以备查验。

表 10-5　　　　　　　　　　　　车辆综合检查监控记录　　　　　　编号:CD-CG-004-a

序号	车号	检查项目					备注
		三检	GPS	6S	时效	其他	
1							
2							
3							
4							

（2）驾驶员出车前要做好车厢密封完好性（漏水）和车况性能检查，包括转向、制动（手刹）、灯光、电路、轮胎气压、紧固程度（传动轴和各连接部）、机油、燃油、水量、安全设施（灭火器、三角牌、三角木）等，灭火器的放置位置要求稳妥且方便取用（15秒内能取出）；车架纵横梁无弯曲，钢板弹簧无断裂、错位，车身外观广告无刮痕，要坚决杜绝病车上路，遇冰雪天气及冰冻路段时必须配备防滑设备，各行车证件必须齐全。

（3）发动车辆后应检查各种仪表、转向机构、制动器、灯光等是否灵敏可靠，气压是否在有效工作气压之上，发动机工作温度在50℃～90℃之间运转正常，无异响、无漏油、漏水、漏气现象。

（4）离合器起步平稳，变速器换挡灵活，中后桥不漏油，无敲击声，前桥安全可靠，转向机构操作轻便灵活，行驶中不摆头。

（5）车组或车队负责人每周对三检工作进行抽查，对车身外表广告进行普查；每月对车载消防灭火设备、车辆性能进行抽查；车管中心职能部门每月对司机的三检工作进行抽查，每一个月对车载灭火设备、车身外表广告进行抽查，每半年对车辆性能进行抽查。

车辆运行安全

（1）原则上所有车辆均应严格按照《道路交通安全法》车速规定或限速标志控制好行车速度，货运车辆在高速公路行驶时速度不得超过90千米/小时（省际长途干线拖挂车不得超过110千米/小时），雨雾天气时速不得超过50千米/小时；在国道、省道、快速路等线路行驶时，时速不得超过70千米/小时，雨雾天气时速不得超过40千米/小时；在城市道路中行驶时速不得超过50千米/小时，雨雾天气时速不得超过30千米/小时。

（2）各车队长和车组负责人每天必须抽查分管范围内20％以上的车辆行驶速度，建立抽查登记记录，将该记录保存三个月，同时对超速司机作出处理；车队安全部门应跟进超速预防纠正情况，并每周公布一次车辆超速情况。

（3）各车队每天必须对所属车辆的GPS运行情况进行检查，发现异常的，要跟踪查找原因并纠正。

（4）车队安全部门每周抽查一次的超速情况并将相关情况反馈给各车组经理处，各车组经理对相关责任人予以处理。

（5）司机必须按照各车队规定线路进行行驶，不得私自改变行车路线。

（6）车辆在运行时车门必须锁闭，车厢门必须锁好大锁，当车内有货物且有必要时，车厢门必须锁上一次性锁。开锁时，一次性锁应完好无损，编号正确，并由部门人员确认签名后，方可由部门人员开启一次性锁。

（7）各部门应该严格按照公司规定的予以载货，不得超过公司规定的核定载重。驾驶员在发现部门装载超过核定载重量的，必须及时报告直接领导和车队安全部门。

（8）车辆尾板为闭合状态时必须锁好保险，关闭电源开关；尾板操作必须由司机执行，在操作尾板时，必须确认货物稳固安全后方可操作，且尾板周围五米范围内不能站人。

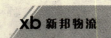

(9) 车辆行驶中，司机必须使用安全带。

(10) 车辆必须停放在安全地点（停车场），司机出车期间就餐时，车辆要停放在司机视线监控范围内，停车时应拉好手刹，斜坡停车时，应在左右车轮下放置三角木等停车制动措施确保安全后，方能离开。

(11) 各车组或车队负责人每月至少要一次对司机的安全操作规范或不良驾驶习惯进行蹲点或道路跟踪检查或出车前三检工作抽查等，并将相关记录保存三个月。

驾驶员安全管理

(1) 权利与义务如表 10 - 6 所示。

表 10 - 6　　　　　　　　　驾驶员、车队管理人员的权利与义务

权利义务 / 行为人	权　利	义　务
驾驶员	(1) 了解车辆信息、工作内容、劳动报酬、公司规定等相关信息的知情权 (2) 获得劳动报酬、享受劳动防护和工伤待遇、受教育培训等基本权利 (3) 享受劳动法规定的其他权利	(1) 入职时提供真实、准确的信息、证照的义务 (2) 自觉学习安全操作规程、技能，遵章守规的义务 (3) 及时报告安全隐患、危险的义务
车队管理人员	(1) 岗位职责赋予的执行权利 (2) 突发事件应急现场处理权利 (3) 对管理方法批评、建议的权利 (4) 劳动法规定的其他权利	(1) 干好本岗位职责范围内工作的义务 (2) 及时报告并（协助）妥善处理安全隐患、安全事故及其他突发性事件的义务 (3) 其他法律法规规定的应尽义务

(2) 对入职驾驶员所提供的所有证件，行政部和安全部有权进行审核并对可疑证件有权进行网查或交警处调查。对于持假证或半年内有重大交通安全事故记录者以及有其他违法犯罪记录者，不予录用。

(3) 车组或车队负责人和安全部有权对司机的不良生活习惯以及其他影响行车安全的行为做出批评教育。

(4) 驾驶人员要切记"开车不饮酒，饮酒不开车"以及服用其他影响行车安全的药物、毒品等。班前六小时不饮酒，服用感冒药四小时不上岗。驾驶员有权拒绝在自己不清醒和疲劳困倦时上岗，但驾驶员不得故意以此为借口不服从调配。

(5) 各车组或车队应实时掌握驾驶员的驾驶技能、日常表现、心理状态等有关影响行车安全的行为，并有权根据其具体情况调配岗位，但各车组或车队不得徇私，应本着公平、公正、公开的原则进行。

(6) 各车队有提供车辆基本参数性能介绍、驾驶技巧、安全注意防范事项等培训的义务，各驾驶人员也有接受培训和享用劳保用品的权利。驾驶员不得无故不参加安全培

训或故意不使用劳保用品。

（7）车队管理中心安全部、各车组或车队负责人有权对可疑人员进行酒精/尿液检测。

（8）驾驶员有义务在驾驶证年审或换证前，提前办好，并交到人事行政部扫描留底备案。

（9）其他驾驶员管理未尽事宜，参照公司规定或相关交通法规执行。

（10）车队保留对持假证或隐瞒病情、犯罪记录等人员追究法律责任的权利。

驾驶员交通违法及事故相关管理

（1）司机因个人原因导致的交通罚款由司机自己承担，未办理完毕罚款事宜的，不予发放当月工资，逾期不缴纳罚款的，由车队代办，相关罚款本金、代办费、滞纳金等费用等均由交通违法责任人承担（如客户要求禁停路段停车、禁行时间行驶、禁行路段通行等）；各车队负责人（车组负责人）每周应该对车辆交通违法情况进行一次查询公布，并督促当事司机迅速缴纳交通罚款。

（2）车辆发生交通事故时，驾驶员必须第一时间报告车队（车组经理和安全部），谎报或是不报的，全额承担所产生的事故费用。

（3）发生轻微事故，没有造成人员伤亡、双方可以协商私了的，应尽量私了解决（指金额为1000元以下的），私了原则上必须由交警出具事故责任认定书，如因特殊情况或地段无法获得事故责任认定书的，驾驶员必须与对方共同签署协议书，注明对方电话号码及身份证号码，互相签名确认，并书面承诺事后各不追究责任（但必须经车管中心分管领导同意，私了事故也可由车队安全部门请示分管领导同意后授权当事司机处理），处理交通事故时，司机必须按各车队安全员的处理意见执行。私了事故必须要求对方签署《事故私了声明书》及《收款凭证》；事故的处理方法查阅《道路交通事故处理指导书》。

（4）重大交通事故的处理（有人员伤亡或预计损失金额在2000元以上的），原则上一定要报案，由公安交警部门处理，预防意外事件发生；安全部门接到事故报告后，要根据当时各种可能进行分析，作出果断处理，针对车上有货赶急的，各车队负责人应组织车辆、人员设法进行转货；安全部应指导司机报案，再根据公安交警事故处理人员预约的时间，带齐有关资料，前去进行处理。凡事故需出险处理的，当事司机应在事故发生后两天内向车队安全部门提交《事故处理委托书》。

问题思考

1. 如何确保安全行车？
2. 轻微事故如何处理？

第四节　车辆维修管理

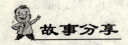

故事分享

　　2009 年 9 月 9 日，车队驾驶员李某驾驶车牌为粤 A1234 的货车在路上行驶的时候，水温表灯亮起，水温已经达到开锅的状态。李某并未意识到问题的严重性，想着把车开回到维修厂再做检查，但汽车还没开到维修厂发动机就发生了严重的拉缸事故，产生维修费用 5671 元。那么车辆维修有什么流程呢？

车辆维修的基本常识

一、大修与小修的基本概念

1. 大修

　　大修是指车辆因机械故障造成发动机严重受损或因事故碰撞造成的车体严重损坏而产生的异常维修。

　　大修原因判定：

　　（1）正常老化造成。任何发动机都有部件磨损老化的过程，在此过程中，发动机的各项性能是不断下降的。当下降到一定程度后，如果不进行及时修复或更换，会导致发动机彻底丧失使用价值。为了恢复发动机状态至最佳，发动机大修是极有必要的措施，通过更换部件如活塞环等、清理发动机内油污、镗缸磨轴，发动机会保证良好运转。

　　（2）人为原因造成。由于司机的疏忽而导致车辆的整体性能下降如底盘、大梁故障及发动机出现比较严重性能退化，如驾驶员操作不当造成零件磨损、三检不到位造成拉缸等现象而无法修复，必须校正和更换零部件才能使车辆保证良好的运行。

　　（3）机械事故造成。由于机械零部件的陈旧、老化造成的整车故障而无法修复，必须检查修理，更换零部件才能保证车辆的正常运行。

2. 小修

　　小修是相对于汽车大修来说的，主要是日常的汽车保养检修之类，比如喷涂车漆，加装更换保险杠，换润滑油，发动机维护，电路检测维修等。

二、保养的基本知识

1. 一级保养

　　一级保养是对行驶一定里程的机动车辆进行的以紧固和润滑为中心的保养作业。包括检查、紧固汽车外露部位的螺栓、螺母；按规定的润滑部位加注润滑剂；检查各总成内润滑油平面，加添润滑油；清洗各空气滤清器等。目的在于维护汽车完好的性能状况，保证车辆正常运行。（注：8000 千米进行一次一级保养，省际长途部车辆行驶 20000 千米进行一次一级保养）。

2. 二级保养

二级保养是对行驶一定里程的机动车辆进行的以检查、调整为中心的保养作业。保养范围，除一级保养的作业项目外，检查调整发动机和电气设备的工作情况，拆洗机油盘和机油滤清器，检查调整转向、制动机构，拆洗前后轮毂轴承。添加润滑油，拆检轮胎，并进行换位等。其目的在于维护车辆各零部件、机构和总成具有良好的工作性能，确保其在两次二级保养之间的正常运行。（注：90 天/15000 千米进行一次二级保养；省际长途部车辆行驶 40000 千米进行一次二级保养。）

车辆维修保养管理

一、车辆的报修流程

车辆的报修流程如图 10－4 所示。

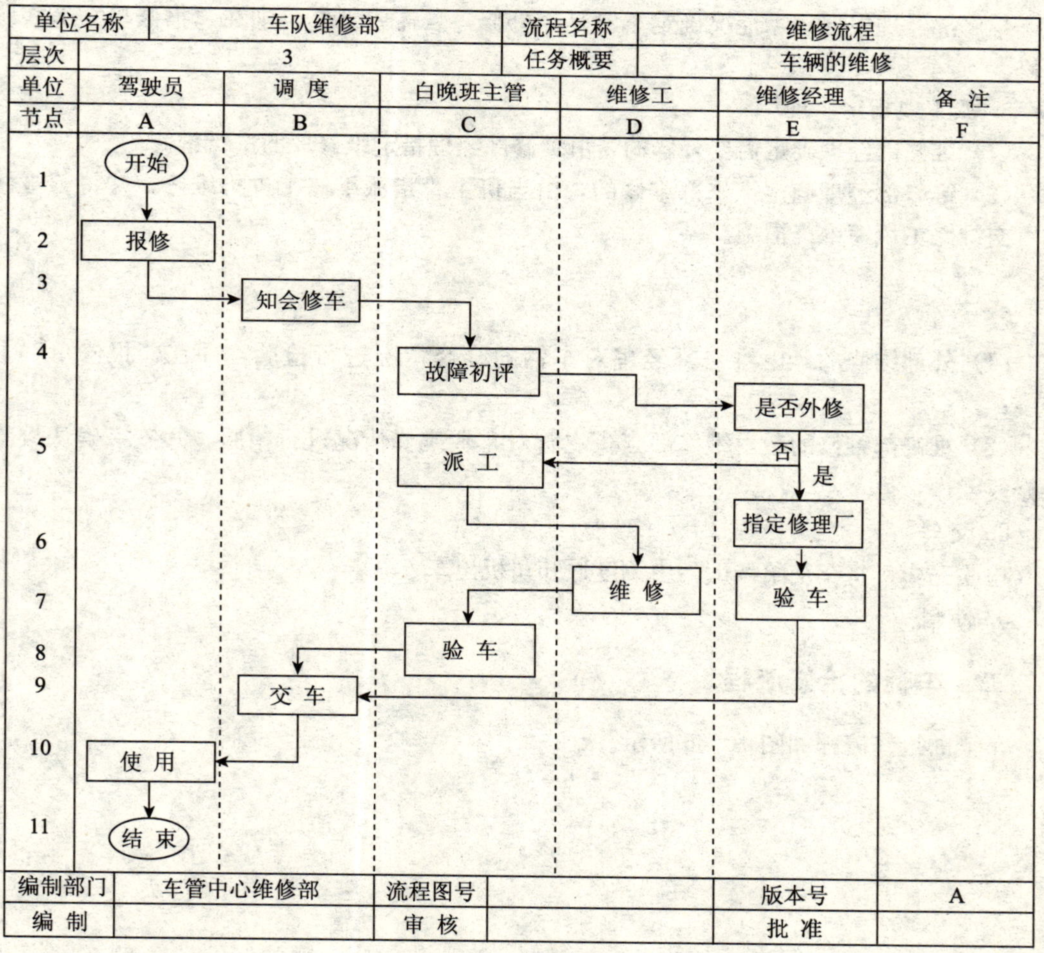

单位名称		车队维修部			流程名称		维修流程	
层次		3			任务概要		车辆的维修	
单位	驾驶员	调 度	白晚班主管		维修工	维修经理	备 注	
节点	A	B	C		D	E	F	
1	开始							
2	报修							
3		知会修车						
4			故障初评		是否外修			
5		派 工			否　是	指定修理厂		
6			维 修					
7						验 车		
8		验 车						
9	交 车							
10	使 用							
11	结 束							
编制部门	车管中心维修部		流程图号			版本号	A	
编 制			审 核			批 准		

图 10－4　车辆的报修流程

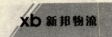

1. 报修

（1）驾驶员在每日三检时发现车辆故障的，填写"报修单"写清车号、车组、故障原因签名后向调度报告；

（2）驾驶员在行驶途中发现车辆故障的，如果不影响安全行驶，则在收车后填写"报修单"报修，若车辆故障可能影响行车安全，则应电话报告维修部经理申请抢修。

2. 知会修车

驾驶员将签名后的"报修单"拿给调度，经调度同意并签字后，把"报修单"交给维修部当班主管。

3. 故障初评

（1）维修部当班主管接到"报修单"后，对车辆故障进行核查，确实需要维修的，接收"报修单"，并注明接单时间；报修不属实的，不予接收报修；

（2）维修部当班主管认为公司维修部维修不了的，由当班主管将"报修单"交维修部经理或电话请示维修部经理是否外修。

4. 确定是否外修

维修部经理根据故障情况确定车辆是否外修，若需要外修，则在"报修单"上注明外修。

5. 派工或指定修理厂

（1）维修部经理确定需要外修的，由维修部经理指定维修厂商进行维修；

（2）维修部经理确定维修部维修的，由当班主管指派维修工进行维修，并将"报修单"交维修工填写维修措施。

6. 维修

7. 验车

（1）外部维修的，由维修部经理对车辆的维修情况进行检验，并在"报修单"上签字；

（2）维修部维修的，由维修部当班主管对车辆维修情况进行检验，并签字确认故障已修复。

8. 交车

检验完毕，将车交给调度，由调度通知司机出车。

9. 使用

二、车辆的抢修流程

车辆的抢修流程如图 10-5 所示。

单位名称	车队维修部		流程名称		临时采购管理流程	
层次	3		任务概要		汽车维修配件采购、管理	
单位	维修工	白晚班主管	维修经理	驾驶员	车队总监	备 注
节点	A	B	C	D	E	F

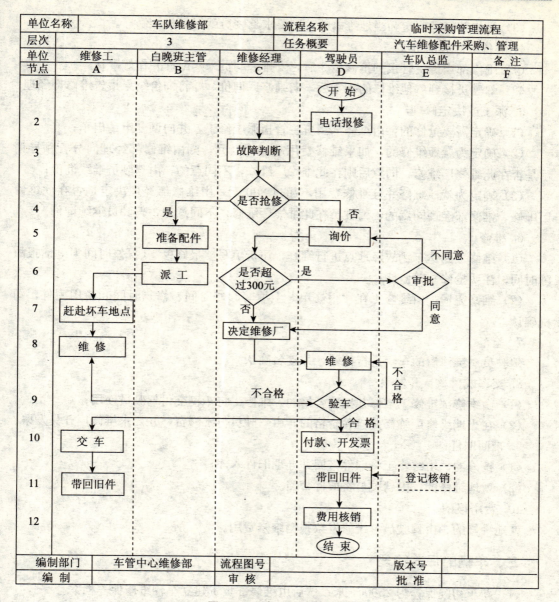

图 10-5 车辆的抢修流程

编制部门	车管中心维修部		流程图号		版本号	
编 制			审 核		批 准	

1. 电话报修

驾驶员在行驶途中发生车辆故障导致车辆停驶或影响安全驾驶的，当即电话向维修部经理报告车辆故障情况。

2. 故障判断

维修部经理根据驾驶员描述的车辆故障，判断车辆故障原因及维修方式。

3. 确定是否抢修

（1）维修部经理根据判断确定车辆是抢修还是就地维修；

（2）维修部经理确定为抢修的，通知维修部当班主管准备抢修；

（3）维修部经理确定为当地维修的，则要求驾驶员就近寻找维修厂。

4. 准备配件或询价

（1）维修部当班主管接到抢修指令后，安排采购员采购配件并作好准备；

（2）驾驶员接到就地维修的指令后，向维修厂询价，并将询价结果报告维修部经理。

5. 派工或决定修理厂

（1）确定需要抢修的，由维修部当班主管指派维修工，并向调度申请出车；

（2）确定为就地维修的，如果维修费用超过 300 元，则由维修部经理向分管领导请示是否在此维修厂维修，同意后则在此维修厂维修，不同意的，由驾驶员继续询价；

（3）确定为就地维修并且维修费用不超过 300 元，由维修部经理决定是否在此维修厂维修，维修部经理同意的，驾驶员在此维修厂维修，不同意的，驾驶员继续询价。

6. 维修

（1）维修工到达车辆故障地点进行维修，司机填写"报修单"（报修时间为电话报故障时间，注明抢修）并监修；

（2）维修完毕，由维修工在"报修单"上填写起修时间、修复时间和使用配件，司机确认。

7. 验车

驾驶员对维修后的车辆进行检验，并签名确认。

8. 交车或付款、开发票

（1）由维修部维修工维修并检验合格的，维修工将车辆交付驾驶员使用；

（2）在当地维修厂维修并检验合格的，由驾驶员付维修费，并要求维修厂开具发票。

9. 带回旧件

（1）抢修的，由维修工将旧件带回并办理旧件入库；

（2）就地维修的，由驾驶员将旧件带回。

10. 费用报销

就地维修的，由驾驶员拿维修发票报销维修费用。

三、车辆的保养管理

（1）新车初驶保养为 2500 千米；然后由维修部负责建立车辆维修保养档案。

（2）维修部应根据新邦综合物流管理系统的记录及时安排车辆进行保养，每周五制订出下周保养计划，并通知各车组经理。

（3）各车型组经理在指定时间内需派车前往维修部进行保养，如有特殊情况不能进行保养的，需通知车队维修经理。车辆保养完毕后，要如实填写车辆保养登记表，并对保养车辆进行验收。

（4）对于车队无法完成的维修作业，交由公司采购部门指定的维修供应商完成，由维修部门负责人验收，并填写"保养确认表"。

四、车辆的三检

由各车组负责人、维修工和司机组成三检小组，每天定时对车进行三检抽查，三检抽查表见表 10-7。

表 10-7   **三检抽查表**   CD-WX-010-a

部门/车组：   检查日期：   检查人：

序号	车牌号						
1	机油，水，轮胎气压						
2	传动轴螺丝，传动轴吊胶，传动轴吊架总成						
3	车辆刮花（广告，车体）						
4	货物交接本，司机上岗卡，三检本						
5	刹车，离合器，喇叭，仪表盘（漏油，漏气）						
6	三角木，反光三角牌，灭火器						
7	灯光（大灯，小灯，刹车灯，转向灯）						
8	安全带						
9	尾板（漏油）						

注：填写时若合格，请画钩，不合格的，请注明具体不合格情况。

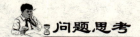

问题思考

1. 车辆的三检的内容有哪几项？

2. 外修必须符合哪些条件？

3. 车辆什么时候做一级保养，什么时候做二级保养？

4. 车辆二级保养有哪几项？

鸣　谢

公司介绍部分编写人员

谭盛强　卢思谋　徐文能

公路运输部分编写人员

刘宝玉　何顺华　冯家峰　邓维钎

航空货运代理部分编写人员

尹　锋　洪翠平

品质管理部分编写人员

吴　炜　陈　校　梁　毅　林坤弟　陈　武

标准化部分编写人员

贺　莎

销售管理部分编写人员

陈俊霖　张小波　王苗苗　邓达彬　刘杨芳

人事行政部分编写人员

许容良　眭灵慧　彭　燕　贺　详　王中朋

郑小丽　谢小珠　胡园园　张　森　邓文聪

财务部分编写人员

彭丽华　余超贞　柯静珊　景静

空港部分编写人员

兰静雯　谢振龙

车队业务管理部分编写人员

龙　作　汪国华　刘　俊　唐艳萍　梁　娟　伍凤红